PONS

Pocket-Sprachführer
Niederländisch

PONS GmbH
Stuttgart

PONS Pocket-Sprachführer
Niederländisch

Bearbeitet von: Johannes Beelen

Entwickelt auf der Basis des
PONS Sprachführers Niederländisch ISBN 978-3-12-518538-8

1. Auflage 2018 (1,03 – 2019)

www.pons.com
E-Mail: kundenservice@pons.de

Umschlagfotos: shutterstock/Olena Z
Logoentwurf: Erwin Poell, Heidelberg
Logoüberarbeitung: Sabine Redlin, Ludwigsburg
Satz: Satzkasten, Stuttgart
Druck: L.E.G.O. S.P.A., Lavis
Printed in Italy

ISBN 978-3-12-518555-5

Vorwort

Liebe Leserin, lieber Leser,

Sie reisen in die Niederlande oder Flandern und suchen die passende Sprachbegleitung? Egal ob Sie sich fragen, wie das niederländische Wort für Vollpension lautet, oder ob Sie auf Niederländisch erklären wollen, dass Ihr Auto nicht anspringt: Der PONS Pocket-Sprachführer hilft Ihnen in jeder Situation weiter.

Sie finden die wichtigsten vorformulierten Sätze für die Reise in neun thematisch gegliederten Kapiteln. Und wenn es mal besonders schnell gehen muss, schlagen Sie einfach im Wörterbuchteil nach: Von A wie Abendessen bis Z wie Zoo haben wir den wichtigsten Reisewortschatz für Sie zusammengestellt.

Lassen Sie den Sprachführer sprechen und genießen Sie Ihre Reise.

Eine schöne Zeit wünscht Ihnen

Ihre

PONS Redaktion

Inhalt

Aussprache

ˈ	vor einer Silbe bedeutet, dass die nachfolgende Silbe betont ist.		
:	bedeutet, dass der vorhergehende Laut lang zu sprechen ist.		
‿	zwischen zwei Wörtern bedeutet, dass sie „aneinander geklebt" ausgesprochen werden.		
[iː]	wie in **Tie**r	dier	[diːr]
[i]	wie in M**i**nute	tien	[tin]
[ɪ]	wie in K**i**nd, etwas offener als [i]	wind	[wɪnt]
[e]	wie in r**e**den, B**ee**t	regen	[ˈreχən]
[eː]	wie in m**eh**r	weer	[weːr]
[ɛ]	wie in B**ä**cker, r**e**tte	kerk rest	[kɛrk] [rɛst]
[ɛi]	wie in B**ä**r, aber kurz, übergehend in [i] wie Leg**i**on	leiden lijden	[ˈlɛidən] [ˈlɛidən]
[a]	wie in h**a**ben, W**aa**ge, K**ah**n	wagen	[ˈwaχən]
[aː]	wie in w**ah**r	aarde	[ˈaːrdə]
[ɑ]	wie in Kl**a**ng, h**a**t	dat	[dɑt]
[yː]	wie in H**ü**te, k**üh**n	uur	[yːr]
[y]	wie in H**ü**tte, **Y**psilon	minuut	[miˈnyt]
[ø]	wie in b**ö**se	sleutel	[ˈsløtəl]
[øː]	wie in **Öh**rchen	deur	[døːr]

[œ]	wie in L**ü**cke	druk	[drœk]
[œi]	wie in F**eui**lleton	huis buiten	[hœis] ['bœitən]
[ə]	wie in bitt**e**, nie betont	regen twintig vrolijk	['reχən] ['twɪntəχ] ['vrolək]
[ən]	am Ende des Wortes oft ohne **n**	regen vrouwen rijden	['reχə(n)] ['vrɔuwə(n)] ['rɛidə(n)]
[u:]	wie in K**u**r, **U**hr	boer	[bu:r]
[u]	wie in B**u**rg	boek	[buk]
[w]	wie in **W**asser, aber kaum stimmhaft	wind eeuw	[wɪnt] [e:w]
[o]	wie in **O**fen, B**oo**t	olie school	['oli] [sχol]
[o:]	wie in **O**hr	toren	[to:rən]
[ɔ]	wie in **o**ffen, S**o**nne	zon	[zɔn]
[ɔu]	wie in **Au**to, R**au**ch, k**au**m	gouden auto	['χɔudən] ['ɔuto:]
[p]	wie in **P**ol, aber schwächer	papier	[pa'pi:r]
[b]	wie in **B**ohne	boer	[bu:r]
[t]	wie in **T**eller, aber nicht so kräftig	tien	[tin]
[d]	wie in **D**elle	dier	[di:r]
[k]	wie in **K**ahn, aber schwächer	kerk	[kɛrk]

[g]	wie in **G**ans	migraine melkboer	[miˈgrɛ:nə] [ˈmɛlgbu:r]
[f]	wie in **f**allen	fles	[flɛs]
[v]	wie in **V**olkswagen, oft auch stimmlos	vet	[vɛt]
[s]	wie in rei**ß**en, la**ss**en, aber weniger scharf	smaak	[smak]
[z]	wie in rei**s**en, le**s**en, oft auch stimmlos	zon	[zɔn]
[ʃ]	wie in Ti**sch**	meisje	[ˈmɛiʃə]
[ʒ]	wie in Gara**g**e, Lo**g**e	garage	[χaˈraʒə]
[j]	wie in **J**ahr	jaar	[ja:r]
[χ]	wie in a**ch**, no**ch**, zwischen Vokalen nicht so hart gesprochen	lucht school regen	[lœχt] [sχol] [ˈreχən]
[h]	wie in **H**aus	huis	[hœis]
[l]	wie in **L**uft	lucht	[l χt]
[r]	wie in **R**egen, leicht rollend	regen	[ˈreχən]
[m]	wie in **M**arkt	markt	[mɑrkt]
[n]	wie in **N**ummer	nummer	[ˈnœmər]
[ŋ]	wie in A**ng**st	angst bank	[ɑŋst] [bɑŋk]

Zum Einstieg

Das Wichtigste in Kürze

Ja.
Ja. [ja]

Nein.
Nee. ['ne]

Bitte.
(Sie) Alstublieft. [alsty'blift]/*(Du)* Alsjeblieft. [aʃə'blift]

Danke!
Dank u wel. [daŋk‿y 'wɛl]

Wie bitte?
Wat zegt u? ['wat 'zɛχt‿y']

Selbstverständlich!
Vanzelfsprekend. [vanzɛlf'sprekənt]

Einverstanden!
Akkoord! [a'ko:rt]

Okay!
Oké! [o'ke]

In Ordnung!
In orde! [ɪn 'ɔrdə]

Verzeihung!
Pardon! [par'dɔn]

Einen Augenblick, bitte!
Een ogenblik, alstublieft/alsjeblieft!
[ən oχən'blɪk alsty'blift/aʃə'blift]

Genug!
Genoeg! [χə'nuχ]

Hilfe!
Help! [hɛl(ə)p]

Wer?
Wie? [wi]

Was?
Wat? [wɑt]

Welcher/Welche/Welches?
Welk(e)? [wɛlk(ə)]

Wem?
Aan wie? [an wi]

Wen?
Wie? [wi]

Wo?
Waar? [wa:r]

Wo ist/Wo sind ...?
Waar is/Waar zijn ...? [wa:r ɪs/wa:r zɛin]

Woher?
Waarvandaan? [wa:rvɑn'dan]

Wohin?
Waarheen?/Waar naartoe? [wa:r'hen/wa:rna:r'tu]

Warum?
Waarom? [wa:r'ɔm]

Wozu?
Waarom? Waarvoor? [wa'rɔm, wa:r'vo:r]

Wie?
Hoe? [hu]

Wie viel?
Hoeveel? ['huvel, hu'vel]

Wie lange?
Hoe lang? [hu'laŋ]

Wann?
Wanneer? [wa'ne:r, 'wane:r]

Ich möchte ...
Ik wil ..., Ik zou graag ... [ɪk 'wɪl, ɪk zɔu 'χraχ]

Gibt es ...?
Is er ... ? *(sing)* ['ɪs ɛr]/Zijn er ... ? *(pl)* ['zɛin ɛr]

Zahlen – Maße – Gewichte

0	nul [nœl]
1	één [en]
2	twee [twe]
3	drie [dri]
4	vier [vi:r]
5	vijf [vɛif]
6	zes [zɛs]
7	zeven ['zevən]
8	acht [aχt]
9	negen ['neχən]
10	tien [tin]
11	elf [ɛlf]
12	twaalf [twalf]
13	dertien ['dɛrtin]
14	veertien ['ve:rtin]
15	vijftien ['vɛiftin]
16	zestien ['zɛstin]
17	zeventien ['zevəntin]
18	achttien ['aχtin]

19	**negentien** ['neχəntin]
20	**twintig** ['twɪntəχ]
21	**eenentwintig** ['enən'twɪntəχ]
22	**tweeëntwintig** ['tweən'twɪntəχ]
23	**drieëntwintig** ['dri:ən'twɪntəχ]
24	**vierentwintig** ['vi:rən'twɪntəχ]
25	**vijfentwintig** ['vɛifən'twɪntəχ]
26	**zesentwintig** ['zɛsən'twɪntəχ]
27	**zevenentwintig** ['zevənən'twɪntəχ]
28	**achtentwintig** ['ɑχtən'twɪntəχ]
29	**negenentwintig** ['neχənən'twɪntəχ]
30	**dertig** ['dɛrtəχ]
31	**eenendertig** ['enən'dɛrtəχ]
32	**tweeëndertig** ['tweən'dɛrtəχ]
40	**veertig** ['fe:rtəχ]
50	**vijftig** ['fɛiftəχ]
60	**zestig** ['sɛstəχ]
70	**zeventig** ['seventəχ]
80	**tachtig** ['tɑχtəχ]
90	**negentig** ['neχəntəχ]
100	**honderd** ['hɔndərt]
101	**honderdeen** ['hɔndərt'en]
200	**tweehonderd** ['twehɔndərt]
300	**driehonderd** ['drihɔndərt]
1000	**duizend** ['dœizənt]
2 000	**tweeduizend** ['twedœizənt]
3 000	**drieduizend** ['dridœizənt]
10 000	**tienduizend** ['tindœizənt]
100 000	**honderdduizend** ['hɔndərdœizənt]
1 000 000	**miljoen** [mɪl'jun]

1.	eerste ['e:rste]
2.	tweede ['twede]
3.	derde ['dɛrdə]
4.	vierde ['vi:rdə]
5.	vijfde ['vɛifdə]
6.	zesde ['zɛsdə]
7.	zevende ['zevəndə]
8.	achtste ['ɑχstə]
9.	negende ['neχəndə]
10.	tiende ['tində]
1/2	een half [ən 'hɑlf]
1/3	een derde [ən 'dɛrdə]
1/4	een vierde, een kwart [ən 'vi:rdə, ən 'kwɑrt]
3/4	drievierde, driekwart ['dri'vi:rdə, 'dri'kwɑrt]
3,5 %	drie en een half procent ['dri ɛn‿ən hɑlf pro'sɛnt]
27 °C	zevenentwintig graden Celcius ['zevənəntwɪntəχ 'χradən 'sɛlsiœs]
-5 °C	vijf graden Celcius onder nul ['vɛif 'χradən 'sɛlsiœs 'ɔndər nœl]
1999	Negentiennegenennegentig [neχəntin'neχənə'neχəntəχ]
2000	Tweeduizend [twe'dœizənt]
2018	Tweeduizendachttien [twedœyzənt'ɑχtin]
Millimeter	millimeter ['milimetər]
Zentimeter	centimeter ['sɛntimetər]

Meter	meter ['metər]
Kilometer	kilometer ['kilometər]
Seemeile	zeemijl ['zemεil]
Quadratmeter	vierkante meter ['vi:rkantə 'metər]
Quadratkilometer	vierkante kilometer ['vi:rkantə 'kilometər]
Liter	liter ['litər]
Gramm	gram *n* [χram]
Pfund	pond *n* [pɔnt]
Kilogramm	kilogram *n* ['kiloχram]

Zeitangaben

Uhrzeit

Wie viel Uhr ist es?
Hoe laat is het? [hu 'lat ɪs‿ət]

Es ist (genau/ungefähr) ...
Het is (precies/ongeveer) ... [ət‿'ɪs (prə'sis/ɔŋχə've:r)]

3 Uhr.
drie uur. ['dri 'y:r]

5 nach 3.
vijf over drie. ['vεif 'ovər 'dri]

3 Uhr 10.
tien over drie. ['tin 'ovər 'dri]

Viertel nach 3.
kwart over drie. [kwart 'ovər 'dri]

halb 4.
half vier. [half 'vi:r]

Viertel vor 4.
kwart voor vier. ['kwart vo:r 'vi:r]

5 vor 4.
vijf voor vier. ['vɛif vo:r 'vi:r]

12 Uhr Mittag/Mitternacht.
twaalf uur 's middags/'s nachts. ['twalf 'y:r 'smɪdaχs/snaχs]

Um wie viel Uhr?/Wann?
Hoe laat?/Wanneer? [hu 'lat/wa'ne:r]

Um 1 Uhr.
Om één uur. [ɔm 'en 'y:r]

Um 2 Uhr.
Om twee uur. [ɔm 'twe 'y:r]

Gegen 4 Uhr.
Omstreeks vier uur. ['ɔmstreks 'vi:r 'y:r]

In einer Stunde.
Over een uur. ['ovər‿ən 'y:r]

In zwei Stunden.
Over twee uur. ['ovər 'twe 'y:r]

Nicht vor 9 Uhr morgens.
Niet voor negen uur 's morgens. ['nit 'vo:r neχən 'y:r 'smɔrχəns]

Nach 8 Uhr abends.
Na acht uur 's avonds. ['na 'aχt‿y:r 'savɔns]

Zwischen 3 und 4.
Tussen drieën en vieren. [tœsən 'driə ɛn 'vi:rə]

Wie lange?
Hoe lang? [hu 'laŋ]

Zwei Stunden (lang).
Twee uur (lang). ['twe 'y:r (laŋ)]

Von 10 bis 11.
Van tien tot elf. [vɑn ˈtin tɔt ˈɛlf]

Bis 5 Uhr.
Tot vijf uur. [tɔt ˈvɛif ˈyːr]

Seit wann?
Sinds wanneer? [sɪns wɑˈneːr]

Seit 8 Uhr morgens.
Sinds acht uur 's morgens. [sɪns ˈɑχt‿yːr ˈsmɔrχəns]

Seit einer halben Stunde.
Sinds een half uur. [sɪns‿ən ˈhɑlf yːr]

Seit acht Tagen.
Sinds acht dagen. [sɪns ˈɑχt daχən]

abends	's avonds [ˈsavɔns]
am Sonntag	zondags [ˈsɔndɑχs]
am Wochenende	in het weekend (*auch:* weekeind(e)) [ɪn‿ət ˈwikɛnt (ˈwekɛin(də))]
bald	binnenkort, gauw [bɪnəˈkɔrt, χɔu]
diese Woche	deze week [dezə ˈwek]
gegen Mittag	tegen twaalven [teχə ˈtwalvən]
gestern	gisteren [ˈχɪstərən]
heute	vandaag [vɑnˈdaχ]
heute Morgen/Abend	vanmorgen/vanavond [vɑnˈmɔrχən/vɑˈnavɔnt]
in 14 Tagen	over veertien dagen [ˈovər ˈveːrtin ˈdaχən]
innerhalb einer Woche	binnen een week [ˈbɪnən‿ən ˈwek]
jeden Tag	iedere dag [ˈidərə ˈdɑχ]
jetzt	nu [ny]
kürzlich	onlangs [ɔnˈlɑŋs]

letzten Montag	afgelopen maandag ['ɑfχəlopə 'mandɑχ]
manchmal	af en toe [ɑf ɛn 'tu]
mittags	tussen de middag ['tœsən də 'mɪdɑχ]
morgen	morgen ['mɔrχən]
morgen früh/Abend	morgenochtend/morgenavond [mɔrχə'nɔχtənt/'mɔrχə'navɔnt]
morgens	’s morgens ['smɔrχəns]
nachmittags	’s middags ['smɪdɑχs]
nächstes Jahr	volgend jaar ['vɔlχənt jaːr]
nachts	’s nachts [snɑχs]
stündlich	elk uur [ɛlk 'yːr]
täglich	dagelijks ['daχələks]
tagsüber	overdag [ovər'dɑχ]
übermorgen	overmorgen ['ovər'mɔrχən]
um diese Zeit	om deze tijd [ɔm 'dezə tɛit]
vor zehn Minuten	tien minuten geleden ['tin mi'nytə χə'ledən]
vorgestern	eergisteren [eːr'χɪstərən]
vormittags	’s morgens ['smɔrχəns]

Wochentage

Montag	maandag ['mandɑχ]
Dienstag	dinsdag ['dɪnzdɑχ]
Mittwoch	woensdag ['wunzdɑχ]
Donnerstag	donderdag ['dɔndərdɑχ]
Freitag	vrijdag ['vrɛidɑχ]
Samstag	zaterdag ['zatərdɑχ]
Sonntag	zondag ['zɔndɑχ]

Monate

Januar	januari [jany'wa:ri]
Februar	februari [febry'wa:ri]
März	maart [ma:rt]
April	april [a'prıl]
Mai	mei [mɛi]
Juni	juni ['jyni]
Juli	juli ['jyli]
August	augustus [ɔu'χœstəs]
September	september [sɛp'tɛmbər]
Oktober	oktober [ɔk'tobər]
November	november [no'vɛmbər]
Dezember	december [de'zɛmbər]

Jahreszeiten

Frühling	voorjaar, lente ['vo:rja:r, 'lɛntə]
Sommer	zomer ['zomər]
Herbst	herfst [hɛrfst]
Winter	winter ['wıntər]

Feiertage

Neujahr	nieuwjaarsdag [ni:wja:rz'dɑχ]
Karfreitag	Goede Vrijdag [χudə 'vrɛidɑχ]
Ostern	Pasen ['pasən]
Ostermontag	paasmaandag, tweede paasdag [pas'mandɑχ, 'twedə pas'dɑχ]
Geburtstag des Königs	Koningsdag ['konıŋsdɑχ]
1. Mai	één mei [en 'mɛi]
Tag der Befreiung *(5. 5. NL)*	bevrijdingsdag [bə'vrɛidıŋzdɑχ]
Christi Himmelfahrt	Hemelvaart ['heməlva:rt]
Pfingsten	Pinksteren ['pıŋkstərən]

Pfingstmontag	pinkstermaandag, tweede pinksterdag ['pɪŋkstər'mandaχ, 'twedə 'pɪŋkstərdaχ]
Fronleichnam	Sacramentsdag [sakra'mɛntsdaχ]
Fest der Flämischen Gemeinschaft *(11. 7. B)*	Feest van de Vlaamse Gemeenschap [fest van də vlamsə χə'mensχap]
Allerheiligen	Allerheiligen [alər'hɛiləχən]
Tag der Befreiung *(11. 11. B)*	Wapenstilstand ['wapənstɪlstant]
Nationalfeiertag *(21. 7. B)*	Nationale Feestdag [naʃonalə 'fezdaχ]
Nikolaus *(5.12.)*	Sinterklaas [sɪnter'klas]
Weihnachten	Kerstmis ['kɛrsmɪs]
1. Weihnachtsfeiertag	eerste kerstdag ['eːrstə kɛrz'daχ]
2. Weihnachtsfeiertag	tweede kerstdag ['twedə kɛrz'daχ]
Silvesterabend	Oudejaarsavond [ɔuwəjaːrs'avɔnt]

Datum

Den Wievielten haben wir heute?
De hoeveelste is het vandaag? [də 'huvelstə 'ɪs‿ət van'daχ]

Heute ist der 1. Mai.
Vandaag is het een mei. [van'daχ ɪs‿ət en 'mɛi]

Wetter

Was für ein herrliches/schreckliches Wetter!
Wat een heerlijk/vreselijk weer! [wat‿ən 'heːrlək/'vresələk weːr]

Es ist kalt/heiß/schwül.
Het is koud/warm/benauwd. [ət‿ɪs 'kɔut/'wɑrm/bə'nɔut]

Es ist neblig/windig.
Het is mistig./Het waait. [ət‿ɪs 'mɪstəχ/ət wajt]

Es bleibt schön/schlecht.
Het blijft mooi/slecht weer. [ət 'blɛift moi/slɛχt 'weːr]

Es wird wärmer/kälter.
Het wordt warmer/kouder. [ət wɔrt 'wɑrmər/'kɔudər]

Es wird regnen/schneien.
Het zal regenen/sneeuwen. [ət‿sɑl 'reχənən/'snewən]

Wie viel Grad haben wir heute?
Hoeveel graden is het vandaag? ['huvel 'χradən ɪs‿ət vɑn'daχ]

Es ist 20 Grad.
Het is twintig graden. [ət‿ɪs 'twɪntəχ 'χradən]

Wie ist der Straßenzustand in Friesland?
Hoe is de toestand van de wegen in Friesland?
['hu ɪs də 'tustɑnt vɑn də 'weχən ɪn 'frislɑnt]

Die Straßen sind glatt.
De wegen zijn glad. [də 'weχən zɛin χlɑt]

Es wird gewarnt vor Windstößen/Windstärke 8/9.
Er wordt gewaarschuwd voor windstoten/windkracht 8/9.
[ɛr wɔrt χə'waːrsχywt voːr 'wɪntstotən/'wɪntkrɑχt ɑχt/'neχən]

bewölkt	**bewolkt** [bəˈwɔlkt]
Blitz	**bliksem** [ˈblɪksəm]
Bö	**(wind)vlaag** [ˈ(wɪnt)vlaχ]
Donner	**donder** [ˈdɔndər]
Ebbe	**eb, laagwater** [ɛp, laχˈwatər]
Eis	**ijs** *n* [ɛis]
Flaute	**flauwte, windstilte** [ˈflɔutə, ˈwɪntstɪltə]
Frost	**vorst** [vɔrst]
Gewitter	**onweer** *n* [ˈɔnweːr]
Glatteis	**ijzel** [ˈɛizəl]
heiß	**heet** [het]
Hitze	**hitte** [ˈhɪtə]
kalt	**koud** [kɔut]
Luft	**lucht** [lœχt]
nass	**nat** [nɑt]
Nebel	**mist** [mɪst]
Regen	**regen** [ˈreχən]
regnerisch	**regenachtig** [ˈreχənɑχtəχ]
Schnee	**sneeuw** [sneu]
schwül	**benauwd** [bəˈnɔut]
Sonne	**zon** [zɔn]
sonnig	**zonnig** [ˈzɔnəχ]
Temperatur	**temperatuur** [ˈtɛmpəraˈtyːr]
warm	**warm** [wɑrm]
wechselhaft	**onbestendig** [ˈɔnbəstɛndəχ]
Wetterbericht	**weerbericht** *n* [ˈweːrbərɪχt]
Wind	**wind** [wɪnt]
Windstärke	**windkracht** [ˈwɪntkrɑχt]
Wolke	**wolk** [wɔlk]

Reiseplanung

Hotelbuchung per E-Mail

Sehr geehrte Damen und Herren,
vom 24. bis 26. Juni hätte ich gern für zwei Nächte ein Einzel-/ Doppel-/Zweibettzimmer.
Bitte teilen Sie mir mit, ob Sie ein Zimmer frei haben und was es pro Nacht, einschließlich Frühstück, kostet.
Mit freundlichen Grüßen

Geachte dames en heren,
Van 24 t/m 26 juni (2 nachten) wil ik graag een eenpersoons/ tweepersoons/tweebeddenkamer reserveren.
Laat u me weten of u een kamer vrij heeft en wat deze per nacht inclusief ontbijt kost?
Met vriendelijke groet,

Dear Sir or Madam,
I would like to book a single/double/twin-bedded room for 2 nights on the 24th and 25th June.
Please let me know if you have any vacancies and the cost per night plus breakfast.
Yours faithfully,

Mietwagen per E-Mail

Sehr geehrte Damen und Herren,
für die Zeit vom 20. – 25. Juli möchte ich gern ab Flughafen ... einen Kleinwagen/einen Mittelklassewagen/eine Luxuslimousine/einen Kleinbus mieten. Mein Rückflug geht ab ... und deshalb möchte ich das Auto dort zurückgeben. Bitte teilen Sie mir Ihre Tarife mit und welche Unterlagen ich benötige.
Mit freundlichen Grüßen

Geachte dames en heren,
Van 20 t/m 25 juli wil ik graag vanaf luchthaven ... een kleine auto/een middenklasser/een luxe wagen/een minivan huren. Ik vlieg terug vanaf luchthaven ..., daarom zou ik de wagen daar graag willen teruggeven. Kunt u mij zeggen wat uw tarieven zijn en welke documenten zijn vereist?
Met vriendelijke groet,

Dear Sir or Madam,
I would like to hire a small/mid-range/luxury saloon car/minibus from July 20 – 25 from ... Airport. I depart from ... Airport so wish to leave the car there. Please inform me of your rates and what documents I shall require.
Yours faithfully,

Allgemeine Fragen

Ich habe vor, meinen Urlaub in ... zu verbringen. Können Sie mir bitte Informationen über Unterkünfte in der Gegend geben?
Ik ben van plan de vakantie door te brengen in ... Kunt u mij informatie over logies in de streek geven?
[ɪk bɛn van plan də va'kantsi do:r tə 'brɛŋən ɪn ... kœnt‿y mɛi ɪnfɔr'matsi 'χevən 'ovɛr lo'ʒis ɪn dɛ strek]

An welche Art von Unterkunft haben Sie gedacht?
Aan wat voor soort overnachting denkt u?
[an wat vo:r so:rt ovɛr'naχtɪŋ dɛŋkt‿y]

ein Hotel
een hotel [ən ho'tɛl]

eine Pension
een pension [ən pɛn'ʃɔn]

ein Fremdenzimmer
logies bij particulieren [lo'ʒis bɛi partiky'li:rən]

eine Ferienwohnung
een vakantiehuisje [ən va'kansihœyʃə]

Fragen zur Unterkunft

Hotel – Pension – Privatzimmer

Ich suche ein Hotel, jedoch nicht zu teuer – etwas in der mittleren Preislage.
Ik zoek een hotel, maar niet te duur, iets in de middenklasse.
[ɪk suk ən ho'tɛl ma:r nitə dy:r, its ɪn dɛ 'mɪdəklasə]

Ich suche ein Hotel mit Hallenbad/Golfplatz/Tennisplätzen.
Ik zoek een hotel met zwembad/golfbaan/tennisbanen.
[ɪk suk ən ho'tɛl mɛt 'zwɛmbɑt/'χɔlfban/'tɛnəsbanən]

Können Sie mir ein schönes Fremdenzimmer mit Frühstück empfehlen?
Kunt u mij een mooie kamer bij particulieren met ontbijt aanbevelen? [kœnt‿y mɛi ən mojə 'kamər bɛi pɑrtiky'li:rə mɛt ɔnd'bɛit 'ambəvelə]

Für wie viele Leute soll es sein?
Voor hoeveel personen? [vo:r 'huvel pɛr'sonən]

Sind dort Hunde erlaubt?
Zijn honden daar toegestaan? [zɛin 'hɔndɛ da:r 'tuχəstan]

Wie viel kostet das pro Woche?
Hoe duur is dat per week? [hy du:r ɪs dɑt pɛr wek]

Ferienhäuser/Ferienwohnungen

Ich suche eine Ferienwohnung oder einen Bungalow.
Ik zoek een vakantiehuisje of een bungalow.
[ɪk suk ən va'kɑnsihœyʃə ɔf ən 'bœŋχalo]

Können Sie mir einen kinderfreundlichen Ferienbauernhof empfehlen?
Kunt u mij een kindvriendelijke vakantieboerderij aanbevelen?
[kœnt‿y mɛi ən 'kɪntfrindələkə va'kɑnsiburdərɛi 'ambəvelə]

Gibt es ...?
Is er ...? *(sing)* ['ɪz‿ər]

ein Kinderbett
een kinderbed [ən 'kɪndərbɛt]

einen Hochstuhl
een kinderstoel [ən 'kɪndərstul]

einen Fernseher
een televisie [ən telə'vizi]

ein Telefon
een telefoon [ən telə'fon]

eine Waschmaschine
een wasmachine [ən 'wasmaʃinə]

eine Spülmaschine
een vaatwasser [ən 'vatwasər]

Werden Bettwäsche und Handtücher gestellt?
Zijn beddengoed en handdoeken aanwezig?
[zɛin 'bɛdəχut ɛn 'handukən an'wezəχ]

Wie viel muss ich anzahlen und wann ist die Anzahlung fällig?
Hoe hoog is de aanbetaling, en wanneer moet ik het bedrag overmaken?
[hu hoχ ɪzdə 'ambətalɪŋ ɛn 'wane:r mut ɪk‿ət bə'draχ 'ovərmakə]

Wo und wann kann ich die Schlüssel abholen?
Waar en wanneer kan ik de sleutel afhalen?
[wa:r ɛn wa'ne:r kan‿ɪk də 'sløtəl 'afhalə]

Im Gespräch

Begrüßung und Verabschiedung

Guten Morgen!
Goedemorgen! [χuiə'mɔrχən]

Guten Tag!
Dag!/Goedendag! ['dɑχ/χuiə'dɑχ]

Guten Abend!
Goedenavond! [χuiə'n‿avɔnt]

Hallo!/Grüß dich!
Hallo!/Dag! [hɑ'lo/dɑχ]

Wie ist Ihr Name, bitte?
Uw naam graag? [yw nam χraχ]

Wie heißt du?
Hoe heet je? [hu het‿jə]

Mein Name ist ...
Mijn naam is ... [mεin‿'nam is]

Wie geht es Ihnen?
Hoe maakt u het? [hu 'makt y‿ət]

Wie geht's?
Hoe gaat het? [hu 'χat‿ət]

Danke. Und Ihnen/dir?
Goed hoor. En met u/jou? [χut ho:r 'εm‿mεt 'y/'jɔu]

Auf Wiedersehen!
Tot ziens! [tɔt 'sins]

Bis bald!
Tot gauw! [tɔt 'χɔu]

Bis später!
Tot straks! [tɔt 'strɑks]

Bis morgen!
Tot morgen! [tɔt 'mɔrχən]

Gute Nacht!
Welterusten! [wɛl'trœstə]

Tschüs!
Dag! ['dɑχ]

Gute Reise!
Goede reis! ['χujə rɛis]

Angaben zur Person

Wie alt sind Sie/bist du?
Hoe oud bent u/ben je? [hu 'ɑut 'bɛnt‿y/bɛn jə]

Ich bin 39.
Ik ben negenendertig. [ɪk bɛn 'neχənɛn'dɛrtəχ]

Was machen Sie/machst du beruflich?
Wat bent u/ben je van beroep? ['wɑt 'bɛnt‿y/bɛn jə vɑn bə'rup]

Ich bin ...
Ik ben ... [ɪk bɛn]

arbeitslos.
werkloos [wɛrkə'los]

Freiberufler.
heb een vrij beroep [hɛp ən frɛi bə'rup]

Ich arbeite bei ...
Ik werk bij ... [ɪk wɛrk bɛi]

Ich gehe noch zur Schule.
Ik zit nog op school. [ɪk 'sɪt nɔχ ɔp 'sχol]

Ich bin Student/in.
Ik ben student/studente. [ɪk bɛn sty'dɛnt(ə)]

Ich bin Rentner/in.
Ik ben met pensioen. [ɪk 'bɛn mɛt pɛn'ʃun]

Höflichkeit

Bitte und Dank

Bitte.
(Sie) Alstublieft. [alsty'blift]/*(Du)* Alsjeblieft. [aʃə'blift]

Ja, bitte.
Ja, alstublieft. ['ja alsty'blift]

Nein, danke!
Nee, dank u wel. ['ne daŋk‿y 'wɛl]

Gestatten Sie?
Pardon, mag ik even? [par'dɔn 'maχ‿ɪk evən]

Können Sie mir bitte helfen?
Kunt u mij alstublieft helpen? ['kœnt‿y mɛi alsty'blift 'hɛlpən]

Danke!
(Sie) Dank u. [daŋk‿y], *(Du)* Dank je. [daŋkjə]

Danke, sehr gern!
Dank u, graag! ['daŋk‿y χraχ]

Das ist nett, danke.
Bedankt, dat is heel vriendelijk van u.
[bə'daŋkt, dat‿ɪs hel 'vrindələk fan‿y]

Bitte sehr./Gern geschehen.
Graag gedaan. [χraχ χə'dan]

Entschuldigung

Entschuldigung!
Neemt u mij niet kwalijk. ['nemt‿y mɛi nit 'kwalək]

Es war nicht so gemeint.
Het was niet zo bedoeld. [ət 'was nit zo bə'dult]

Das ist leider nicht möglich.
Dat kan helaas niet. [dat kan he'las nit]

Herkunft und Aufenthalt

Woher kommen Sie/kommst du?
Waar komt u/kom je vandaan? ['war kɔmt‿y/kɔm jə van'dan]

Ich bin aus Berlin/Köln/Wien.
Ik kom uit Berlijn/Keulen/Wenen.
[ɪk kɔm œit bɛr'lɛin/'kølən/'wenən]

Sind Sie/Bist du schon lange hier?
Bent u/Ben je hier allang? ['bɛnt‿y/'bɛn jə 'hiːr a'laŋ]

Ich bin seit ... hier.
Ik ben hier sinds ... [ɪk 'bɛn hiːr 'sɪnts]

Wie lange bleiben Sie/bleibst du?
Hoe lang blijf je/blijft u hier? ['hulaŋ blɛif jə/blɛift‿y hiːr]

Sind Sie/Bist du zum ersten Mal hier?
Ben je/Bent u hier voor de eerste keer?
['bɛn jə/'bɛnt‿y hiːr voːr də 'eːrstə keːr]

Wie finden Sie es?
Hoe vindt u het? [hu 'vɪnt‿y‿ət]

Verständigungsschwierigkeiten

Wie bitte?
Wat zegt u? ['wat 'zɛχt‿y']

Ich verstehe Sie nicht. Bitte wiederholen Sie es.
Ik versta u niet. Kunt u het herhalen?
[ɪk vər'sta y nit. 'kœnt‿y‿ət hɛr'halən]

Bitte sprechen Sie etwas langsamer.
Wilt u alstublieft iets langzamer spreken.
['wɪlt‿y ɑlsty'blift its 'lɑŋsamər 'sprekən]

Ich verstehe.
Ik begrijp het. [ɪk bə'χrɛip‿ət]

Sprechen Sie/Sprichst du ...
Spreekt u/Spreek je ... ['sprekt‿y/sprek jə]

Deutsch?
Duits? ['dœits]

Englisch?
Engels? ['ɛŋəls]

Französisch?
Frans? ['frɑns]

Ich spreche nur wenig ...
Ik spreek alleen maar 'n beetje ... [ɪk sprek ɑ'len maːr‿ən 'betjə]

Unterwegs

Fragen nach dem Weg

Ortsangaben

links	links [lɪŋks]
rechts	rechts [rɛχs]
geradeaus	rechtdoor [rɛχ'do:r]
vor	voor [vo:r]
hinter	achter ['ɑχtər]
neben	naast [nast]
gegenüber	tegenover [teχə'novər]
hier	hier ['hi:r]
dort	daar [da:r]
nah	dichtbij [dɪχ'bɛi/dɪχt'bɛi]
weit	ver [vɛr]
nach	naar ['na:r]
Ampel	stoplicht *n* ['stɔplɪχt]
Straße	straat [strat]
Kreuzung	kruispunt *n* ['krœispœnt]
Kurve	bocht [bɔχt]

Wegbeschreibung

Wie komme ich bitte nach ...?
Hoe rijd ik naar ...? ['hu 'rɛit‿ɪk 'na:r]

Immer geradeaus bis ...
Steeds maar rechtdoor tot ... ['stets ma:r rɛχ'do:r tɔt]

Dann bei der Ampel links/rechts abbiegen.
Dan bij het stoplicht links/rechts afslaan.
[ɑn bɛi‿ət 'stɔplɪχt 'lɪŋks/'rɛχs 'ɑfslan]

Folgen Sie den Schildern.
Volg de borden. [vɔlχ də ˈbɔrdən]

Wie weit ist das?
Hoe ver is dat? [hu ˈvɛr ɪz ˈdɑt]

Ungefähr zwei Kilometer.
Ongeveer twee kilometer. [ˈɔŋχəveːr twe ˈkilometər]

Es ist ganz in der Nähe.
Het is vlak in de buurt. [ət‿ɪs flɑk ɪn də byːrt]

Bitte, ist das die Straße nach ...?
Pardon, is dat de weg naar ...? [pɑrˈdɔn, is ˈdɑt də ˈwɛχ naːr]

Bitte, wo ist ...?
Weet u misschien de weg naar ...? [wet‿y mɪsχin də wɛχ naːr]

Tut mir leid, das weiß ich nicht.
Sorry, weet ik niet. [ˈsɔri wet‿ɪk nit]

Gehen Sie geradeaus/nach links/nach rechts.
Gaat u rechtdoor/naar links/naar rechts.
[ˈχat‿y rɛχˈdoːr/naːr ˈlɪŋks/naːr ˈrɛχs]

Erste/Zweite Straße links/rechts.
Eerste/Tweede straat links/rechts. [ˈeːrstə/ˈtwedə strat ˈlɪŋks/rɛχs]

Überqueren Sie ...
U steekt ... over. [y stekt ... ˈovər]

die Brücke.
de brug [də ˈbrœχ]

den Platz.
het plein [ət ˈplɛin]

die Straße.
de straat [də ˈstrat]

Sie nehmen am besten den Bus Nr. ...
Het beste neemt u de bus, lijn ... [ət bɛstə nemt‿y də bœs lɛin]

An der Grenze

Passkontrolle

Ihren Pass, bitte!
Uw paspoort, alstublieft. [yw 'paspo:rt alsty'blift]

Haben Sie etwas zu verzollen?
Heeft u iets aan te geven? ['heft‿y its 'an tə 'χevən]

Fahren Sie bitte rechts/links heran.
Rijdt u alstublieft rechts/links op.
['rɛit‿y alsty'blift 'rɛχs/'lɪŋks ɔp]

Öffnen Sie bitte den Kofferraum/diesen Koffer.
Wilt u de kofferruimte/deze koffer openen.
['wɪlt‿y də 'kɔfərœimtə/'dezə 'kɔfər 'opənən]

Muss ich das verzollen?
Moet ik dat aangeven? ['mut‿ɪk dat 'aŋχevən]

Personalien

Familienname	familienaam [fa'milinam]
Familienstand	burgerlijke staat ['bœrχərləkə 'stat]
ledig	ongetrouwd, ongehuwd ['ɔŋχətrɔuwt, 'ɔŋχəhywt]
verheiratet	getrouwd, gehuwd [χə'trɔuwt, χə'hywt]
verwitwet	*(Mann)* weduwnaar ['wedywna:r] *(Frau)* weduwe ['wedywə]
Geburtsdatum	geboortedatum [χə'bo:rtədatəm]
Geburtsname	*(Frau)* meisjesnaam ['mɛiʃəsnam] *(Mann)* geboortenaam [χə'bo:rtənam]

Geburtsort	geboorteplaats [χəˈbo:rtəplats]
Staatsangehörigkeit	nationaliteit [nɑʃonaliˈtɛit]
Vorname	voornaam [ˈvo:rnam]
Wohnort	woonplaats [ˈwonplats]

Grenze

Ausreise	uitreis [ˈœyitreis]
Einreise (nach)	het binnenreizen (van) [ət ˈbɪnənrɛizən (vɑn)]
EU-Bürger	EU-burger [eˈybœrχər]
Führerschein	rijbewijs *n* [ˈrɛibəwɛis]
Grenzübergang	grensovergang [ˈχrɛnsovərχɑŋ]
grüne Versicherungskarte	verzekeringskaart [vərˈzekərɪŋska:rt]
gültig	geldig [ˈχɛldəχ]
internationaler Impfpass	internationaal inentingsbewijs *n* [ɪntərnɑʃoˈnal ˈɪnəntɪŋsbəwɛis]
Nationalitätskennzeichen	landensticker [lɑndəstɪkər]
Nummernschild	nummerbord *n* [ˈnœmərbɔrt]
Passkontrolle	pascontrole [ˈpɑskɔntrɔ:lə]
Personalausweis	identiteitskaart [idɛntiˈtɛitska:rt], legitimatiepapieren *pl* [leχimiˈtatsipɑpi:rən]
Reisepass	paspoort *n* [ˈpɑspo:rt]
Visum	visum *n* [ˈvizəm]
Zoll	douane [duˈwanə]
zollfrei	vrij van rechten, tolvrij [vrɛi vɑn ˈrɛχtən, ˈtɔlvrɛi]
Zollgebühren	invoerrechten *pl* [ˈɪnvu:rɛχtən]
zollpflichtig	belastbaar [bəˈlɑstba:r]

Auto und Motorrad

Reisewege, Vorschriften ...

Autobahn	autosnelweg [ɔuto'snɛlwɛχ]
Autofahrer	automobilist[ɔutomobi'lɪst], bestuurder [bə'sty:rdər]
Bußgeld	bekeuring [bə'kœ:rɪŋ]
Hauptstraße	verkeersader [vər'ke:rsadər]
Landstraße	straatweg ['stratwɛχ]
Nebenstraße	secundaire weg [sɛkœn'dɛ:r wɛχ]
Promillegrenze	promillegrens [pro'mɪləχrɛns]
Radarkontrolle	radarcontrole ['radarkɔn'trɔ:lə]
Rastplatz	parkeerplaats [par'ke:rplats]
Raststätte	wegrestaurant *n* ['wɛχrəstɔurant]
Schnellstraße	snelweg ['snɛlwɛχ]
Stau	file ['filə]
Straßenverkehrsordnung	wegenverkeersreglement *n* [weχəvər'ke:rsreχləmɛnt]
trampen	liften ['lɪftən]
Tramper	lifter ['lɪftər]
Wegweiser	richtingbord ['rɪχtɪŋbɔrt]

An der Tankstelle

Wo ist bitte die nächste Tankstelle?
Waar is de dichtstbijzijnde benzinepomp?
[war is də 'drɪχsbɛizɛində bɛn'zinəpɔmp]

Ich habe ... Liter
Ik heb ... liter [ɪk hɛp ... 'liter]

Normalbenzin.
normaal. [nɔr'mal]

Super.
super. ['syper]

Diesel.
diesel. ['dizəl]

Welche Zapfsäule hatten Sie?
Bij welke pomp heeft u getankt?
[bɛi 'wɛlkə pɔmp heft‿y χə'tɛŋkt]

Ich hatte die Zapfsäule Nummer ...
Mijn pompnummer is ... [mɛin 'pɔmpnoemər ɪs]

Wo ist hier die Toilette?
Waar is hier de wc?
[wa:r ɪs hi:r də we'se]

Ich möchte eine Straßenkarte dieser Gegend, bitte.
Een wegenkaart van de streek graag.
[ən 'weχəka:rt vɑn də strek χraχ]

Hinweise und Informationen

Busbaan/busstrook (BUS)	**Nur Busse**
Eenrichtingsverkeer	**Einbahnstraße**
EHBO (eerste hulp bij ongelukken)	**Erste Hilfe**
Einde snelweg	**Ende der Schnellstraße**
Fietsen, niet brommen	**Fahrradweg**
Fietspad	**Radweg**
Ga terug	**STOP falsch**
Gevaarlijke bocht	**Gefährliche Kurve**

Gevaarlijke kruising	**Gefährliche Kreuzung**
Inhalen verboden	**Überholverbot**
Let op	**Achtung**
Onbewaakte overweg	**Unbeschrankter Bahnübergang**
Overstekend wild	**Wildwechsel**
Overstekende fietsers	**Radfahrer kreuzen**
P vergunninghouders	**Parken nur möglich mit Genehmigung**
Parkeerschijf verplicht	**Parken nur mit Parkscheibe**
Rechts houden	**Rechts fahren**
Slecht wegdek	**Schlechte Straße**
Slipgevaar	**Rutschgefahr**
Spelende kinderen	**Spielende Kinder**
Uitgezonderd (brom)fietsers	**Ausgenommen Fahrräder/Mopeds**
Voorrang verlenen	**Vorfahrt beachten**
Voorsorteren	**Rechtzeitig einordnen**
Wandelpad	**Spazier-/Wanderweg**
Wegomlegging	**Umleitung**
Werk in uitvoering	**Bauarbeiten**
Woonerf	**Spielstraße**
Zachte berm	**Unbefestigter Seitenstreifen**
Ziekenhuis	**Krankenhaus**

Parken

Gibt es hier in der Nähe eine Parkmöglichkeit?
Is hier in de buurt een parkeergelegenheid?
[ɪs ˈhiːr ɪn də ˈbyːrt‿ən parˈkeːrχəleɣənhɛit]

Kann ich den Wagen hier abstellen?
Kan ik de auto hier neerzetten? ['kɑn‿ɪk də 'ɔuto hi:r 'ne:rzɛtən]

Ist der Parkplatz bewacht?
Wordt de parkeerplaats bewaakt? [wɔrt də pɑr'ke:rplɑts bə'wakt]

Wie hoch ist die Parkgebühr pro Stunde?
Hoe duur is het per uur? ['hu dy:r ɪs‿ət pɛr 'y:r]

Ist das Parkhaus die ganze Nacht geöffnet?
Is de parkeergarage de hele nacht open?
[ɪz də pɑr'ke:rχa:raʒə də 'helə nɑχt 'opən]

Eine Panne

Ich habe eine Panne.
Ik heb pech. [ɪk hɛp‿pɛχ]

Ich habe einen Platten.
Ik heb een lekke band. [ɪk hɛp‿ən 'lɛkə 'bɑnt]

Wo ist hier in der Nähe eine Werkstatt?
Waar is hier in de buurt een garage?
['wɑr‿ɪs 'hi:r ɪn də 'by:rt‿ən χa'raʒə]

Würden Sie bitte den Pannendienst anrufen?
Wilt u alstublieft de wegenwacht/*(B)* depannage bellen?
['wɪlt‿y ɑlsty'blift də 'weχəwɑχt/depɑ'naʒ 'bɛlən]

Könnten Sie mir mit Benzin aushelfen?
Kunt u mij met benzine uit de nood helpen?
['kœnt‿y mɛi mɛt bɛn'zinə œit də 'not hɛlpən]

Könnten Sie mir beim Reifenwechsel helfen?
Kunt u mij helpen bij het (ver)wisselen van de band?
['kœnt‿y mɛi 'hɛlpən bɛi‿ət (vər)'wɪsələn vɑn də 'bɑnt]

Würden Sie mich bis zur nächsten Werkstatt mitnehmen?
Kunt u mij alstublieft meenemen naar de eerstvolgende garage?
[kœnt‿y mə ɑlsty'blift menemən na:r də e:rstvɔlχəndə χa'raʒə]

Abschleppdienst	sleepdienst ['slepdinst]
abschleppen	wegslepen ['wɛχslepən]
Abschleppseil	sleepkabel ['slepkabəl]
Abschleppwagen	takelwagen ['takəlwaχən]
Benzinkanister	benzineblik *n* [bɛn'zinəblɪk]
Ersatzrad	reservewiel *n* [rə'zɛrvəwil]
Panne	pech [pɛχ]
Pannendienst	wegenwacht/*(B)* depannage ['wɛχəwaχt/depɑ'naʒ]
Platten	lekke band ['lɛkə 'bɑnt]
Starthilfekabel	startkabel ['stɑrtkabəl]
Wagenheber	krik [krɪk]
Warnblinker	knipperlicht *n* ['knɪpərlɪχt]
Warndreieck	gevarendriehoek [χə'va:rədrihuk]
Werkzeug	gereedschap *n* [χə'retsχɑp]

In der Werkstatt

Mein Wagen springt nicht an.
De auto wil niet starten. [də 'ɔuto wɪl nit stɑrtən]

Mit dem Motor stimmt was nicht.
Met de motor is iets niet in orde. [mɛt də 'motɔr ɪs its nit‿ɪn 'ɔrdə]

... ist/sind defekt.
... is/zijn kapot. [ɪs/zɛin kɑ'pɔt]

Der Wagen verliert Öl.
De auto verliest olie. [də 'ɔuto vər'list 'oli]

Können Sie mal nachsehen?
Kunt u hem even nakijken? ['kœnt‿y hɛm 'ɛfə 'nakɛikən]

Wann ist der Wagen/das Motorrad fertig?
Wanneer is de auto/de motor klaar?
[wɑ'ne:r ɪs də 'ɔuto/də 'motɔr 'klɑr]

Was wird es kosten?
Hoeveel zal het gaan kosten? ['huvel zal‿ət χɑn 'kɔstən]

Abblendlicht	stadslicht *n* ['statslɪχt]
Alarmanlage	alarminstallatie [ɑ'lɑrmɪnstɑ'latsi]
Anlasser	starter ['stɑrtər]
Auspuff	uitlaat ['œitlat]
Automatik(getriebe)	automatische versnellingsbak [ɔuto'matisə vər'snɛlɪŋsbɑk]
Benzinpumpe	brandstofpomp ['brɑntstɔfpɔmp]
Blinker	knipperlicht *n* ['knɪpərlɪχt]
Bremse	rem [rɛm]
Bremsflüssigkeit	remolie ['rɛmoli]
Bremslichter	remlichten *pl* ['rɛmlɪχtən]
Defekt	fout [fɔut]
Fernlicht	groot licht *n* [χrot 'lɪχt]
Frostschutzmittel	antivries [ɑnti'vris]
Gang	versnelling [vər'snɛlɪŋ]
erster Gang	eerste versnelling [e:rstə vər'snɛlɪŋ]
Leerlauf	vrijloop(stand) ['vrɛilop(stɑnt)]
Rückwärtsgang	achteruit [ɑχtər'œyt]
Gaspedal	gaspedaal *n* ['χɑspedɑ'l]
Getriebe	versnellingsbak [vər'snɛlɪŋzbɑk]
Handbremse	handrem ['hɑntrɛm]
Hupe	claxon ['klɑksɔn]
Kofferraum	kofferbak ['kɔfərbɑk]

Kühler	radiator [radi'jatɔr]
Kühlwasser	koelwater *n* ['kulwatər]
Kupplung	koppeling ['kɔpəlɪŋ]
Lichtmaschine	dynamo [di'namo]
Luftfilter	luchtfilter ['lœχtfɪltər]
Motor	motor ['motɔr]
Motorhaube	motorkap ['motɔrkap]
Öl	olie ['oli]
Ölwechsel	olie verversen ['oli vər'vɛrsən]
Rad	wiel *n* [wil]
Reifen	band [bant]
Rücklicht	achterlicht *n* ['aχtərlɪχt]
Rückspiegel	achteruitkijkspiegel [aχtər'œitkɛikspiχəl]
Scheibenwischer	ruitenwisser ['rœitəwɪsər]
Scheinwerfer	koplamp ['kɔplamp]
Schraube	schroef [sχruf]
Sicherheitsgurt	veiligheidsriem ['vɛiləχhɛitsrim]
Standlicht	parkeerlicht *n* [par'ke:rlɪχt]
Tachometer	snelheidsmeter ['snɛlhɛitsmetər]
Tank	tank [tɛŋk]
elektronische Wegfahrsperre	elektronische blokkeerinrichting [elɛk'tronisə blɔ'ke:rɪnrɪgtɪŋ]
Werkstatt	garage [χa'raʒə]
Windschutzscheibe	voorruit ['vo:rœit]
Zündkerze	bougie [bu'ʒi]
Zündung	ontsteking ['ɔntstekɪŋ]

Verkehrsunfall

Es ist ein Unfall passiert.
Er is een ongeluk gebeurd. [ɛr ɪs‿ən 'ɔŋχəlœk χə'bœ:rt]

Rufen Sie bitte schnell ...
Belt u direct ... ['bɛlt‿y di'rɛkt]

einen Krankenwagen.
een ziekenwagen. [ən 'zikəwaχən]

die Polizei.
de politie. [də poː'litsi]

die Feuerwehr.
de brandweer. [də 'brɑntweːr]

Haben Sie Verbandszeug?
Heeft u verbandmiddelen? ['heft‿y vər'bɑntmɪdələn]

Sie haben ...
U heeft ... [y 'heft]

die Vorfahrt nicht beachtet.
geen voorrang verleend. [χen 'voːrɑŋ vər'lent]

nicht geblinkt.
uw richtingaanwijzer niet aangezet.
[yw 'rɪχtɪŋanwɛizər nit 'aŋχəzɛt]

Sie sind zu schnell gefahren.
U hebt te snel gereden. [y hɛpt tə 'snɛl χə'redən]

Sie sind bei Rot über die Kreuzung gefahren.
U reed bij rood licht over het kruispunt.
[y ret bɛi 'rot lɪχt 'ovər‿ət 'krœispœnt]

Geben Sie mir bitte Ihren Namen und Ihre Anschrift.
Geeft u mij alstublieft uw naam en uw adres.
['χeft‿y mɛi ɑlsty'blift yw 'nam ɛn yw a'drɛs]

Vielen Dank für Ihre Hilfe.
Hartelijk dank voor uw hulp. ['hɑrtələk 'dɑŋk voːr yw 'hœlp]

Auto-, Motorrad- und Fahrradvermietung

Ich möchte für zwei Tage/eine Woche ... mieten.
Ik wil voor twee dagen/een week ... huren.
[ɪk wɪl vo:r twe ˈdaχən/ˈen wek … hy:rən]

einen (Gelände-)Wagen
een (terrein)wagen [ən (tɛˈrɛin)ˈwaχən]

ein Motorrad
een motor [ən ˈmotɔr]

einen Motorroller
een scooter [ən ˈskutər]

ein Mofa *(max. 25 km/h)*
een snorfiets [ən ˈsnɔrfits]

ein Fahrrad
een fiets [ən fits]

Wie hoch ist die Tages-/Wochenpauschale?
Hoe duur is het per dag/per week?
[hu dy:r ɪs‿ət pɛr daχ/pɛr wek]

Wie viel verlangen Sie pro gefahrenen Kilometer?
Wat is de kilometerprijs? [wɑt ɪs də ˈkilometərprɛis]

Ist das Fahrzeug vollkaskoversichert?
Heeft-ie een volledige cascoverzekering?
[ˈheft‿i ən vɔˈledəχə ˈkɑskovərzekərɪŋ]

Ist es möglich, das Auto in ... abzugeben?
Is het mogelijk de auto in te leveren in ... ?
[ɪs‿ət ˈmoχələk də ˈɔuto ɪn tə ˈlevərən ɪn]

Führerschein	rijbewijs *n* [ˈrɛibəwɛis]
GPS	GPS [dʒipiˈɛs]
hinterlegen	deponeren [depoˈne:rən]

Kautione	borgsom ['bɔrχsɔm]
Mietwagen	huurwagen ['hy:rwaχən]
Kindersitz	kinderzitje *n* ['kɪndərzɪtjə]
Nierengurt	bekkengordel ['bɛkəχɔrdəl]
Papiere	papieren *pl* [pa'pirən]
Sturzhelm	valhelm ['valhɛlm]
Teilkasko	verzekering met beperkte cascodekking [vərzekərɪŋ mɛt bə'pɛrktə 'kaskodɛkɪŋ]
grüne Versicherungskarte	verzekeringskaart [vər'zekərɪŋska:rt]
Vollkasko(versicherung)	volledige cascoverzekering [vɔ'ledəχə 'kaskovər'zekərɪŋ]
Vorauszahlung	vooruitbetaling [vo:'rœidbətalɪŋ]
Wochenendpauschale	weekendtarief ['wikɛntarif]
Zündschlüssel	contactsleuteltje *n* [kɔn'taktsløtəltjə]

Flugzeug

Einen Flug buchen

Wann fliegt die nächste Maschine nach ...?
Wanneer vliegt het volgende toestel naar ...?
['wa'ne:r vliχt‿ət 'vɔlχəndə 'tustɛl na:r]

Sind noch Plätze frei?
Zijn er nog plaatsen vrij? ['zɛin‿ɛr nɔχ 'platsən 'vrɛi]

Ich möchte einen einfachen Flug nach ... buchen.
Ik wil een enkele vlucht boeken naar ...
[ɪk 'wɪl‿ən 'ɛŋkələ 'vlœχt 'bukən na:r]

Ich möchte einen Hin- und Rückflug nach ...
Ik wil een retourvlucht boeken naar ...
[ɪk ˈwɪl‿ən rəˈtu:rvlœχt ˈbukən na:r]

Was kostet der Flug Touristenklasse/1. Klasse?
Hoeveel kost de tourist class/(world) business class?
[ˈhuvel kɔst də ˈturɪst klas/(wˊ:ld) ˈbɪznɪz klas]

Ich möchte bitte ...
Ik wil graag ... [ɪk ˈwɪl χraχ]

einen Fensterplatz.
een stoel aan het raam. [ən stul an‿ət ram]

einen Platz am Gang.
een stoel aan het gangpad. [ən stul an‿ət ˈχaŋpat]

Ich möchte diesen Flug stornieren.
Ik wil deze boeking annuleren. [ɪk wɪl ˈdezə ˈbukɪŋ anyˈle:rən]

Ich möchte diesen Flug umbuchen.
Ik wil deze vlucht omboeken. [ɪk wɪl ˈdezə vlœχt ˈɔmbukən]

Am Flughafen

Wo ist Terminal...?
Waar is terminal ...? [wa:r ɪs ˈtœrminəl]

Wo ist bitte der Schalter der ...-Fluggesellschaft?
Waar is de balie van de ... luchtvaartmaatschappij?
[ˈwa:r ɪs də ˈbali van də ... ˈlœχtva:rtmatsχaˈpɛi]

Gibt es für den Flug einen Vorabend-/Telefon-/Internet-Checkin?
Is er voor de vlucht een pre-/telefonische/internet-check-in ?
[iɪsər vo:r də vlœχt ən pre/teləˈfonisə/ɪntərnɛt tʃɛkˈɪn]

Könnte ich bitte Ihren Flugschein sehen?
Mag ik uw ticket even zien? [maχ‿ɪk yw ˈtɪkət evən zin]

Kann ich das als Handgepäck mitnehmen?
Kan ik dit als handbagage meenemen?
[kan‿ɪk dɪt als 'handba'χaʒə 'menemən]

Wann landet die Maschine aus ...?
Wanneer landt het toestel uit ... ? ['wane:r lant‿ət 'tustɛl œyt]

An Bord

Könnten Sie mir bitte ein Glas Wasser bringen?
Heeft u voor mij misschien een glas water?
[heft‿y vo:r mɛi mɪ'χin əŋ χlas 'watər]

Könnte ich bitte noch ein Kissen/eine Decke haben?
Kunt u me alstublieft nog een kussen/deken geven?
[kœnt‿y mə alsty'blift nɔχ‿əŋ 'kœsən/'dekən 'χevən]

Würde es Ihnen etwas ausmachen, mit mir den Platz zu tauschen?
Vindt u het erg met mij van plaats te ruilen?
[vɪnt‿y‿ət ɛrχ mɛt mɛi van plats tə rœylən]

Ankunft

Mein Gepäck ist verloren gegangen.
Mijn bagage is zoekgeraakt. [mən ba'χaʒə ɪs 'zukχərakt]

Mein Koffer ist beschädigt worden.
Mijn koffer is beschadigd. [məŋ 'kɔfər ɪs bə'sχadəχt]

Von wo fährt der Bus in Richtung ... ab?
Waar vertrekt de bus richting ... [wa:r vər'trɛkt də bœs 'rɪχtɪŋ]

Abflug	vertrek *n* [vər'trɛk]
Ankunft	aankomst ['aŋkɔmst]
Ankunftszeit	aankomsttijd [aŋkɔmst'tɛit]
Anschluss	aansluiting ['anslœitɪŋ]

Auslandsflug	buitenlandse vlucht ['bœitəlantsə vlœχt]
Bordkarte	instapkaart ['ɪnstapka:rt]
Check-in	check-in [tʃɛk'ɪn]
einchecken	inchecken ['ɪntʃɛkən]
Flug	vlucht [vlœχt]
Fluggesellschaft	luchtvaartmaatschappij ['lœχtva:rtmatsχa'pɛi]
Flughafen	luchthaven, vliegveld *n* ['lœχthavən, 'vliχfɛlt]
Flughafenbus	luchthavenbus ['lχœthavəbœs]
Flughafengebühr	luchthavenbelasting ['lœχthavəbə'lastɪŋ]
Flugzeug	vliegtuig *n* ['vliχtœyχ]
Gepäck	bagage [ba'χaʒə]
Gepäckabfertigung	inklaring ['ɪŋklarɪŋ]
Gepäckausgabe	bagagebureau *n* [ba'χaʒəby'ro]
Gepäckwagen	bagagekarretje *n* [ba'χaʒəkarətjə]
Inlandsflug	binnenlandse vlucht ['bɪnəlantsə vlœχt]
Landung	landing ['landɪŋ]
Notausgang	nooduitgang ['notœitχaŋ]
Notlandung	noodlanding ['notlandɪŋ]
Notrutsche	noodglijbaan [not'χlɛiban]
Passagier	passagier [pasa'ʒi:r]
Pilot	piloot [pi'lot]
planmäßiger Abflug	vertrek volgens dienstregeling [vər'trɛk 'vɔlχəns 'dinstreχəlɪŋ]
Schwimmweste	zwemvest *n* ['zwɛmvɛst]
Sicherheitsgebühr	vliegveiligheidsbelasting ['vliχvɛiləχɛitsbə'lastɪŋ]
Sicherheitskontrolle	veiligheidscontrole ['vɛiləχɛitskɔn'trɔ:lə]

Steward/ess	steward/stewardess ['stjuwərt/stjuwɑr'dɛs]
stornieren	annuleren [any'le:rən]
Terminal	terminal, pier ['tœrminəl, pi:r]
umbuchen	omboeken ['ɔmbukən]
Verspätung	vertraging [vər'traχɪŋ]
zollfreier Laden	belastingvrije winkel [bə'lɑstɪŋvrɛiə 'wɪŋkəl]
Zwischenlandung	tussenlanding ['tœsəlɑndɪŋ]

Eisenbahn

Fahrkarten kaufen

Eine einfache Fahrt 2. Klasse/1. Klasse nach ..., bitte.
Een enkele reis tweede klas/eerste klas naar ..., alstublieft.
[ən 'ɛŋkələ rɛis 'twedə 'klɑs/'e:rstə 'klɑs na:r ... ɑlsty'blift]

Zweimal ... hin und zurück, bitte.
Twee retour ..., alstublieft. ['twe rə'tu:r ... ɑlsty'blift]

Gibt es eine Ermäßigung für Kinder/Studenten/Senioren?
Is er (een) korting/reductie voor kinderen/studenten/senioren?
['ɪs ɛr (ən) 'kɔrtɪŋ/rə'dœksi vo:r 'kɪndərən/stydɛntən/seni'jo:rən]

Bitte eine Platzkarte für den Zug um ... Uhr nach ...
Een kaartje met plaatsreserveringvoor de trein van ... uur naar ... alstublieft.
[ən 'ka:rtjə mɛt 'platsrəsər- ve:rɪŋ vo:r də 'trɛin vɑn ... 'y:r na:r ... ɑlsty'blift]

Ich möchte einen Liegewagen-/Schlafwagenplatz.
Ik wil een plaats in een ligwagen/slaapwagen.
[ɪk wɪl‿ən plats ɪn‿ən lɪχwaχən/'slapwaχən]

Gibt es einen Autoreisezug nach ...?
Is er een autotrein naar ...? ['ɪs ɛr‿ən 'ɔutotrɛin nɑr]

Habe ich in ... Anschluss nach ...?
Heb ik in ... aansluiting naar ...? ['hɛp‿ɪk ɪn ... 'ɑnslœitɪŋ 'na:r]

(Wo) Muss ich umsteigen?
(Waar) Moet ik overstappen? [('wa:r) 'mut‿ɪk 'ovərstɑpən]

Im Bahnhof

Ich möchte diesen Koffer als Reisegepäck aufgeben.
Ik wil deze koffer als bagage opgeven.
[ɪk 'wɪl dezə 'kɔfər ɑls ba'χaʒə 'ɔpχevən]

Wo kann ich mein Fahrrad aufgeben?
Waar moet ik mijn fiets afgeven? [wa:r mut‿ɪk mən 'fits 'ɑfχevən]

Von welchem Gleis fährt der Zug nach ... ab?
Van welk spoor vertrekt de trein naar ...?
[vɑn 'wɛlk spo:r vər'trɛkt də 'trɛin na:r]

Im Zug

Verzeihung, ist dieser Platz noch frei?
Pardon, is deze plaats vrij? [pɑr'dɔn ɪs 'dezə 'plats 'vrɛi]

Darf ich das Fenster öffnen/schließen?
Mag ik het raam open/dichtdoen?
['mɑχ‿ɪk‿ət 'ram 'opən/'dɪχdun]

Entschuldigen Sie, das ist mein Platz. Ich habe eine Platzkarte.
Neemt u mij niet kwalijk, dat is mijn stoel. Ik heb een plaatsreservering. ['nemt‿y mɛi 'nit 'kwalək dɑt ɪs 'mɛin stul. ɪk hɛp‿ən 'platsrəsərve:rɪŋ]

Abfahrt	**vertrek** *n* [vər'trɛk]
Abfahrtszeit	**vertrektijd** [vər'trɛktɛit]
Abteil	**compartiment** *n* [kɔmpɑrti'mɛnt]
ankommen	**aankomen** ['aŋkomən]
aussteigen	**uitstappen** ['œitstɑpən]
Autoreisezug	**autotrein** ['ɔutotrɛin]
Bahnhof	**station** *n* [stɑ'ʃɔn]
Bahnsteig	**perron** *n* [pɛ'rɔn]
Chipkarte	**OV-chipkaart** [ove'tʃɪpka:rt]
ein- und ausschecken	**in- en uitchecken** [ɪn ɛn 'œytʃɛkən]
einsteigen	**instappen** ['ɪnstɑpən]
Ermäßigung	**korting** ['kɔrtɪŋ]
Fahrkarte	**treinkaartje** *n* ['trɛinka:rtjə]
Fahrkarte für Bahntaxi	**treintaxi-biljet** ['trɛintaksibɪl'jɛt]
Fahrkartenautomat	**kaartjesautomaat** ['ka:rtjəsɔutomat]
Fahrkartenkontrolle	**controle van de kaartjes** [kɔn'trɔ:lə vɑn də 'ka:rtjəs]
Fahrkartenschalter	**loket** *n* [lo'kɛt]
Fahrplan	**dienstregeling** ['dinstreχəlɪŋ]
Fahrpreis	**prijs** [prɛis]
Fensterplatz	**(zit-)plaats aan het raam** ['(zɪt)plats an‿ət 'ram]
Gang	**pad** *n*, **gang** [pɑt, χɑŋ]
Gepäck	**bagage** [ba'χaʒə]
Gepäckaufbewahrung	**bagagedepot** *n* [ba'χaʒədəpo]
Gepäckschalter	**bagageloket** *n* [ba'χaʒəlo'kɛt]
Gleis	**spoor** *n* [spo:r]
Hauptbahnhof	**centraal (station)** *(CS) n* [sɛn'tral(stɑ'ʃɔn)]
Interrail	**interrail** ['ɪntərel]

Kinderfahrkarte	kinderkaartje *n* ['kındərka:rtjə]
Platzkarte	plaatsbewijs *n* ['platsbəwɛis]
Reservierung	reservering [rəsər've:rıŋ]
Rückfahrkarte	retour *n* [rə'tu:r]
Schließfach	bagagekluis *n* [ba'χaʒəklœis]
Speisewagen	restauratiewagen [rɛsto'ratsiwɑχən]
Verspätung	vertraging [vər'traχıŋ]
Wagennummer	wagonnummer *n* [wa'χɔnœmər]
Wartesaal	wachtruimte *n* ['wɑχtrœimtə]
Zug	trein [trɛin]
Zuschlag	toeslag ['tuslɑχ]

Hinweise und Informationen

Aankomst	**Ankunft**
AKO	**Zeitungskiosk/Bahnhofsbuchhandlung**
Automatiek	**Schnellrestaurant**
Bagagedepot	**Gepäckaufbewahrung**
Bagagekluizen	**Schließfächer**
Bellen	**Klingeln**
Bestemming	**Zielort**
Bezet	**Besetzt**
Brug	**Übergang**
Dames	**Damen**
Dienstregeling	**Fahrplan**
Duwen	**Drücken**
Fietsenstalling/Fietspoint	**Fahrradstation**
Geen drinkwater	**Kein Trinkwasser**
Geen toegang	**Eintritt verboten**

Gereserveerd	**Reserviert**
Gesloten	**Geschlossen**
Gevonden/verloren voorwerpen	**Fundbüro**
GWK	**Geldwechsel**
Heren	**Herren**
Het Station	**Bahnhofsrestaurant**
Hogesnelheidstrein	**Hochgeschwindigkeitszug**
Ingang	**Eingang**
Inlichtingen	**Auskunft**
Kaartverkoop	**Fahrkartenschalter**
Lift	**Fahrstuhl**
Ligwagen	**Liegewagen**
Naar de treinen	**Zu den Bahnsteigen**
Nachttrein	**Nachtzug**
Niet instappen	**Nicht einsteigen**
Niet roken	**Nicht rauchen**
Noodrem	**Notbremse**
Nooduitgang	**Notausgang**
Open	**Geöffnet**
Perron	**Bahnsteig**
Reserveringen	**(Platz-)Reservierungen**
Restauratie	**Speisewagen**
Rijwielshop	**Fahrradstation**
Roken	**Raucher**
Slaapwagen	**Schlafwagen**
Spoor	**Gleis**
Toiletten	**Toiletten**
Traject	**Strecke**
Trefpunt	**Meeting point**

Trekken	**Ziehen**
Tunnel	**Unterführung**
Uitgang	**Ausgang**
Vertrek	**Abfahrt**
Wachtruimte	**Wartesaal**
Wisselkantoor	**Geldwechsel**

Schiff

Auskunft

Wann fährt das nächste Schiff/die nächste Fähre nach ... ab?
Wanneer gaat/vertrekt de volgende boot/(veer)pont naar ...?
[wɑˈneːr χat/vərˈtrɛkt də ˈvɔlχəndə bot/(ˈveːr)pɔnt ˈnɑr]

Wie lange dauert die Überfahrt?
Hoe lang duurt de overtocht? [ˈhu lɑŋ ˈdyːrt də ˈovərtoχt]

Wann legen wir in ... an?
Wanneer leggen we aan in ...? [wɑˈneːr ˈlɛχən wə ˈan ɪn]

Wann fährt das letzte Schiff zurück?
Wanneer vaart de laatste boot terug?
[wɑˈneːr vaːrt də latstə bot trœχ]

Ich möchte eine Schiffskarte für ...
Graag een kaartje voor ... [χraχ əŋ kaːrtjə voːr]

zwei Erwachsene und zwei Kinder.
twee volwassenen en twee kinderen.
[twe ˈvɔlˈwɑsənən ɛn twe ˈkɪndərən]

ein Auto mit Wohnwagen.
een auto met caravan. [ən ɔuto mɛt ˈkɛrəvɛn]

diese Schülergruppe.
deze groep leerlingen. ['dezə χrup 'le:rlɪŋən]

Gibt es Rabatt für Senioren?
Krijgen 65+'ers korting? [krɛiχə vɛifən'sɛstəχ 'plœsərs 'kɔrtɪŋ]

Ich möchte eine Karte für die Rundfahrt um ... Uhr.
Graag een kaartje voor de rondvaart van ... uur.
[χraχ‿əŋ 'ka:rtjə vo:r də 'rɔntva:rt vɑn ... y:r]

anlegen in	aanleggen in *n* ['anlɛχən ɪn]
Autofähre	autopont ['ɔutopɔnt]
Dampfer	schip [sχɪp]
Deck	dek *n* [dɛk]
Erfrischungen	consumpties *pl* [kɔn'zœmpsis]
Fähre	veerboot, pont ['ve:rbot, 'pɔnt]
Fahrkarte	kaartje *n* [ka:rtjə]
Festland	vaste wal, vasteland *n* [vɑstə 'wɑl, vɑstə'lɑnt]
Gracht	gracht [χrɑχt]
Hafen	haven ['havən]
Inselhüpfen	eilandhoppen ['ɛilɑnthɔpən]
Kai	kade ['kɑdə]
Kapitän	kapitein [kɑpi'tɛin]
Klappbrücke	ophaalbrug ['ɔphalbrœχ]
Küste	kust [kœst]
Luftkissenboot	hovercraft ['huvərkrɑft]
Rettungsboot	reddingsboot ['rɛdɪŋzbot]
Rettungsring	reddingsboei ['rɛdɪŋsbuj]
Rundfahrt	rondvaart ['rɔntfa:rt]
Schleuse	sluis ['slœis]
Schwimmweste	zwemvest *n* ['zwɛmvɛst]
Tragflügelboot	(draag)vleugelboot [('draχ)'vløχəlbot]

Wagendeck	autodek *n* [ˈɔutodɛk]
Watteninsel	waddeneiland *n* [ˈwadənɛilant]
Werft	werf [wɛrf]

Nahverkehrsmittel

Bitte, wo ist die nächste ...
Waar is de dichtstbijzijnde ... [ˈwaːr ɪs də ˈdɪχsbɛizɛində]

Bushaltestelle?
bushalte? [ˈbœshaltə]

Straßenbahnhaltestelle?
tramhalte? [ˈtrɛmhaltə]

U-Bahnstation?
metrostation? [ˈmetrostaʃɔn]

Welche Linie fährt nach ...?
Welke lijn gaat naar ...? [ˈwɛlke ˈlɛin ˈχaˈt naːr]

Wann fährt die erste/letzte U-Bahn nach ...?
Wanneer gaat de eerste/laatste metro in richting ...?
[waˈneːr χat də ˈeːrstə/ˈlatstə ˈmetro ɪn ˈrɪχtɪŋ]

Ist dies der Bus nach ...?
Is dit de bus naar ...? [ɪz‿dɪt də bœs naːr]

Wie viele Haltestellen sind es?
Hoeveel haltes zijn dat? [ˈhuvel ˈhaltəs‿ˈsɛin dat]

Wo muss ich aussteigen/umsteigen?
Waar moet ik uitstappen/overstappen?
[ˈwaːr mut‿ɪk ˈœitstapən/ˈovərstapən]

Bitte, einen Fahrschein nach ...
Een kaartje naar ... alstublieft. [ən ˈkaːrtjə naːr alstyˈblift]

Abfahrt	vertrek *n* [vər'trɛk]
Außenbezirk	buitenwijk ['bœitəwɛik]
Beförderungszone	zone ['zɔ:nə]
Bus	bus [bœs]
Busbahnhof	busstation *n* ['bœstaʃɔn]
einsteigen	instappen ['ɪnstɑpən]
Endstation	eindhalte ['ɛinthɑltə]
entwerten	(af)stempelen ['(ɑf)stɛmpələn]
Fahrkartenautomat	kaartjesautomaat ['ka:rtjəsɔutomat]
Fahrplan	dienstregeling ['dinstreχəlɪŋ]
Fahrpreis	prijs [prɛis]
Fahrschein	vervoersbewijs *n* [vər'vu:rsbəwɛis]
Fahrscheinentwerter	stempelautomaat ['stɛmpəlɔutomat]
Haltestelle	halte ['hɑltə]
Obus	trolleybus ['trɔlibœs]
Richtung	richting ['rɪχtɪŋ]
S-Bahn®	sneltram ['snɛltrɛm]
Schaffner	controleur [kɔntro'lœ:r]
Schwarzfahren	zwartrijden ['zwɑrtrɛidən]
Stadtbus	stadsbus ['stɑtsbœs]
Straßenbahn	tram [trɛm]
Tageskarte	dagkaart]dɑɛka:rt]
U-Bahn	ondergrondse, metro [ɔndər'χrɔntsə, 'metro]
Überlandbus	Qliner ['kylainər]

Taxi

Wo ist der nächste Taxistand?
Waar is de dichtstbijzijnde taxistandplaats?
['wa:r ɪs də 'dɪχsbɛizɛində 'tɑksistɑntplats]

Zum Bahnhof.
Naar het station. [nɑ'r‿ət stɑ'ʃɔn]

Zum ... Hotel.
Naar het ... hotel. [naːr‿ət ... ho'tɛl]

In die ...-Straße.
Naar de ... straat. [naːr də ... strat]

Nach ..., bitte.
Naar ... alstublieft. [naːr ... ɑlsty'blift]

Wie viel kostet es nach ...?
Hoeveel is het/Hoeveel kost het naar ...?
['huvel 'ɪsət/'huvel 'kɔst‿ət naːr]

Halten Sie bitte hier.
Stopt u hier maar, alstublieft. ['stɔpt‿y 'hiːr maːr ɑlsty'blift]

Das ist für Sie.
Dat is voor u. ['dɑt ɪs voːr 'y]

halten	stoppen ['stɔpən]
Hausnummer	huisnummer *n* ['hœisnœmər]
Kilometerpreis	prijs per kilometer [prɛis pɛr 'kilometər]
Pauschalpreis	prijs voor de hele rit [prɛis voːr də 'helə rɪt]
Quittung	kwitantie [kwi'tɑnsi]
Taxifahrer	taxichauffeur ['tɑksiʃo'fœːr]
Taxistand	taxistandplaats [tɑksi'stɑntplats]
Trinkgeld	fooi [foi]

Übernachten

Hotel – Pension – Privatzimmer

An der Rezeption

Ich habe ein Zimmer reserviert. Mein Name ist ...
Ik heb een kamer bij u gereserveerd. Mijn naam is ...
[ɪk hɛp‿əŋ ˈkamər bɛi y χərezɛrˈveːrt mɛin ˈnam ɪs]

Wir haben reserviert.
We hebben gereserveerd [wə hɛbə χərəsərˈveːrt]

Haben Sie noch ein Zimmer frei?
Heeft u nog een kamer vrij? [heeft y nɔχ‿əŋ ˈkamər vrɛi]

... für eine Nacht
... voor een nacht. [voːr en nɑχt]

... für zwei Tage
... voor twee dagen. [voːr twe ˈdaχən]

... für eine Woche
... voor een week. [voːr en wek]

Haben Sie Familienzimmer?
Heeft u familiekamers? [heft‿y faˈmilikamərs]

Nein, leider nicht.
Nee, helaas niet. [ne heˈlas nit]

Ja, was für ein Zimmer wünschen Sie?
Ja hoor, wat voor 'n kamer had u gewenst?
[ˈja hoːr ˈwɑt voːr‿ən ˈkamər hɑt‿y χəˈwɛnst]

Ich hätte gern ...
Ik had graag ... [ɪk‿hɑt χraχ]

ein Einzelzimmer
een eenpersoonskamer [ən ˈenpərsonskamər]

ein Doppelzimmer
een tweepersoonskamer [ən 'twepərsonskamər]

ein ruhiges Zimmer
een rustige kamer [ən 'rœstəχə 'kamər]

mit Dusche
met douche [mɛ'dus]

mit Bad
met bad [mɛd 'bɑt]

mit Balkon/Terrasse
met balkon/terras [mɛd bɑl'kɔn/tɛ'rɑs]

mit Blick aufs Meer
met uitzicht op zee [mɛt 'œytsɪχt ɔp 'se]

am Innenhof gelegen
van de straat weg [vɑn də strat wɛχ]

Könnten Sie bitte noch ein drittes Bett/ein Kinderbett dazustellen?
Kunt u er alstublieft een extra bed/een kinderbed bijzetten?
['kœnt‿ydər ɑlsty'blift ən ɛkstra bɛt/ən kndərbɛt 'bɛizɛtə]

Was kostet das Zimmer mit ..., bitte?
Kunt u me zeggen hoe duur de kamer is met ...
['kœnt‿y mə zɛχə hu dy:r də kamər ɪs mɛt]

Frühstück
ontbijt? [ɔnd'bɛit]

Halbpension
half pension? ['hɑlf pɛn'ʃɔn]

Vollpension
volledig pension? [vɔ'ledəχ pɛn'ʃɔn]

Wollen Sie bitte den Anmeldeschein ausfüllen?
Wilt u even het formulier invullen?
[wɪlt‿y 'evən‿ət fɔrmy'li:r 'ɪnvœlən]

Darf ich Ihren Reisepass/Personalausweis sehen?
Mag ik even uw paspoort/legitimatie zien?
[maχ‿ɪk 'evən y 'paspo:rt/leχiti'matsi zin]

Wo kann ich den Wagen abstellen?
Waar kan ik de auto neerzetten? ['wa:r kan‿ɪk də 'auto 'ne:rzɛtən]

In unserer Garage.
In onze garage. [ɪn ɔnzə χa'raʒə]

Auf unserem Parkplatz.
Op ons parkeerterrein. [ɔp ɔns par'ke:rtɛ'rɛin]

Fragen und Bitten

Ab wann gibt es Frühstück?
Vanaf hoe laat is het ontbijt? [va'naf hu lat ɪsət ɔnd'bɛit]

Wann sind die Essenszeiten?
Wat zijn de etenstijden? [wat‿sɛin də 'etənstɛidən]

Wo ist ...?
Waar is ...? ['wa:r ɪs]

der Speisesaal?
de eetzaal? [də 'etsal]

der Frühstücksraum?
de ontbijtzaal? [də ɔnd'bɛitsal]

Könnten Sie mich bitte morgen früh um 7 Uhr wecken?
Zou u me morgenochtend om 7 uur kunnen wekken?
[zau y mə mɔrχə'nɔχənt ɔm zevən 'y:r kœnə 'wɛkə]

Würden Sie mir bitte ... bringen?
Kunt u mij alstublieft ... brengen?
[kœnt‿y mɛi ɑlsty'blift ... 'brɛŋən]

ein Badetuch
een badhanddoek [əm 'bɑthɑnduk]

noch eine Decke
een extra deken [ən 'ɛksta 'dekən]

Gibt es hier einen Internetanschluss?
Is er hier aansluiting op internet?
[ɪs‿ər hiːr 'ansløeytɪn ɔp 'ɪntərnɛt]

Wie funktioniert ...?
Hoe functioneert ...? [hu fœŋkʃo'neːrt]

Zimmernummer 24, bitte!
Kamer nummer 24 graag! ['kamər 'nœmər 'viːrəntwɪntəχ χraχ]

Ist Post für mich da?
Is er nog post voor mij? [ɪs‿ər nɔχ pɔst voːr mɛi]

Wo kann ich ...
Waar kan ik ... [waːr kɑn‿ɪk]

hier etwas trinken?
hier iets drinken? [hiːr its 'drɪŋkən]

ein Auto mieten?
een auto huren? [ən‿'ɑuto 'hyːrən]

hier telefonieren?
hier even bellen? [hiːr 'evə 'bɛlən]

Gibt es hier WLAN?
Is er hier Wifi?
[ɪs ɛr hiːr 'wifi]

Kann ich meine Wertsachen bei Ihnen in den Safe geben?
Kan ik mijn voorwerpen van waarde bij u in de kluis deponeren?
[kan‿ɪk mɛin ˈvoːrwɛrpən van waːrdə bɛi y ɪn də klœys deponeːrən]

Kann ich mein Gepäck hier lassen?
Kan ik mijn bagage hier laten staan?
[kan‿ik məm baˈχaʒə hiːr ˈlatən stan]

Beanstandungen

Das Zimmer ist heute nicht geputzt worden.
De kamer is vandaag niet schoongemaakt.
[də ˈkamər ɪs vanˈdaχ nit ˈsχoŋχəmakt]

Die Klimaanlage/Heizung funktioniert nicht.
De airconditioning/verwarming doet het niet.
[də ˈɛːrkɔndɪʃənɪŋ/vərˈwarmɪŋ ˈdut‿ət nit]

Der Wasserhahn tropft.
De kraan drupt. [də ˈkran drœpt]

Es kommt kein (warmes) Wasser.
Er komt geen (warm) water. [ɛr ˈkɔmt χen (warm) ˈwatər]

Die Toilette/Das Waschbecken ist verstopft.
Het toilet/de wastafel is verstopt.
[ət twaˈlɛt/də ˈwastafəl ɪs vərˈstɔpt]

Ich hätte gern ein anderes Zimmer.
IK wil liever een andere kamer. [ɪk wɪl ˈlivər ən‿ˈandərə ˈkamər]

Abreise

Ich reise heute Abend/morgen um ... Uhr ab.
Ik vertrek vanavond/morgen om ... uur.
[ɪk vərˈtrɛk vaˈnavɔnt/ˈmɔrχən ɔm … yːr]

Bis wann müssen wir das Zimmer räumen?
Tot hoe laat kunnen we de kamer houden?
[tɔt hu lat ˈkœnə wə də ˈkamər ˈhaudən]

Könnten Sie bitte die Rechnung fertig machen?
Kunt u alstublieft de rekening in orde maken?
[kœnt‿y ɑlstyˈblift də ˈrekənɪŋ ɪn ɔrdə makən]

Nehmen Sie Kreditkarten?
Accepteert u creditcards? [ɑksəpˈteːrt‿y ˈkrɛdɪtkɑrts]

Könnten Sie mir bitte ein Taxi rufen?
Wilt u alstublieft een taxi voor me bellen?
[ˈwɪlt‿y ɑlstyˈblift‿ən ˈtɑksi voːr mə ˈbɛlən]

Vielen Dank für alles! Auf Wiedersehen!
Bedankt voor alles. Tot ziens! [bəˈdɑŋkt voːr ˈɑləs tɔt ˈsins]

anzahlen	aanbetalen [ˈambətalən]
Anzahlung	aanbetaling [ˈambətalɪŋ]
erlauben; Haustiere (nicht) erlaubt	toestaan [ˈtustan]; huisdieren (niet) toegestaan [ˈhœizdiːrə nit ˈtuχəstaan]
Ferienwohnung	vakantiewoning [vaˈkɑn(t)siwonɪŋ]
Fremdenzimmer	logies bij particulieren [loˈʒis bɛi pɑrtikyˈliːrən]
Hotel	hotel *n* [hoˈtɛl]
inklusive	inclusief [ˈɪŋklyziv]
Kosten	kosten *pl* [ˈkɔstən]
Nebenkosten	bijkomende kosten *pl* [ˈbɛikoməndə ˈkɔstən]
Unkosten	onkosten *pl* [ˈɔŋkɔstən]

Camping

Könnten Sie mir bitte sagen, ob es in der Nähe einen Campingplatz gibt?
Zou u me kunnen zeggen of er in de buurt een camping is?
[zau y mə ˈkœnə ˈzɛχən ɔf‿ər ın də ˈby:rt ən ˈkɛmpıŋ ıs]

Haben Sie noch Platz für einen Wohnwagen/ein Zelt?
Heeft u nog plaats voor een caravan/een tent?
[ˈheft‿y nɔχ ˈplats vo:r‿ən ˈkɛrəvɛn/ən ˈtɛnt]

Wie hoch ist die Gebühr pro Tag und Person?
Wat bedraagt het stageld per dag en per persoon?
[wɑt bəˈdraχt‿ət ˈstaχɛlt pɛr ˈdɑχ ɛn pɛr pərˈson]

Wie hoch ist die Gebühr für ...
Wat is het tarief voor ... [wɑt ıs‿ət taˈrif vo:r]

das Auto?
de auto? [də ˈɑuto]

den Wohnwagen?
de caravan? [də ˈkɛrəvɛn]

das Wohnmobil?
de camper? [də ˈkɛmpər]

das Zelt?
de tent? [də ˈtɛnt]

Vermieten Sie stationäre Wohnwagen?
Verhuurt u stacaravans? [vərˈhy:rt‿y ˈstakɛrəvəns]

Wir bleiben ... Tage/Wochen.
We blijven ... dagen/weken. [wə ˈblɛivən ... ˈdaχən/ˈwekən]

Wo sind ...
Waar zijn ... [ˈwa:r ˈzɛin]

die Toiletten?
de toiletten? [də twaˈlɛtən]

die Waschräume?
de wasgelegenheden? [də ˈwasχəleχənhedən]

die Duschen?
de douches? [də ˈduʃəs]

Gibt es hier Stromanschluss?
Is er hier stroomaansluiting? [ɪs‿ər hiːr ˈstromanslœytɪŋ]

Wo kann ich Gasflaschen umtauschen?
Waar kan ik gasflessen inwisselen?
[waːr kan‿ɪk ˈχasflɛsən ˈɪnwɪsələn]

Ist der Campingplatz bei Nacht bewacht?
Wordt het kampeerterrein ’s nachts bewaakt?
[wɔrt‿ət kamˈpeːrtɛrɛin snaχs bəˈwakt]

Camping	camping [ˈkɛmpɪŋ]
Campingausweis	kampeercarnet [kamˈpeːrkarnɛt], campingpas [ˈkɛmpɪŋpas]
Campingführer	campinggids [ˈkɛmpɪŋχɪts]
Campingplatz	kampeerterrein *n* [kamˈpeːrtɛrɛin]
Gasflasche	gasfles [ˈχasflɛs]
Gaskartusche	gastankje *n* [χastɛŋkjə]
Gaskocher	gasstel *n* [ˈχastɛl]
Geschirrspülbecken	spoelbak [ˈspulbak]
Hammer	hamer [ˈhamər]
Hering	haring [ˈhaːrɪŋ]
Kocher	kooktoestel *n* [ˈkoktustɛl]
Petroleumlampe	petroleumlamp [peˈtrolijəmlamp]
Propangas	propaangas *n* [proˈpaŋχas]
Steckdose	stopcontact *n* [ˈstɔpkɔntakt]

Stecker	stekker ['stɛkər]
Strom	elektriciteit [elɛktrisi'tɛit]
Stromanschluss	stroomaansluiting ['stromanslœytɪŋ]
Trinkwasser	drinkwater *n* ['drɪŋkwatər]
Voranmeldung	aanmelding van tevoren ['amɛldɪŋ vɑn tə'vo:rən]
Waschraum	wasruimte ['wɑsrœymtə]
Wäschetrockner	droogtrommel ['droχtrɔməl]
Wasser	water *n* ['watər]
Wasserkanister	jerrycan ['dʒɛrikɛn]
Wohnmobil	camper ['kɛmpər]
Wohnwagen	caravan ['kɛrəvɛn]
Zelt	tent [tɛnt]
zelten	kamperen [kɑm'pe:rən]
Zeltschnur	scheerlijn [sχe:rlɛin]
Zeltstange	tentstok ['tɛntstɔk]

Essen und Trinken

Essen gehen

Wo gibt es hier ...
Waar is hier ... ['wa:r ɪs 'hi:r]

ein gutes Restaurant?
een goed restaurant? [ən χut rɛsto'rɑnt]

ein nicht zu teures Restaurant?
een niet te duur restaurant? [ən 'nit tə 'dy:r rɛsto'rɑnt]

einen Schnellimbiss?
een snackbar? [ən 'snɛgbɑr]

Im Restaurant

Reservieren Sie uns bitte für heute Abend einen Tisch für vier Personen.
Wij willen graag voor vanavond een tafel voor vier personen reserveren.
[wɛi 'wɪlən χraχ‿ vo:r vɑ'nɑvənt‿ən 'tafəl vo:r 'vi:r pər'sonən rəsər've:rən]

Ist dieser Tisch/Platz noch frei?
Is deze tafel/plaats nog vrij? [ɪs 'deze 'tafəl/'plats nɔχ 'vrɛi]

Einen Tisch für zwei/drei Personen, bitte.
Een tafel voor twee/drie personen, alstublieft.
[ən 'tafəl vo:r 'twe/'dri pər'sonən ɑlsty'blift]

Wo sind bitte die Toiletten?
Waar is het toilet/de wc? [wa:r ɪs‿ət twɑ'lɛt/də we'se]

Bestellung

Herr Ober/Bedienung,
Meneer, [mə'ne:r]/mevrouw, [mə'vrɔu]

die Speisekarte,
de kaart, [də 'ka:rt]

die Getränkekarte,
de drankenkaart, [də 'draŋkəka:rt]

bitte.
alstublieft. [ɑlsty'blift]

Was können Sie mir empfehlen?
Wat kunt u mij aanbevelen? ['wɑt 'kœnt‿y mə 'ambəvelən]

Ich bin ...
Ik ben ... [ɪgbɛn]

Diabetiker/Diabetikerin.
diabeticus. [dija betikəs]

Vegetarier/Vegetarierin.
vegetariër. [veχə'tarijər]

Veganer/Veganerin.
veganist(e) [veχa'nɪst(ə)]

Ich bin allergisch gegen...
Ik ben allergisch voor ... [ig‿bɛn ɑ'lɛrχis vo:r]

Eier.
eieren. ['ɛijərən]

Gluten.
gluten. ['χlytən]

Milchprodukte.
zuivelproducten. ['zœyvəlprodœktən]

Nüsse.
noten. ['notən]

Gibt es auch Kinderportionen?
Doet u ook kinderporties? ['dut‿y ok ok 'kɪndərpɔrsis]

Haben Sie schon gewählt?
Heeft u al een keus gemaakt? ['heft‿y ɑl‿ən 'køs χə'makt]

Ich nehme ...
Voor mij graag ... [vo:r mɛi χraχ]

Als Vorspeise/Nachtisch/Hauptgericht nehme ich ...
Als voorafje/voor toe/als hoofdgerecht neem ik ...
[ɑls vo:rɑfjə/vo:r 'tu/ɑls 'hoftχqrəχt 'nem‿ɪk]

Wir haben leider kein/e ... (mehr).
Sorry, de ... is helaas op. ['sɔri də ... ɪs he'las ɔp]

Könnte ich statt ... ... haben?
Kan ik in plaats van ... ... hebben?
[kan‿ɪk‿ɪn plats fɑn ... ... 'hɛbən]

Wie möchten Sie Ihr Steak haben?
Hoe wilt u uw steak hebben? ['hu 'wɪlt‿y yw 'stek hɛbən]

gut durch
well done [wɛl 'dɔn]

halb durch
medium [mi:diəm]

englisch
rood van binnen [ro:t vɑn bɪnən]

Was wollen Sie trinken?
Wat wilt u drinken? ['wɑt wɪlt‿y 'drɪŋkən]

Bitte ein Glas ...
Een glas ... alstublieft.
[ən 'χlas ... alsty'blift]

Bitte eine (halbe) Flasche ...
Een (halve) fles ..., alstublieft.
[ən ('halvə) flɛs ... alsty'blift]

Guten Appetit!
Smakelijk eten! ['smakələk 'etən]/Eet smakelijk! [et 'smakələk]

Zum Wohl!
Proost! ['prost]

Haben Sie noch einen Wunsch?
Heeft u nog een wens? ['heft‿y 'nɔχ‿ən 'wɛns]

Bitte bringen Sie uns ...
We hadden graag nog ... . [wə 'hadən χraχ nɔχ]

Könnten wir noch etwas Brot/Wasser/Wein bekommen?
Heeft u voor ons nog wat brood/water/wijn?
['heft‿y vɔr ɔns 'nɔχ wat brot/'watər/wɛin]

Beanstandungen

Hier fehlt ein/e ...
Hier ontbreekt nog ... ['hi:r ɔnd'brekt nɔχ]

Denken Sie an mein/e ... ?
Denkt u aan mijn ... ? [dɛnkt‿y an mɛin]

Das habe ich nicht bestellt.
Dat heb ik niet besteld. ['dat hɛb‿ɪk 'nit bə'stɛlt]

Die Rechnung

Bezahlen, bitte.
De rekening, alstublieft. [də ˈrekənɪŋ ɑlstyˈblift]

Bitte alles zusammen.
Alles graag op een rekening. [ˈɑləs χraχ ɔp en ˈrekənɪŋ]

Getrennte Rechnungen, bitte.
Aparte rekeningen, alstublieft. [ɑˈpɑrtə ˈrekənɪŋən ɑlstyˈblift]

Die Rechnung scheint mir nicht zu stimmen.
De rekening klopt niet volgens mij.
[də ˈrekənɪŋ ˈklɔpt nit fɔlχəns mɛi]

Das habe ich nicht gehabt. Ich hatte ...
Dat heb ik niet gehad. Ik had ... [ˈdɑt ˈhɛb‿ɪk ˈnit χəˈhɑt. ɪk ˈhɑt]

Hat es geschmeckt?
Heeft het gesmaakt? [heft‿ət χəˈsmakt]

Das Essen war ausgezeichnet.
Het eten was uitstekend. [ət ˈetən wɑs œitˈstekənt]

Das ist für Sie.
Dat is voor u. [ˈdɑt ɪs voːr ˈy]

Es stimmt so.
We doen niet moeilijk. [wə dun nit ˈmujlək]

Chinezen

Eine Reistafel für vier Personen, bitte.
Een rijsttafel voor vier personen graag.
[ɛn ˈrɛistafəl voːr viːr pɛrˈsonə χrag]

Wir hätten gerne Essstäbchen.
Heeft u voor ons eetstokjes? [heft‿y vo:r ɔns ˈetstɔkjəs]

Können Sie mir bitte dieses Gericht erklären?
Kunt u me uitleggen wat dat voor eten is?
[kœnt‿y mə ˈœitlɛɡən wadat vo:r ˈetən ɪs]

Ist dieses Gericht scharf?
Is dit gerecht heet? [ɪz‿dɪt χəˈrɛχt het]

Welchen Wein können Sie uns dazu empfehlen.
Welke wijn kunt u ons daarbij aanbevelen?
[wɛlkə win kœnt‿y ɔns da:rbi ˈambəvelən]

Chilipaste	sambal [ˈsambal]
Erdnusssoße	pindasaus [ˈpɪndasɔus]
Frühlingsrolle	loempia [ˈlumpija]
Garnelen	udang [ˈudaŋ]
Gebackene Banane	pisang goreng [ˈpizaŋ ˈχo:rɛŋ]
Gebratene Nudeln	bami goreng [ˈbami ˈχo:rɛŋ]
Gebratener Reis	nasi goreng [ˈnasi ˈχo:rɛŋ]
Gemüsesalat mit Erdnusssoße	gado gado [χadoˈχado]
Huhn	ajam [ˈa:jam]
Reistafel	rijsttafel [ˈrɛistafəl]
Schwein	babi [babi]
süße Sojasoße	ketjap benting manis [ˈkɛtjap ˈbɛntɪŋ ˈmanɪs]

Bruin café

Was darf es sein?
Wat zal het wezen? [wat sal‿ət ˈwezən]

Eine Tasse Kaffee, bitte.
Een kopje koffie graag. [əŋ ˈkɔpjə ˈkɔfi χraχ]

Ein junger Genever.
Een jonkie. [ən ˈjɔŋki]

Ein Pilsbier, bitte.
Een pilsje graag. [ən ˈpɪlʃə χraχ]

Das Gleiche noch einmal.
Doe d'r nog maar een. [du dər nɔχ maːr en]

Ein Croque Monsieur und eine Portion Leberwurst/Käse bitte.
Een tosti en een portie leverworst/kaas graag.
[ən ˈtɔsti ɛn‿ən ˈpɔrsi ˈlevərwɔrsz/kas χraχ]

Diese Runde geht auf mich.
Dit rondje is voor mij. [dɪt rɔntjə ɪs voːr mɛi]

Zum Wohl!/Prost!
Proost! [prost]

Lokalrunde!
Rondje voor de hele zaak! [ˈrɔntjə voːr də ˈhelə zak]

Wie viel macht das?
Hoeveel krijgt u van me? [ˈhuvel krɛiχt‿y vɑm‿mə]

Das ist für Sie.
Laat maar zitten. [ˈlat mar zɪtən]

Abendessen	avondeten *n* [ˈavɔntetən]
Allergie	allergie [ɑlɛrˈχi]
alkoholfrei	alcoholvrij [ˈɑlkohɔlˈvrɛi]
Appetithäppchen	hapjes *pl* [ˈhɑpjəs]
Aschenbecher	asbak [ˈɑsbɑk]
Besteck	bestek *n* [bəˈstɛk]
Bestellung	bestelling [bəˈstɛlɪŋ]
Bierdeckel	bierviltje *n* [ˈbɪːrvɪltjə]

draußen/drinnen essen	buiten/binnen eten ['bœitən/'bɪnən 'etən]
Dressing	dressing ['drɛsɪŋ]
Eis	ijs [ɛis]
Essig	azijn [a'zɛin]
Frühstück	ontbijt *n* [ɔnd'bɛit]
Gabel	vork [vɔrk]
Gedeck	couvert *n* [ku'vɛːr]
Gericht	gerecht *n* [χə'rɛχt]
Getränk	drankje *n* [draŋk]
Gewürz	kruiden *pl* ['krœidən]
Glas	glas *n* [χlas]
Wasserglas	waterglas *n* ['watərχlas]
Weinglas	wijnglas *n* ['wɛiŋχlas]
Hauptspeise	hoofdgerecht *n* ['hoftχərɛχt]
hausgemacht	eigengemaakt ['ɛiχəχə'makt]
heiß	heet [het]
Karaffe	karafje *n* [ka'rafjə]
Kellner/in	ober, kelner ['obər, 'kɛlnər]
Ketchup	ketchup ['kɛtʃəp]
Kinderteller	kinderportie ['kɪndərpɔrsi]
Knochen	bot *n* [bɔt]
Koch	kok [kɔk]
Löffel	lepel ['lepəl]
Mayonnaise	mayonaise [majo'nɛːzə]
Menü	menu *n* [mə'ny]
Fünfgängemenü	vijfgangenmenu *n* [vɛif'χaŋəme'ny]
Messer	mes *n* [mɛs]
Mittagessen	middageten *n*, lunch ['mɪdaχetən, lœnʃ]
Nachtisch	dessert *n*, toetje *n* [dəsɛːr, 'tutjə]
Öl	olie ['oli]

Pfeffer	**peper** ['pepər]
Pfefferstreuer	**peperbus** ['pepərbœs]
Portion	**portie** ['pɔrsi]
Salatbüfett	**saladebuffet** *n* [sa'ladəbœ'fɛt]
Salz	**zout** *n* [zɔut]
Salzstreuer	**zoutvaatje** *n* ['zɔutfɑtjə]
Scheibe	*(Brot)* **sneetje** *n* ['snetjə] *(Wurst, Käse)* **plak** ['plak]
Schonkost	**lichte kost** ['liχtə kɔst]
Senf	**mosterd** ['mɔstərt]
Serviette	**servet** *n* [sɛr'vɛt]
Smoothie	**smoothie** ['smu: ði]
Soße	**saus** [sɔus]
Spezialität	**specialiteit** [speʃali'tɛit]
Strohhalm	**rietje** *n* ['ritjə]
Suppe	**soep** [sup]
Süßstoff	**zoetjes** *pl* ['zutjəs]
Tagesgericht	**dagschotel** ['dɑχsχotəl]
Tagesmenü	**menu van de dag** *n* [mə'ny vɑn də dɑχ]
Tasse	**kopje** *n* ['kɔpjə]
Teelöffel	**theelepeltje** *n* ['telepəltjə]
Teller	**bord** *n* [bɔrt]
Trinkgeld	**fooi** [foi]
Untertasse	**schoteltje** *n* ['sχotəljə]
vegan	**vegaan** [ve'χan]
vegetarisch	**vegetarisch** [veχə'ta:ris]
Vorspeise	**voorgerecht** *n* ['vo:rχərɛχt], **voorafje** *n* [vo:r'ɑfjə]
Wasser	**water** *n* ['watər]
würzen	**kruiden** ['krœidən]
Zahnstocher	**tandenstoker** ['tɑndəstokər]
Zucker	**suiker** ['sœikər]

Zubereitung

durchgebraten	doorbakken [doːr'bɑkən]
gebacken	gebakken [χə'bɑkən]
gebraten	gebraden [χə'bradən]
am Spieß	aan het spit [ɑn‿ət 'spɪt]
in der Pfanne	in de pan [ɪn də 'pɑn]
gedämpft	gestoomd [χə'stomt]
gedünstet	gestoofd [χə'stoft]
gefüllt	gevuld [χə'vœlt]
gegrillt	gegrild [χə'χrɪlt]
gekocht	gekookt [χə'kokt]
geräuchert	gerookt [χə'rokt]
geröstet	geroosterd [χə'rostərt]
geschmort	gestoofd [χə'stoft]
überbacken	gegratineerd [χəχrati'neːrt]
gar	gaar [χaːr]
mager	mager ['maχər]
roh	rauw [rɔu]
saftig	sappig ['sɑpəχ]
sauer	zuur [zyːr]
scharf	heet [het]
süß	zoet [zut]
weich	zacht ['zɑχt]
zäh	taai [tɑi]
zart	mals [mɑls]

De kaart | Speisekarte

Ontbijt	Frühstück
Zwarte koffie ['zwartə 'kɔfi]	**schwarzer Kaffee**
Koffie met melk ['kɔfi mɛt 'mɛlk]	**Kaffee mit Milch**
Coffeïnevrije koffie [kɔfə'jinəvrɛiə 'kɔfi]	**koffeinfreier Kaffee**
Thee met melk/citroen ['te mɛt 'mɛlk/si'trun]	**Tee mit Milch/Zitrone**
Kruidenthee ['krœidəte]	**Kräutertee**
Chocolademelk [ʃoko'ladəmɛlk]	**Schokolade**
Vruchtensap *n* ['vrœχtəsɑp]	**Fruchtsaft**
Zachtgekookt ei *n (auch als Schimpfwort)* [zɑχtχəkokt ɛi]	**weiches Ei**
Roerei *n* ['ru:rɛi]	**Rühreier**
Eieren met spek *pl* ['ɛiərə mɛt 'spɛk]	**Eier mit Speck**
Brood/broodje/toast ['brot/'brotjə/tost]	**Brot/Brötchen/Toast**
Beschuit *n* [bəsχœit]	**Zwieback**
Boter ['botər]	**Butter**
Kaas ['kas]	**Käse**
Worst [wɔrst]	**Wurst**
Ham ['hɑm]	**Schinken**
Honing ['honɪŋ]	**Honig**
Jam [ʃɛm]	**Marmelade**
Muesli ['mysli]	**Müsli**
Yoghurt ['jɔχərt]	**Joghurt**
Kwark met fruit [kwɑrk mɛt frœit]	**Quark mit Obst**

Voorgerechten	Vorspeisen
Eendenleverpâté ['endəlevərpɑte]	**Entenleberpastete**
Gamba's met knoflooksausje ['χɑmbas mɛt 'knɔfloksɔuʃə]	**Garnelen mit Knoblauchsoße**
Gegrilde tonijn ['χəχrɪldə tonɛin]	**Gegrillter Thunfisch**
Gemarineerde zalm [χəma:ri'ne:rdə zɑlm]	**Eingelegter Lachs**
Garnalen [χɑr'nalən]	**Krabben**
Kreeft in de oven gebakken [kreft ɪn də 'ovə χə'bɑkən]	**Krebs aus dem Backofen**
Mosselen op z'n Vlaams ['mɔsələn ɔp sən vlams]	**Muscheln auf flämische Art**
Oesters met kaviaar ['ustərs mɛt kavi'ja:r]	**Austern mit Kaviar**

Soepen	Suppen
Aspergesoep [ɑ'spɛrʒəsup]	**Spargelsuppe**
Groentesoep ['χruntəsup]	**Gemüsesuppe**
Heldere ossenstaartsoep ['hɛldərə 'ɔsəsta:rtsup]	**Klare Ochsenschwanzsuppe**
Noordzee-vissoep ['no:rtsevɪsup]	**Nordseefischsuppe**
Romige tomatensoep ['roməχə to'mɑtəsup]	**Sahnige Tomatensuppe**
Vleesbouillon ['vlesbuljɔn], kippenbouillon ['kɪpəbuljɔn]	**Fleischbouillon/Hühnerbouillon**

Vis en schaaldieren	Fisch und Schaltiere
Dorade [dɔ'rade]	**Dorade**
Forel [fɔ'rɛl]	**Forelle**
Garnalen [χɑr'nalən]	**Krabben**
Haring ['ha:rɪŋ]	**Hering**
Kabeljauw [kabəl'jɑu]	**Kabeljau**
Kreeft [kreft]	**Krebs**
Lotte ['lɔtə]	**Seeteufel**
Makreel [mɑ'krel]	**Makrele**
Mosselen ['mɔsələn]	**Muscheln**
Paling ['palɪŋ]	**Aal**
Rode poon ['rodə pon]	**Knurrhahn**
Schelvis ['sχɛlvɪs]	**Schellfisch**
Schol [sχɔl]	**Scholle**
Tarbot ['tɑrbɔt]	**Steinbutt**
Tonijn [to'nɛin]	**Thunfisch**
Zalm ['zɑl(ə)m]	**Lachs**
Zeekreeft ['zekreft]	**Hummer**
Zeetong ['zetɔŋ]	**Seezunge**

Wild en gevogelte	Wild und Geflügel
Konijn [ko'nɛin]	**Kaninchen**
Reerug ['rerəχ]	**Rehrücken**
Wild zwijn [wɪlt 'zwɛin]	**Wildschwein**
Ganzenlever ['χɑnzəlevər]	**Gänseleber**
Gerookte eend ['χə'rokte ent]	**Geräucherte Ente**
Filet van wilde duiven [fi'le vɑn 'wɪldə 'dœivən]	**Wildtaubenfilet**
Kippenlevertjes ['kɪpə'levərtjəs]	**Hühnerleber**

Vleesgerechten	Fleischgerichte
Biefstuk van de haas ['bifstək fɑn də has]	**Filetsteak**
Bloedworst ['blutwɔrst]	**Blutwurst**
Kalfszwezerik ['kɑlfszwezərɪk]	**Kalbsbries**
Lamsniertjes ['lɑmsni:rtjəs]	**Lammnieren**
Rundertong ['rœndərtɔŋ]	**Rinderzunge**
Varkenshaasje ['vɑrkənshaʃə]	**Schweinelende**

Bijgerechten	Beilagen
Aardappelkroketjes ['a:rdɑpkro'ketjəs]	**Kartoffelkroketten**
Friet [frit]	**Pommes frites**
Gebakken aardappelen [χə'bɑkən 'a:rdɑpələn]	**Bratkartoffeln**
Gekookte aardappelen [χə'koktə 'a:rdɑpələn]	**Salzkartoffeln**
Gemengde salade [χə'mɛŋdə sa'ladə]	**Gemischter Salat**
Rijst [rɛist]	**Reis**

Groenten	Gemüse
Andijvie [an'dɛivi:]	**Endivie**
Asperges [ɑs'pɛrʒəs]	**Spargel**
Bloemkool ['blumkol]	**Blumenkohl**
Bonen ['bonən]	**Bohnen**
Doperwten ['dɔpɛrtən]	**junge Erbsen**

Gegratineerde spruitjes [χəχratiˈneːrde ˈsprœitjəs]	**Rosenkohl mit Käse überbacken**
Sperzieboontjes met spek [ˈspɛrzibontjəs mɛt spɛk]	**Prinzessbohnen mit Speck**
Witlof in roomsaus [ˈwɪtlɔf ɪn ˈromsɔus]	**Chicorée mit Sahnesoße**

Voor de kleine honger — Für den kleinen Hunger

Broodje gezond [brotjə χəˈzɔnt]	**Baguette mit Salat, Tomaten und Käse**
Platte *(B)*/Verse kaas met kruiden [ˈplɑtə/ˈvɛrsə kas mɛt ˈkrœidən]	**Frischkäse mit Kräutern**
Twaalfuurtje [twalfˈyːrtjə]	**Lunchmahlzeit**
Uitsmijter [ˈœitsmɛitər]	**Strammer Max**

Typisch Nederlands/Vlaams — Typisch Niederländisch/Flämisch

Boerenkool met Gelderse rookworst [ˈbuːrəkol mɛt ˈχɛldərsə ˈrokwɔrst]	**Grünkohl mit Kartoffelbrei und geräucherter Wurst**
Erwtensoep met worst en kluif [ˈɛrtəsup mɛt wɔrst ɛn ˈklœif]	**Erbsensuppe mit Wurst und Schweinefleisch**
Hutspot [ˈhœtspɔt]	**Eintopf mit Hackfleisch, Karotten, Zwiebeln und Kartoffeln**

Stamppot *(NL)*/stoemp *(B)* ['stampɔt/stump]	**Gemüse, Kartoffeln, Gehacktes**
Kip met mosterd en jeneverbessen [kɪp mɛt 'mɔstərt ɛn jə'nevərbɛsən]	**Huhn in Senf mit Wacholderbeeren**
Konijn met krieken en kriekbier [ko'nɛin mɛt krik ɛn 'krikbi:r]	**Kaninchen mit Kirschen und Kirschbier**
Mosselen met friet ['mɔsələn mɛt frit]	**Muscheln mit Pommes frites**
Paling in het groen ['palɪŋ ɪn‿ət χrun]	**Aal in grüner Kräutersoße**
Waterzooi ['watɛrzoj]	**Eintopf mit Fisch oder Fleisch**
Witlof met ham/hesp in de oven ['wɪtlɔf mɛt ham/hɛsp ɪn də 'ovən]	**Überbackener Chicorée mit Schinken**

Wafels, pannenkoeken, desserts — Waffeln, Pfannkuchen, Nachspeisen

Luikse wafels [lœiksə 'wafəls]	**Waffeln Lütticher Art**
Fruitwafels ['frœitwafəls]	**Waffeln mit Obst gefüllt**
Pannenkoeken met stroop ['panəkukən mɛt strop]	**Pfannkuchen mit Sirup**
Geflambeerde pannenkoeken met kersen [χəflam'be:rdə 'panəkukən mɛt 'kɛrsən]	**Flambierte Pfannkuchen mit Kirschen**
Poffertjes ['pɔfərtjəs]	**Minibuchweizenpfannkuchen**
Flensjes ['flɛnʃəs]	**Crêpes**

Vers fruit [vɛrs frœit]	**Frisches Obst**
Kaneelijs met room [kaˈnelɛis mɛt rom]	**Zimteis mit Sahne**
Soesjes met chocolade [suʃəs mɛt ʃokoˈladə]	**Miniwindbeutel mit Schokolade**
Kaasbordje [ˈkasbɔrtjə]	**Käseplatte**
Wafels met poedersuiker [ˈwafəls mɛt ˈpudərsœikər]	**Waffeln mit Puderzucker**

Drankenkaart — Getränkekarte

Drankjes zonder alcohol — Alkoholfreie Getränke

Anijsmelk [aˈnɛismɛlk]	**Warme Milch mit Anis**
Appelsap [ˈɑpəlsɑp]	**Apfelsaft**
Cassis [ˈkɑsɪs]	**Schwarze Johannisbeerlimonade**
Fristi® [ˈfrɪsti]	**Joghurtsoftgetränk**
Koffie [ˈkɔfi]	**Kaffee**
Mineraalwater [minəˈralwatər]	**Mineralwasser**
Chocolademelk [ʃokoˈladəmɛlk]	**Kakao**
Thee [te]	**Tee**
Tomatensap [toˈmatəsɑp]	**Tomatensaft**
Vers geperst sinaasappelsap [vɛrs χəˈpɛrst ˈsinəsɑpəlsɑp]	**Frisch gepresster Orangensaft**

Alcoholische Dranken	Alkoholische Getränke
Bier [biːr]	**Bier**
Bittertje ['bɪtərtjə]	**Genever mit Angostura**
Borrel ['bɔrəl]	**Genever**
Bubbelwijn ['bœbəlwɛin]	**Sekt**
Citroentje met suiker [siɛ'truntjə mɛt 'sœikər]	**Genever mit Zitronengeschmack und Zucker**
Kopstoot ['kɔpstot]	**Bier mit einem Glas Genever**
Korenwijn ['kɔːrəwɛin]	**Edles Weizendestillat, in Eichenholzfässern gereift**
Pousse *(B)* [pus]	**Cognac**
Trappist [trɑ'pɪst]	**Klosterbier**
Wijn [wɛin]	**Wein**

Besichtigungen und Ausflüge

Touristeninformation

Ich hätte gern einen Stadtplan von ...
Heeft u misschien een stadsplattegrond van ...
[heft‿y mɪˈsχin ən ˈstɑtsplɑtəχrɔnt vɑn]

Haben Sie einen Veranstaltungskalender für diese Woche?
Heeft u een uitkalender voor deze week?
[ˈheft‿y ən ˈœytkalɛndər voːr ˈdeze ˈwek]

Gibt es Stadtrundfahrten?
Kun je hier ook rondritten *(Bus)*/rondvaarten *(Schiff)* door de stad maken?
[kœn jə hiːr ˈok ˈrɔntrɪtən/ˈrɔndvaːrtən doːr də ˈstɑt ˈmakən]

Was kostet denn die Rundfahrt, bitte?
Kunt u zeggen hoe duur dat is? [kœnt‿y ˈzɛχə hu dyːr dɑt‿ɪs]

Sehenswürdigkeiten – Museen

Öffnungszeiten, Führungen, Eintrittskarten

Können Sie mir bitte sagen, welche Sehenswürdigkeiten es hier gibt?
Kunt u me zeggen welke bezienswaardigheden hier zoal zijn?
[kœnt‿y mə ˈzɛχən ˈwɛlkə bəzinsˈwaːrdəxedən hiːr zoˈɑl zɛin]

Sie müssen unbedingt ... besichtigen/besuchen.
U moet zeker naar ... gaan. [y mut zekər naːr… χan]

Wann ist das Museum geöffnet?
Wanneer is het museum geopend?
[wɑˈneːr ɪs‿ət myˈzejəm χəˈopənt]

Wann beginnt die nächste Führung?
Wanneer is de volgende rondleiding?
['wane:r ɪz‿də 'vɔlχəndə 'rɔntlɛidɪŋ]

Gibt es auch eine Führung in Deutsch?
Is er ook een rondleiding in het Duits?
['ɪs‿ər ɔk‿ən 'rɔntlɛidɪŋ ɪn‿ət 'dœyts]

Darf man hier fotografieren?
Mag je hier fotograferen? ['mɑχ jə 'hi:r fotoχra'fe:rən]

Zwei Eintrittskarten, bitte.
Twee kaartjes graag. [twe 'ka:rtjəs χrag]

Zwei Erwachsene und ein Kind.
Twee volwassenen en een kind. [twe vɔl'wɑsənən ɛn eŋ kɪnt]

Gibt es Ermäßigungen für ...
Is er korting voor ... [ɪs‿ər 'kɔrtɪŋ vo:r]

... Kinder?
... kinderen? ['kɪndərən]

... Studenten?
... studenten? [sty'dɛntən]

... Senioren?
... ouderen? ['ɔudərən]

... Gruppen?
... groepen? ['χrupən]

Gibt es einen Katalog zur Ausstellung?
Is er een catalogus bij de tentoonstelling?
[ɪs‿ər‿ən kɑ'taloχəs bɛi də tɛn'tonstɛlɪŋ]

Allgemeines

Fremdenführer/in	gids [χɪts]
Führung	rondleiding [ˈrɔntlɛidɪŋ]
Fußgängerzone	voetgangersgebied *n* [ˈvutχaŋərsχəbit]
Gasse	steeg [steχ]
Geburtsstadt	geboortestad [χəbo:rtəstɑt]
Gegenstände	voorwerpen *pl* [ˈvo:rwɛrpən]
Geschichte	geschiedenis [χəˈsχidənɪs]
Haus	huis *n* [hœys]
Kirche	kerk [kɛrk]
König/in	koning/koningin [ˈkonɪŋ/ˈkonɪˈŋɪn]
Kultur	cultuur [kœlˈty:r]
Kunst	kunst [kœnst]
Markt	markt [mɑrkt]
Museum	museum *n* [myˈzejəm]
Öffnungszeiten	openingstijden [ˈopənɪŋstɛidən]
Palast	paleis *n* [paˈlɛis]
Park	park *n* [pɑrk]
Religion	godsdienst [ˈχɔtsdinst]
restaurieren	restaureren [rɛstoˈre:rən]
Rundfahrt	*(Boot)* rondvaart [ˈrɔntfa:rt], *(Bus)* rondrit [ˈrɔntrɪt]
Sehenswürdigkeiten	bezienswaardigheden *pl* [bəzinsˈwa:rdəχhedən]
Stadtteil	wijk [wɛik]
Stadtzentrum	centrum *n* [ˈsɛntrəm]
Statue	standbeeld *n* [ˈstɑntbelt]
Überreste	overblijfselen *pl* [ˈovərblɛifsələn]

Ausflüge

Wo fahren wir los?
Waarvandaan vertrekken we? [wa:rvɑn'dan vər'trɛkən wə]

Wann treffen wir uns?
Wanneer zien we elkaar? [wɑ'ne:r zin wə ɛl'ka:r]

Kommen wir am/an ... vorbei?
Komen we ook langs ...? ['komə wə ok lɑŋs]

Besichtigen wir auch ...?
Gaan we ook ... bekijken? [χan wə 'ok ... bə'kɛikən]

Wann fahren wir zurück?
Wanneer gaan we terug? ['wɑne:r χan wə trœχ]

Ausflug	uitstapje *n* ['œytstɑpjə]
Aussichtspunkt	uitkijk ['œytkɛik]
Blumenkorso	bloemencorso *n* ['blumənkɔrzo]
Botanischer Garten	hortus ['hɔrtəs], botanische tuin [bo'tanisə tœyn]
Dampfzugfahrt	stoomtreinrit ['stomtrɛinrɪt]
Deich	dijk [dɛik]
Dünenspaziergang	duinwandeling ['dœynwɑndəlɪŋ]
Einkaufen	winkelen [wɪŋkəlɛn]
Erholungsgebiet	recreatiegebied *n* [rekre'jatsiχəbit]
Fahrradtour	fietstocht [fitstɔχt]
Fischerort	vissersdorp *n* ['vɪsərsdɔrp]
Flohmarkt	rommelmarkt [rɔməlmɑrkt]
Fluss	rivier [ri'vi:r]
Freilichtmuseum	openluchtmuseum *n* [opə'lœχtmysejəm]
Freizeitpark	attractiepark *n* [ɑ'trɑksipɑrk]

Grotte	grot [χrɔt]
Heide	hei(de) [hɛi(də)]
Inselrundfahrt	boottocht rond het eiland *n* ['botɔχt rɔnt‿ət 'ɛilɑnt]
Landschaft	landschap *n* ['lɑntsχɑp]
Leuchtturm	vuurtoren ['vy:rtɔrən]
Markt	markt [mɑrkt]
Meer	plas [plɑs], meer *n* [me:r]
Messe	beurs [bø:rs]
Museum	museum *n* [my'zejəm]
Musikfestival	muziekfestival *n* [my'zikfɛstivɑl]
Nationalpark	nationaal park *n* [naʃo'nal pɑrk]
Naturschutzgebiet	natuurreservaat *n* [na'ty:rəsərvat]
Rallye	puzzeltocht ['pœzəltɔχt]
Rundfahrt	rondvaart ['rɔntfa:rt]
Schlossgarten	kasteeltuin [ka'steltœyn]
See	plas [plɑs], meer *n* [me:r]
Sternwarte	sterrenwacht ['stɛrəwɑχt]
Strandspaziergang	strandwandeling ['stɑtswɑndəlɪŋ]
Straßenmarkt	braderie [bradə'ri]
Tag der offenen Türe	open dag [opə'dɑχ]
Tagesausflug	dagje er-op-uit *n* ['dɑχjə ɛrɔ'pœyt]
Umgebung	omgeving [ɔm'χevɪŋ]
Vergnügungspark	pretpark *n* ['prɛtpɑrk]
Vogelschutzgebiet	vogelreservaat *n* ['voχəlrəsərvat]
Wald	bos *n* [bɔs]
Wandertour	wandeltocht ['wɑndəltɔχt]
Wattwandern	wadlopen ['wɑtlopən]
Wildpark	safaripark *n* [sa'fa:ripɑrk]
Zoo	dierenpark *n* ['di:rəpɑr(ə)k], dierentuin ['di:rətœyn]

Strand

Entschuldigen Sie bitte, gibt es hier ein ...
Neemt u me niet kwalijk, is hier een ...
[nemt‿y mɛ nit ˈkwalək ɪs ˈhiːr‿ən]

Schwimmbad?
zwembad?
[ˈzwɛmbɑt]

Freibad?
openluchtbad?
[opəˈlœχdbɑt]

Hallenbad?
overdekt zwembad?
[ovərˈdɛkt ˈzwɛmbɑt]

Ich möchte einen Liegestuhl/Windschirm mieten.
Ik wil graag een ligstoel/een windscherm huren.
[ɪk wɪl ˈχraχ ən ˈlɪχstul/ən ˈwɪntsχɛrm ˈhyːrən]

Was kostet das pro Stunde/Tag?
Hoeveel kost het per uur/per dag?
[ˈhuvel ˈkɔst‿ət pɛr ˈyːr/pɛr ˈdɑχ]

Shoppen und Einkaufen

Fragen

Ich suche ...

Werden Sie schon bedient?
Wordt u al geholpen? ['wɔrt‿y ɑl χə'hɔlpən]

Danke, ich sehe mich nur um.
Dank u, ik kijk alleen maar! ['dɑŋky ɪk‿'kɛik ɑ'len mɑr]

Ich möchte ...
Ik zou graag ... [ɪk zɔu 'χraχ]

Haben Sie ...?
Heeft u ...? ['heft‿y]

Darf es sonst noch etwas sein?
Anders nog iets? ['ɑndərs 'nɔχ its]

Handeln und kaufen

Wie viel kostet es?
Hoe duur is het?/Hoeveel kost het? [hu 'dy:r ɪs‿ət/hu'vel 'kɔst‿ət]

Wie viel wollen Sie ausgeben?
Hoeveel wilt u besteden? [hy'vel wɪlt‿y bə'stedən]

Haben Sie auch etwas Billigeres?
Heeft u ook iets goedkopers? [heft‿y ok‿its χut'kopərs]

Gut, ich nehme es.
Goed, ik neem het. [χyt ɪk nem‿ət]

Nehmen Sie Kreditkarten?
Neemt u creditcards aan? ['nemt‿y 'krɛdɪtkɑrts 'ɑn]

Geschäfte

Wo finde ich ...?
Waar vind ik ... ? [waːr vɪnt‿ɪk]

Öffnungszeiten
openingstijden ['opənɪŋstɛidən]

open **offen**	dicht (gesloten) **geschlossen**	wij zijn op vakantie **Betriebsferien**

Antiquitätengeschäft	antiekwinkel [ɑn'tikwɪŋkəl]
Apotheke	apotheek [apo'tek]
Bäckerei	bakkerij [bɑkə'rɛi]
Bioladen	biowinkel, natuurvoedingswinkel ['biːjowɪŋkəl, nɑ'tyːrvudɪŋswɪŋkəl]
Blumengeschäft	bloemenzaak ['bluməzak]
Boutique	boetiek [bu'tik]
Buchhandlung	boekhandel ['bukhɑndəl]
Drogerie	drogisterij [droχɪstə'rɛi]
Eisenwarengeschäft	ijzerwinkel ['ɛizərwɪŋkəl]
Elektrohandlung	elektrozaak [e'lɛktrozaːk]
Feinkostgeschäft	delicatessenzaak [delika'tɛsəzaːk]
Fischgeschäft	viswinkel ['vɪswɪŋkəl]
Flohmarkt	vlooienmarkt, rommelmarkt ['vlojəmɑrkt, 'rɔməlmɑrkt]
Fotoartikel	fotoartikelen *pl* ['fotoɑrtikələn]
Friseur	kapper ['kɑpər]
Juwelier	juwelier [jywə'liːr]
Kaufhaus	warenhuis *n* ['waːrəhœis]
Konditorei	banketbakker [bɑŋ'kɛtbɑkər]
Kunsthändler	kunsthandelaar ['kœnsthɑndəlaːr]
Lebensmittelgeschäft	kruidenier [krœidə'niːr]

Lederwarengeschäft	lederzaak ['ledərzak]
Markt	markt [markt]
Metzgerei	slagerij [slaχə'rɛi]
Milchgeschäft	melkboer ['mɛlgbu:r]
Musikgeschäft	muziekhandel [my'zikhandəl]
Obst- und Gemüsehändler	groente- en fruitzaak ['χruntə ɛn 'frœitsak]
Optiker	opticien [ɔpti'ʃɛ̃]
Parfümerie	parfumerie [parfymə'ri]
Reformhaus	reformhuis *n* [rə'fɔrmhœis], natuurvoeding [na'ty:rvudıŋ]
Reinigung	stomerij [stomə'rɛi]
Reisebüro	reisbureau *n* ['rɛisbyro]
Schneider/in	kleermaker/modiste ['kle:rmakər/mo'dıstə]
Schreibwarengeschäft	kantoorboekhandel [kan'to:rbukhandəl]
Schuhgeschäft	schoenenwinkel ['sχunəwıŋkəl]
Souvenirladen	souvenirshop [suvə'nirʃɔp]
Spielwarengeschäft	speelgoedwinkel ['spelχutwıŋkəl]
Spirituosengeschäft	slijterij, drankenhandel [slɛitə'rɛi, 'draŋkənhandəl]
Sportartikel	sportartikelen *pl* ['spɔrtartikələn]
Supermarkt	supermarkt ['sypərmarkt]
Süßwarengeschäft	snoepwinkel ['snupwıŋkəl]
Tabakladen	tabakswinkel [ta'bakswıŋkəl]
Trödler	rommelwinkel ['rɔməlwıŋkəl]
Uhrmacher	horlogemaker [hɔr'loʒəmakər]
Wäscherei	wasserij [wasə'rɛi]
Waschsalon	wasserette [wasə'rɛtə]
Weinhandlung	wijnhandel ['wɛinhandəl]
Zeitungshändler	krantenverkoper ['krantəvərkopər]

Lebensmittel

Was darf es sein?
Kan ik u helpen? [ˈkan‿ɪk y ˈhɛlpən]

Geben Sie mir bitte ...
Graag ... [χraχ]

ein Kilo ...
een kilo ... [eŋ ˈkilo]

10 Scheiben ...
(Wurst) tien plakken ... [tin ˈplakən]

ein Stück von ...
een stukje ... [ən ˈstœkjə]

eine Packung ...
een pakje ... [ən ˈpakjə]

ein Glas ...
een pot ... [əm pɔt]

eine Dose ...
een blik ... [ən blɪk]

eine Flasche ...
een fles ... [ən flɛs]

eine Einkaufstüte.
een plastic tasje. [ən ˈplɛstək ˈtaʃə]

Darf es auch etwas mehr sein?
Kan het ook ietsje meer zijn? [kan‿ət ok ˈitʃə ˈmeːr zɛin]

Dürfte ich vielleicht etwas hiervon probieren?
Mag ik misschien daarvan iets proeven?
[maχ‿ɪk mɪˈsχɪn ˈdaːrvan its ˈpruvən]

Sonst noch etwas?
Anders nog iets? ['andərs 'nɔχ its]

Danke, das ist alles.
Dank u, dat is alles. ['daŋky dat ɪs 'aləs]

Farben

beige	beige ['bɛːʒə]
blau	blauw [blɔu]
braun	bruin [brœin]
gelb	geel [χel]
golden	goudkleurig ['χɔutklœːrəχ]
grau	grijs [χrɛis]
grün	groen [χrun]
lila	lila, paars ['lila, paːrs]
orange	oranje [ɔ'ranjə]
rosa	roze ['rɔːzə]
rot	rood [rot]
schwarz	zwart [zwart]
silbern	zilverkleurig ['zɪlvərklœːrəχ]
türkisfarben	turkooizen [tyr'kwas]
violett	violet [vijo'lɛt]
weiß	wit [wɪt]
hell ...	licht ... ['lɪχt]
dunkel ...	donker ... ['dɔŋkər]
farbig	gekleurd [χə'klœːrt]
einfarbig	effen ['ɛfən]

Für alle Fälle

Gesundheit

In der Apotheke

Könnten Sie mir bitte sagen, wo die nächste Apotheke (mit Nachtdienst) ist?
Kunt u me zeggen waar de dichtstbijzijnde apotheek (met nachtdienst) is? [kœnt‿y mə 'zɛχən war də 'dɪχsbɛizɛində apo'tek (mɛt 'nɑχdinst) ɪs]

Könnten Sie mir bitte etwas gegen ... geben?
Kunt u me iets geven tegen ...? [kœnt‿y mə its 'χevən 'teχən ...]

Dieses Mittel ist verschreibungspflichtig.
Dit middel is alleen op recept. [dɪt 'mɪdəl ɪs ɑ'len ɔp rə'sɛpt]

Abführmittel	laxeermiddel *n* [lɑk'se:rmɪdəl]
Augentropfen	oogdruppels ['oχdrœpəls]
Beruhigungsmittel	kalmeringsmiddel [kɑl'me:rɪŋzmɪdəl]
Brandsalbe	brandzalf ['brɑntsɑlf]
Desinfektionsmittel	desinfecterend middel *n* [dɛsɪnfɛk'te:rənt 'mɪdəl]
Elastikbinde	elastisch verband *n* [e'lɑstis fər'bɑnt]
Fieberthermometer	koortsthermometer ['ko:rtstɛrmo'metər]
Halstabletten	keeltabletten *pl* ['keltɑ'blɛtən]
Hustensaft	hoestdrank ['huzdrɑŋk]
Läuse	luizen *pl* [lœyzən]
Insulin	insuline [ɪnsy'linə]
Jod(tinktur)	jodium(tinctuur) ['jodijəm(tɪnk'ty:r)]
Kamillentinktur	aftreksel van kamille *n* ['ɑftrɛksəl vɑn ka'mɪlə]
Kondom	condoom *n* [kɔn'dom]

Kopfschmerztabletten	hoofdpijntabletten *pl* ['hoftpɛintablɛtən]
Kreislaufmittel	middel *n* voor de bloedsomloop ['mɪdəl vo:r də 'blutsɔmlop]
Medikament	geneesmiddel, medicijn *n* [χə'nesmɪdəl, medi'sɛin]
Mittel	middel *n* ['mɪdəl]
Mittel gegen Läuse	antiluizenmiddel *n* [ɑnti'lœyzəmɪdəl]
Mittel gegen Insektenstiche	middel voor insectenbeten *n* [mɪdəl vo:r ɪn'sɛktəbetən]
Mullbinde	zwachtel ['zwɑχtəl]
Ohrentropfen	oordruppels *pl* ['o:rdrœpəls]
Pflaster	pleister ['plɛistər]
Puder	poeder *n* ['pudər]
Rezept	recept *n* [rə'sɛpt]
Salbe	zalf [zɑlf]
Schlaftabletten	slaaptabletten *pl* ['slaptablɛtən]
Schmerztabletten	pijnstillers *pl* ['pɛinstɪlərs]
Sonnenbrandsalbe	zonnebrandzalf ['zɔnəbrɑntsɑlf]
Tablette	tablet [ta'blɛt]
Tropfen	druppels *pl* ['drœpəls]
Vitamintabletten	vitaminepillen *pl* [vita'minəpɪlən]
Watte	watten *pl* ['wɑtən]
Zäpfchen	zetpil ['zɛtpɪl]

Bijsluiter	Beipackzettel
Samenstelling	**Zusammensetzung**
Toepassingsgebieden	**Anwendungsgebiete**
Contra-indicaties	**Gegenanzeigen**

Bijwerkingen	**Nebenwirkungen**
Wisselwerkingen met andere geneesmiddelen	**Wechselwirkungen**
Aanwijzingen voor de dosering	**Dosierungsanleitung:**
1 maal/meermaals dagelijks ... toedienen	**1 x/mehrmals täglich ... einnehmen**
1 tablet/dragee	**1 Tablette**
20 druppels	**20 Tropfen**
1 maatbeker	**1 Messbecher**
voor het eten	**vor dem Essen**
na het eten	**nach dem Essen**
op de nuchtere maag	**auf nüchternen Magen**
zonder kauwen met wat vloeistof doorslikken	**unzerkaut mit etwas Flüssigkeit einnehmen**
in wat water oplossen	**in etwas Wasser auflösen**
in de mond uiteen laten vallen	**im Mund zergehen lassen**
uitwendig	**äußerlich**
dun op de huid aanbrengen en insmeren	**dünn auf die Haut auftragen und einreiben**
zuigeling	**Säuglinge**
(1-3 Jahre) **peuter,** *(3-5 Jahre)* **kleuter**	**Kleinkinder (bis zu ... Jahren)**
schoolgaand kind	**Schulkinder**
jongeren	**Jugendliche**
volwassenen	**Erwachsene**
geneesmiddelen buiten het bereik van kinderen houden!	**Für Kinder unzugänglich aufbewahren!**

Arztbesuch

Könnten Sie mir eine(n) ... empfehlen?
Kunt u mij een ... aanbevelen [kœnt‿y mɛi ən ... 'ambəvelən]

Arzt/Ärztin
arts [arts], dokter ['dɔktər]

Augenarzt
oogarts ['oχarts]

Frauenarzt
gynaecoloog [χineko'loχ]

Hals-Nasen-Ohren-Arzt
keel-neus-oorarts ['kel 'nøs 'o:rarts]

Hautarzt
huidarts ['hœytarts]

Kinderarzt
kinderarts ['kɪndərarts]

Praktischen Arzt
huisarts ['hœysarts]

Urologen
uroloog [yro'loχ]

Zahnarzt
tandarts ['tandarts]

Wo ist ihre/seine Praxis?
Waar is haar/zijn praktijk? [war ɪs ha:r/zɛin prak'tɛik]

Beschwerden

Was für Beschwerden haben Sie?
Wat voor klachten heeft u? ['wat foːr 'klaχtən 'heft‿y]

Ich habe Fieber.
Ik heb koorts. [ɪk hɛp koːrts]

Mir ist oft ...
Ik ben vaak ... [ɪk bɛn vak]

schlecht/übel.
misselijk. ['mɪsələk]

schwindlig.
duizelig. ['dœyzələχ]

Ich bin ohnmächtig geworden.
Ik ben flauwgevallen. [ɪk bɛn 'flauχəvalən]

Ich bin stark erkältet.
Ik ben zwaar verkouden. [ɪk bɛn zwaːr vərkaudən]

Ich habe Kopfschmerzen/Halsschmerzen.
Ik heb hoofdpijn/keelpijn. [ɪk hɛp 'hofpɛin/'kelpɛin]

Ich habe Husten.
Ik moet steeds hoesten. [ɪk mut stets 'hustən]

Ich bin ...
Ik ben ... [ɪk bɛn]

gestochen worden.
gestoken. [χə'stokən]

gebissen worden.
gebeten. [χə'betən]

Ich habe mir den Magen verdorben.
Mijn maag is van streek. [mɛin maχ ɪs van strek]

Ich habe ...
Ik heb ... [ɪk hɛp]

Durchfall.
diarree. [dija're]

Verstopfung.
verstopping. [vər'stɔpɪŋ]

Ich vertrage das Essen/die Hitze nicht.
Ik kan niet tegen het eten/de hitte.
[ɪk kɑn nit 'teχən‿ət 'etən/də 'hɪtə]

Ich habe mich verletzt.
Ik heb me bezeerd. [ɪk 'hɛp mə bə'ze:rt]

Ich bin gestürzt.
Ik ben gevallen. [ɪk bɛn χə'vɑlən]

Können Sie mir bitte etwas gegen ... geben/verschreiben?
Kunt u mij een middel/een recept geven tegen ...?
[kœnt‿y mɛi əm 'mɪdəl/ən rə'sɛpt 'χevən 'teχən]

Normalerweise nehme ich ...
Normaal gesproken neem ik altijd...
[nɔrmal χəsprokən nem‿ɪk 'ɑltɛit]

Ich habe einen hohen/niedrigen Blutdruck.
Ik heb een hoge/lage bloeddruk. [ɪk hɛp‿ən 'hoχə/'laχə 'bludrœk]

Ich bin Diabetiker.
Ik heb suiker. [ɪk hɛp 'sœykər]

Ich bin schwanger.
Ik ben in verwachting. [ɪk bɛn ɪn vər'wɑχtɪŋ]

Ich hatte vor kurzem ...
Kort geleden had ik ... [kɔrt χə'ledən hɑt‿ɪk]

Untersuchung

Was kann ich für Sie tun?
Wat kan ik voor u doen? [wɑt kan‿ɪk vo:r‿y dun]

Wo tut es weh?
Waar doet het pijn? ['wa:r dut‿ət 'pɛin]

Ich habe hier Schmerzen.
Ik heb hier pijn. [ɪk hɛp 'hi:r 'pɛin]

Bitte, machen Sie sich/Ihren Arm frei.
Wilt u zich uitkleden/de arm ontbloten.
['wɪlt‿y zɪχ 'œytkledən/də ɑrm ɔnd'blotən]

Bitte tief einatmen. Atem anhalten.
Diep ademhalen graag. Adem inhouden.
[dip 'adəmhalən χraχ 'adəm 'ɪnhɑudən]

Ich brauche eine Blut-/Urinprobe.
We moeten even een bloed/urinemonster afnemen.
[wɛ 'mutən 'evən ən blut/y'rinəmɔnstər 'ɑfnemən]

Sie müssen geröntgt werden.
Er moeten röntgenfoto's worden gemaakt.
[ɛr 'mutən 'rœntχəfotos 'wɔrdən χe'mɑkt]

Sie müssen operiert werden.
U moet worden geopereerd. [y mut 'wɔrdən χəopə're:rt]

Sie sollten ein paar Tage Bettruhe halten.
U dient een paar dagen in bed te blijven.
[y dint əm pa:r 'daχən ɪm 'bɛt tə 'blɛivən]

Es ist nichts Ernstes.
Het is niets ernstigs. [ət ɪs 'nits 'ɛrnstəχs]

Haben Sie einen Impfschein?
Heeft u een vaccinatiekaart? [heft‿y ən vɑksi'natsika:rt]

Ich bin gegen ... geimpft.
Ik ben ingeënt tegen ... [ɪk bɛn ˈɪŋχəɛnt ˈteχən]

Beim Zahnarzt

Ich habe (starke) Zahnschmerzen.
Ik heb (erge) kiespijn. [ɪk hɛp (ˈɛrχə) ˈkispɛin]

Dieser Zahn (oben/unten/vorn/hinten) tut weh.
Deze tand (boven/onder/voor/achter) doet pijn.
[ˈdezə ˈtɑnt (ˈbovən/ˈɔndər/ˈvoːr/ˈɑχtər) dut ˈpɛin]

Ich habe eine Füllung verloren.
Ik ben een vulling verloren. [ɪk bən‿ən ˈvœlɪŋ vərˈloːrən]

Mir ist ein Zahn abgebrochen.
Er is bij mij een tand afgebroken.
[ɛr ɪz bɛi mɛi ən ˈtɑnt ˈɑfχəbrokən]

Ich behandle ihn nur provisorisch.
Ik behandel hem slechts provisorisch.
[ɪk bəˈhɑndəl‿əm sleχs proviˈzoːris]

Geben Sie mir bitte ...
Liever ... [ˈlivər]

eine Spritze.
met verdoving. [mɛt vərˈdovɪŋ]

keine Spritze.
zonder verdoving. [ˈzɔndər vərˈdovɪn]

Backenzahn	kies [kis]
Brücke	brug [brœχ]
Kiefer	kaak [kak]
Krone	kroon [kron]
Loch	gaatje *n* [ˈχatjə]

Plombe	vulling ['vœlɪŋ]
Prothese	prothese [pro'tezə]
Schneidezahn	snijtand ['snɛitant]
Weisheitszahn	verstandskies [vər'stantskis]
Zahn	tand [tant]
Zahnfleisch	tandvlees *n* ['tantfles]
Zahnschmerzen	kiespijn ['kispɛin]
ziehen	trekken, trok, getrokken ['trɛkən, trɔk, χə'trɔkən]

Bank

Wo ist hier bitte eine Bank/ein Bankautomat?
Waar is hier een bank/een geldautomaat?
['waːr ɪs hiːr‿ən 'baŋk/ən 'χɛltautomat]

Ich möchte Geld abheben.
Ik wil graag geld opnemen
[ɪk wɪl χraχ 'χɛlt 'ɔpnemən]

Ihre Bankkarte, bitte.
Uw pasje alstublieft [yw bə'talpaʃə alsty'blift]

Darf ich bitte ... sehen?
Mag ik alstublieft ... zien? ['maχ‿ɪk 'alstyblift ... zin]

Ihren Ausweis
uw identiteitskaart [yw idɛnti'tɛitskaːrt]

Ihren Pass
uw paspoort [yw 'paspoːrt]

Würden Sie bitte hier unterschreiben?
Hier uw handtekening graag.
[hiːr yw 'hantekənɪŋ χraχ]

auszahlen	uitbetalen ['œidbətalən]
Bank	bank [baŋk]
Bankkarte	betaalpasje *n* [bə'talpaʃə]
bar	contant [kɔn'tant]
Bargeld	contant geld *n* [kɔn'tant 'χɛlt]
Bearbeitungsgebühr	administratiekosten *pl* [atmini'stratsikɔstən]
Betrag	bedrag *n* [bə'draχ]
Devisen	deviezen *pl* [də'vizən]
Euro	euro ['øːro]
Eurochequekarte	betaalpasje *n* [bə'talpaʃə]
Formular	formulier *n* [fɔrmy'liːr]
Geheimzahl	pincode ['pɪnkodə]
Geld	geld *n* [χɛlt]
Geldautomat	geldautomaat ['χɛltɔutomat]
Geldanweisung	(betalings)mandaat *n* [(bə'talɪŋs)man'dat]
Geldkarte	geldautomaatpasje *n* ['χɛltɔutomatpaʃə]
Geldschein	bankbiljet *n* ['baŋgbɪljɛt]
Geldwechsel	(*auf Schildern*) change [tʃens], geld wisselen [χɛlt 'wɪsələn]
Kleingeld	kleingeld *n* ['klɛiŋχɛlt]
Konto	conto *n*, rekening ['kɔnto, 'rekənɪŋ]
Kreditkarte	kredietkaart, creditcard [krə'ditkart, 'krɛdɪtkart]
Münze	munt [mœnt]
Quittung	kwitantie [kwi'tantsi]
Schweizer Franken	Zwitserse frank ['zwɪtsərsə 'fraŋk]
überweisen	overmaken ['ovərmakən]
Überweisung	overboeking ['ovərbukɪŋ]
umtauschen	(om)wisselen ['wɪsələn/'ɔmwɪsələn]

Unterschrift	handtekening ['hantekənɪŋ]
Währung	specie, muntsoort ['spesi], ['mœntso:rt]
Wechselkurs	wisselkoers ['wɪsəlku:rs]
Wechselstube	wisselkantoor *n* ['wɪsəlkanto:r]
Zahlung	betaling [bə'talɪŋ]

Polizei

Wo ist bitte das nächste Polizeirevier?
Waar is het dichtstbijzijnde politiebureau?
['wa:r ɪs‿ət 'dɪχsbɛizɛində po'litsiby:'ro]

Ich möchte ... anzeigen.
Ik wil aangifte doen van ... [ɪk 'wɪl 'aŋχɪftə dun van]

einen Diebstahl
een diefstal. [ən 'difstal]

einen Überfall
een overval. [ən 'ovərval]

Mir ist ... gestohlen worden.
Mijn ... is gestolen. [mɛin ... ɪs χə'stolən]

die Handtasche
handtas ['hantas]

die Brieftasche
portefeuille [pɔrtə'fœijə]

mein Fotoapparat
fototoestel ['fototustɛl]

mein Auto/mein Fahrrad
auto/fiets ['ɔuto/fits]

Mein Auto ist aufgebrochen worden.
Mijn auto is opengebroken. [mən‿ˈɔuto ɪs ˈopəχəbrokən]

Aus meinem Auto ist ... gestohlen worden.
Uit mijn auto is ... gejat. [œit mən‿ˈɔuto ɪs ... χəˈjɑt]

Ich habe ... verloren.
Ik heb ... verloren. [ɪk hɛp ... vərˈlo:rən]

Mein Sohn/Meine Tochter ist verschwunden.
Mijn zoon/dochter is verdwenen.
[mɛin zon/ˈdɔχtər ɪs vərˈdwenən]

Dieser Mann belästigt mich.
Die vent daar valt me lastig. [di vɛnt da:r vɑlt mə ˈlɑstəχ]

Können Sie mir bitte helfen?
Kunt u mij alstublieft helpen? [ˈkœnt‿y mɛi ɑlstyˈblift ˈhɛlpən]

Ihren Namen und Ihre Anschrift, bitte.
Uw naam en adres, alstublieft. [yw ˈnam ɛn ɑˈdrɛs ɑlstyˈblift]

Wenden Sie sich bitte an das deutsche/österreichische/ Schweizer Konsulat.
Het beste gaat u naar het Duits/Oostenrijks/Zwitsers consulaat.
[hɛt bɛstə χat y na:r ət dœits/ˈostərɛiks/ˈzwɪtsərs kɔnsyˈlat]

anzeigen	aangifte doen van [ˈaŋχɪftə dun vɑn]
aufbrechen	openbreken, brak open, opengebroken [ˈopəbrekən, brɑk ˈopən, ˈopəχəbrokən]
Autoradio	autoradio [ˈɔutoradijo]
Bankkarte	betaalpasje *n* [bəˈtalpɑʃə]
belästigen	lastig vallen, viel, gevallen [ˈlɑstəχ ˈvɑlən, vil, χəˈvɑlən]
beschlagnahmen	in beslag nemen, nam, genomen [ɪn bəˈslɑχ nemən, nɑm, χəˈnomən]
Dieb	dief [dif]

Diebstahl	diefstal ['difstɑl]
Gefängnis	gevangenis [χə'vɑŋənɪs]
Geldbörse	portemonnee [pɔrtəmɔ'ne]
Gericht	rechtbank ['rɛχdbɑŋk]
Kfz-Schein	kentekenbewijs *n* ['kɛntekəbəwɛis]
Kreditkarte	kredietkaart [krə'dɪtka:rt]
Papiere	papieren *pl* [pɑ'pi:rən]
Personalausweis	legitimatie, identiteitskaart [leχiti'mɑtsi, idɛnti'tɛitska:rt]
Polizei	politie [po'litsi]
Polizeiwagen	politieauto [po'litsiɔuto]
Polizist/in	(politie)agent/e [(po'litsi)ɑ'χɛnt(ə)]
Rauschgift	verdovende middelen *pl*, drugs *pl* [vər'dovəndə 'mɪdələn, drœks]
Rechtsanwalt	advocaat [ɑtfo'kat]
Reisepass	paspoort *n* ['pɑspo:rt]
Richter	rechter ['rɛχtər]
Schlüssel	sleutel ['sløtəl]
Schmuggel	smokkelarij [smɔkəla'rɛi]
Schuld	schuld [sχœlt]
sexuelle Belästigung	lastig vallen ['lɑstəχ 'vɑlən]
Taschendieb	zakkenroller ['zɑkərɔlər]
Überfall	overval ['ovərvɑl]
Untersuchungshaft	voorarrest *n*, voorlopige hechtenis ['vo:rɑrɛst, vo:r'lopəχə 'hɛχtənɪs]
Verbrechen	misdaad ['mɪzdat]
Vergewaltigung	verkrachting [vər'krɑχtɪŋ]
verhaften	arresteren [ɑrɛ'ste:rən]
verlieren	verliezen, verloor, verloren [vər'lizən, vərlo:r, vərlo:rən]
zusammenschlagen	in elkaar slaan, sloeg, geslagen [ɪn ɛl'ka:r slan, sluχ, χə'slaχən]

Post

Wo ist ...
Waar is ... [waːr ɪs ...]

die nächste Post?
het dichtstbijzijnde postkantoor? [ət ˈdɪχsbɛizɛində ˈpɔstkantoːr]

der nächste Briefkasten?
de dichtstbijzijnde brievenbus? [də ˈdɪχsbɛizɛində ˈbrivəbœs]

Was kostet ein Brief/eine Postkarte ...
Hoeveel kost een brief/een briefkaart ...
[ˈhuvel kɔst‿ən brif/ən ˈbrifkaːrt]

nach Deutschland?
naar Duitsland? [nɑr ˈdœitslɑnt]

nach Österreich?
naar Oostenrijk? [nɑr ˈostərɛik]

in die Schweiz?
naar Zwitserland? [nɑr ˈzwɪtsərlɑnt]

Drei Briefmarken zu ..., bitte.
Drie postzegels van ..., alstublieft. [dri ˈpɔseχəls vɑn ... ɑlstyˈblift]

Diesen Brief bitte per ...
Deze brief alstublieft als ... [ˈdezə ˈbrif ɑlstyˈblift ɑls]

Luftpost.
luchtpost. [pɛr ˈlœχtpɔst]

Express.
met spoed. [mɛt sput]

Absender	afzender [ˈɑfsɛndər]
Adresse	adres *n* [ɑˈdrɛs]

ausfüllen	**invullen** ['ɪnvœlən]
Brief	**brief** [brif]
Briefkasten	**brievenbus** ['brivəbəs]
Briefmarke	**postzegel** ['pɔseχəl]
Briefmarkenautomat	**postzegelautomaat** ['pɔseχəlɔuto'mat]
Eilbrief	**spoedbrief** ['spudbrif]
Einschreibebrief	**aangetekende brief** ['aŋχətekəndə brif]
Empfänger	**ontvanger** [ɔnt'fɑŋər]
Formular	**formulier** *n* [fɔrmy'li:r]
frankieren	**frankeren** [frɑŋ'ke:rən]
Gebühr	**tarief** *n* ['ta'rif]
Gewicht	**gewicht** *n* [χə'wɪχt]
Hauptpostamt	**hoofdpostkantoor** *n* ['hoftpɔstkɑnto:r]
Leerung	**lichting** ['lɪχtɪŋ]
mit Luftpost	**per luchtpost** [pɛr 'lœχtpɔst]
nachsenden	**nasturen** ['nastyrən]
Päckchen	**pakje** *n* ['pɑkjə]
Paket	**pakket** *n* [pɑ'kɛt]
Paketkarte	**label** *n* ['lebəl]
Porto	**porto** *n* ['pɔrto]
Post	**postkantoor** *n* ['pɔstkɑnto:r]
Postkarte	**briefkaart** ['brifka:rt]
postlagernd	**poste restante** ['pɔst rɛs'tɑnt]
Postleitzahl	**postcode** ['pɔstkodə]
Sondermarke	**speciale postzegel** [spe'ʃalə 'pɔstseχəl]
Vordruck	**formulier** *n* [fɔrmy'li:r]
Wertangabe	**aangegeven waarde** ['aŋχəχevə 'wa:rdə]
Zollerklärung	**douaneverklaring** [du'wanəvərkla:rɪŋ]

Toilette und Bad

Wo ist bitte die Toilette?
Kunt u me zeggen waar hier de wc is?
[kœnt‿y mə ˈzɛχən waːr hiːr də weˈse ɪs]

Dürfte ich wohl bei Ihnen die Toilette benutzen?
Zou ik bij u even naar het toilet mogen?
[zɔu ɪk bɛi y ˈevən‿naːr‿ət‿twɑˈlɛt ˈmoːχən]

Würden Sie mir bitte den Schlüssel für die Toiletten geben?
Mag ik de sleutel van de wc? [mɑχ‿ɪk də ˈsløtəl vɑn də weˈse]

Damen	Dames *pl* [ˈdaməs]
Herren	Heren *pl* [heːrən]

Wörterbuch Niederländisch - Deutsch

A

aan [an] *prp* an
aanbevelen ['ambəvelən] ‹beval/bevalen aan, aanbevolen› empfehlen
aangepast voor mensen met een handicap ['aŋχəpɑst vo:r 'mɛnsə mɛt‿ən 'hɛndikɛp] behindertengerecht
aangepast voor rolstoelen ['aŋχəpɑst vo:r 'rɔlstulən] rollstuhlgerecht
aangetekende brief ['aŋχətekəndə brif] Einschreibebrief
aangifte doen van ['aŋχɪftə dun vɑn] ‹deed, gedaan› anzeigen
aankleden, zich ~ [zɪχ 'aŋkledən] s. anziehen
aankomen ['aŋkomən] ‹kwam/kwamen aan, aangekomen› ankommen, eintreffen
aankomst ['aŋkɔmst] Ankunft
aankomsttijd [aŋkɔmst'tɛit] Ankunftszeit
aanleggen in ['anlɛχən ɪn] anlegen in
aanmelden ['amɛldən] anmelden
aanmelding ['amɛldɪŋ] Anmeldung
aannemen ['anemən] ‹nam/namen aan, aangenomen› zusagen *(Einladung)*
aanpassen, zich ~ [zɪχ 'ampɑsən] s. akklimatisieren
aansluiting ['anslœytɪŋ] Anschluss *(Verkehr)*
aanstekelijk [an'stekələk] ansteckend *(Lachen)*
aansteken ['anstekən] ‹stak/staken aan, aangestoken› anzünden
aansteker ['anstekər] Feuerzeug
aantal *n* ['antɑl] Zahl *(Menge)*

aantrekken ['antrɛkən] ‹trok aan, aangetrokken› anziehen
aardappelen *pl* ['a:rdɑpələn] Kartoffeln
aardbeien *pl* ['a:rdbɛiən] Erdbeeren
aarde ['a:rdə] Erde
aardig ['a:rdəχ] nett
aardigheidje *n* ['a:rdəχɛitjə] Mitbringsel
aarzelen ['a:rzələn] zögern
abrikozen *pl* [abri'kozən] Aprikosen
achter ['ɑχtər] hinter
achteraan [ɑχtəran] hinten
achterland *n* ['ɑχtərlɑnt] Hinterland
achterlicht *n* ['ɑχtərlɪχt] Rücklicht
achteruit [ɑχtə'rœyt] rückwärts
achteruit [ɑχtər'œyt] Rückwärtsgang
achteruitkijkspiegel [ɑχtər'œytkɛikspiχəl] Rückspiegel
acteur/actrice [ɑk'tø:r/ɑk'trisə] Schauspieler/in
adapter [a'dɑptər] Adapter, Zwischenstecker
ademen ['adəmən] atmen
ademhalingsmoeilijkheden *pl* ['adəmhalɪŋzmujləkhedən] Atembeschwerden
administratiekosten *pl* [ɑtmini'stra(t)sikɔstən] Bearbeitungsgebühr
adres *n* [a'drɛs] Adresse
adviseren [ɑtfi'ze:rən] raten *(Rat erteilen)*
advocaat *pl* [ɑtfo'kat] Eierlikör
advocaat/advocate [ɑtfo'kat(ə)] Rechtsanwalt/anwältin
af en toe [ɑv‿ɛn 'tu] ab und zu
affiche *n* [a'fiʃə] Plakat
afgelopen maandag ['ɑfχəlopə 'mandɑχ] letzten Montag
afgeven ['ɑfχevən] ‹gaf af/gaven af, afgegeven› abgeben
afhalen ['ɑfhalən] abholen
afkorting ['ɑfkɔrtɪŋ] Abkürzung
afmaken ['ɑfmakən] beenden
afscheid nemen ['ɑfsχɛit nemən] ‹nam/namen, genomen› s. verabschieden
afslaan ['ɑfslan] ‹sloeg af, afgeslagen› abschlagen
afslag ['ɑfslɑχ] (Autobahn) Ausfahrt
afsluiten ['ɑfslœytən] ‹sloot af, afgesloten› abschließen
afspraak ['ɑfsprak] Termin *(Verabredung)*

afspreken ['afsprekən] ‹sprak/spraken af, afgesproken› ausmachen *(vereinbaren)*
afstand ['afstant] Entfernung
aftershave [aftər'ʃef] Rasierwasser
afvalemmer ['afalɛmər] Abfalleimer
afwasborstel ['afwazbɔrstəl] Spülbürste
afwasmachine ['afwasmaʃinə] Geschirrspülmaschine
afwasmiddel ['afwasmɪdəl] Spülmittel
afwijzen ['afwɛizən] ‹wees af, afgewezen› ablehnen
afzender ['afsɛndər] Absender
agent(e) [a'χɛnt(ə)] Polizist(in)
agentschap *n* [a'χɛntsχap] Agentur
airconditioning ['ɛ:rkɔndɪʃənɪŋ] Klimaanlage
al [al] *adv* schon, bereits
al te [al tə] zu sehr
alarminstallatie [a'larmɪnsta'latsi] Alarmanlage
alcoholvrij ['alkohɔl'vrɛi] alkoholfrei
alcoholvrij bier *n* ['alkɔhɔl'vrɛi bi:r] alkoholfreies Bier
alle(n) ['alə] alle, sämtliche
alleen [a'len] allein
allergie [alɛr'χi] Allergie
allergiesch zijn voor ... [a'lɛrxis zɛin vo:r] allergisch sein gegen ...
alles ['aləs] alles
allochtoon [alɔχ'ton] Ausländer/in
all-risk [al'rɪsk] Vollkasko
als [als] wenn, wie *(Vergleich)*
altijd ['altɛit] immer
aluminiumfolie [aly'minijəmfoli] Alufolie
amandelen *pl* [a'mandələn] Mandeln
ambassade [amba'sadə] Botschaft *(dipl. Vertretung)*
amusement *n* [amyzə'mɛnt] Unterhaltung *(Vergnügen)*
amuseren, zich ~ ['zɪχ amy'ze:rən] s. amüsieren
ananas ['ananas] Ananas
andere ['andərə] andere
anders (dan) ['andərs (dan)] anders (als)
angst [aŋst] Angst
annuleren [any'le:rən] stornieren *(Fahr-, Flugkarten)*
ansicht ['anzɪχt] Ansichtskarte
ansjovis [an'ʃovɪs] Sardellen
antibioticum *n* [antibi'jotikœm] Antibiotikum
antiek [an'tik] antik

antiekwinkel [an'tikwɪŋkəl] Antiquitätengeschäft
antivries [anti'vris] Frostschutzmittel
antwoordapparaat *n* ['antwo:rtaparat] Anrufbeantworter
antwoorden ['antwo:rdən] antworten
apotheek [apo'tek] Apotheke
appartement *n* [apartə'mɛnt] Apartment, Studio
appels *pl* ['apəls] Äpfel
appelsap ['apəlsap] Apfelsaft
april [a'prɪl] April
aquarel *n* [akwa'rɛl] Aquarell
archeologie [arχejolo'χi] Archäologie
architect(e) [arχi'tɛkt(ə)] Architekt(in)
architectuur [arχitɛk'ty:r] Architektur
arm [ar(ə)m] Arm, arm
armband ['ar(ə)mbant] Armband
arresteren [arɛ'ste:rən] verhaften
artisjokken *pl* [arti'ʃɔkən] Artischocken
as [as] Achse
asbak ['asbak] Aschenbecher
asperge [as'pɛrʒə] Spargel
aspirine [aspi'rinə] Aspirin®
atletiek [atle'tik] Leichtathletik
attest *n* [a'tɛst] Attest
attractiepark *n* [a'traksipark] Freizeitpark
aubergines *pl* [obɛr'ʒinəs] Auberginen
augurk [au'χœr(ə)k] (Gewürz-)Gurke
augustus [au'χœstəs] August
auto ['auto/'oto] Auto
autoband ['autobant] Autoreifen
autodek *n* ['autodɛk] Autodeck
automaat [auto'mat] Automat
automatisch [auto'matis] automatisch
automatische deur [auto'matisə dœ:r] automatische Tür
automatische deuropener [auto'matisə 'dø:ropənɪŋ] automatische Türöffnung
automatische versnelling [auto'matisə vər'snɛlɪŋ] Automatik(getriebe)
automobilist(e) [automobi'lɪst(ə)] Autofahrer(in)
autoradio ['autoradijo] Autoradio
autorijden ['autorɛidən] ‹reed, gereden› Auto fahren
autosnelweg [auto'snɛlwɛχ] Autobahn

avocado [avo'kado] Avocado
avond ['avɔnt] Abend
avondeten *n* ['avɔntetən] Abendessen
avondkleding ['avɔntkledɪŋ] Abendgarderobe
azijn [a'zɛin] Essig

B

baard [ba:rt] Bart
baars [ba:rs] Barsch
baby ['bebi] Baby
babyfoon [bebi'fon] Babyfon®
babyvoeding ['bebivudɪŋ] Babynahrung
bad *n* ['bat] Badewanne
badhanddoek ['bathanduk] Badetuch
badjas ['batjas] Bademantel
badkamer ['batkamər] Badezimmer
badmeester ['batmestər] Bademeister
badminton *n* ['bɛtmɪntɔn] Badminton, Federball *(Sport)*
badmuts ['batmœts] Bademütze
badpak *n* ['batpak] Badeanzug
badplaats ['batplats] Badeort
badslippers *pl* ['batslɪpərs] Badeschuhe
bagage [ba'χaʒə] Gepäck
bagagedepot *n* [ba'χaʒədepo] Gepäckaufbewahrung
bagagekarretje *n* [ba'χaʒəkarətjə] Gepäckwagen
bagagekluis [ba'χaʒəklœys] Schließfach
bagageloket *n* [ba'χaʒəlo'kɛt] Gepäckschalter
bakkebaarden *pl* ['bakə-ba:rdən] Koteletten
bakkerij [bakə'rɛi] Bäckerei
baksteen ['baksten] Backstein
bal [bal] Ball *(Tanzfest)*
balkon *n* [bal'kɔn] Balkon
ballet *n* [ba'lɛt] Ballett
balpen ['balpɛn] Kugelschreiber
bananen *pl* [ba'nanən] Bananen
band [bant] Band, Reifen
band [bɛnt] Band *(Musik)*
bang zijn voor ['baŋ zɛin vo:r] ‹was/waren, geweest› s. fürchten vor
bank [baŋk] Bank
bankbiljet *n* ['baŋgbɪljɛt] Geldschein
banketbakker [baŋ'kɛdbakər] Konditorei
bankrekening ['baŋkrekənɪŋ] Konto
bar [bar] Bar

barok [ba'rɔk] Barock
basilicum [ba'zilikœm] Basilikum
basketbal *n* ['baskətbal] Basketball
batterij [batə'rɛi] Batterie
batterijlader [batə'rɛiladər] Ladegerät
beantwoorden [bə'antwo:rdən] beantworten
bed *n* [bɛt] Bett
beddengoed *n* ['bɛdə(n)χut] Bettwäsche
bediening [bə'dinɪŋ] Bedienung
bedoelen [bə'dulən] meinen (jdn/etw)
bedorven [be'dɔrvən] verdorben (Ware, Urlaub)
bedrag *n* [bə'draχ] Betrag
bedrieger [bə'driχər] Schwindler
bedrog *n* [bə'drɔχ] Betrug
beeldhouwer ['belthauər] Bildhauer
been *n* [ben] Bein
begane grond [bə'χanə χrɔnt] Erdgeschoss
begeleiden [bəχə'lɛidən] begleiten
begeleider [bəχə'lɛidər] Begleitperson
begin *n* [bə'χɪn] Anfang
beginnen [bə'χɪnən] ‹begon, is begonnen› anfangen
begrijpen [bə'χrɛipən] ‹begreep, begrepen› verstehen *(inhaltlich)*
begroeten [bə'χrutən] begrüßen
behalve [bə'halvə] außer
behandelen [bə'handələn] behandeln
beide ['bɛidə] beide
bekend [bə'kɛnt] bekannt
beker ['bekər] Becher
bekeuring [bə'kø:rɪŋ] Bußgeld
bekkengordel ['bɛkə(n)χɔrdəl] Nierengurt
bel [bɛl] Klingel
belachelijk [bə'laχələk] lächerlich
belangrijk [bə'laŋrɛik] wichtig
belediging [bə'ledəχɪŋ] Beleidigung
beleefd [bə'left] höflich
belegd broodje *n* [bə'lɛχt 'brotjə] belegtes Brötchen
Belg/Belgische [bɛl(ə)χ/'bɛlχisə] Belgier/in
België ['bɛlχijə] Belgien
bellen ['bɛlən] anrufen, telefonieren
beloning [bə'lonɪŋ] Belohnung
beloven [bə'lovən] versprechen

bemanning [bə'manɪŋ] Mannschaft *(Schiff)*
benaming [bə'namɪŋ] Bezeichnung
benauwd [bə'naut] schwül
beneden [bə'nedən] unten
benzinemeter [bɛn'zinəmetər] Benzinuhr
bepaald [bə'palt] bestimmt
(toe)bereiden [bə'rɛidən/'tubərɛidən] zubereiten
bereiken [bə'rɛikən] erreichen
berekenen [bə'rekənən] berechnen
bericht *n* [bə'rɪχt] Nachricht
beroemd [bə'rumt] berühmt
beroep *n* [bə'rup] Beruf
beschadigen [bə'sχadəχən] beschädigen
beschermingsfactor [bə'sχɛrmɪŋs'faktɔr] Lichtschutzfaktor
beschrijven [bə'sχrɛivən] ‹beschreef, beschreven› beschreiben
beslissen [bə'slɪsən] entscheiden
besluiten [bə'slœytən] ‹besloot, besloten› beschließen, s. entschließen
besmettelijk [bə'smɛtələk] ansteckend *(Krankheit)*
bespoten [bə'spotən] gespritzt
bestaan uit [bə'stan œyt] ‹bestond, bestaan› bestehen aus
best doen, zijn/haar ~ doen [zɛin/ha:r bɛst dun] ‹deed, gedaan› s. Mühe geben
beste [bɛstə] beste(r, -s)
bestek *n* [bə'stɛk] Besteck
bestelling [bə'stɛlɪŋ] Bestellung
besturen [bəsty:rən] fahren, lenken
bestuur *n* [bə'sty:r] Verwaltung *(Leitung)*
betaalpasje *n* [bə'talpaʃə] Scheckkarte
betalen [bə'talən] bezahlen
betaling [bə'talɪŋ] Zahlung
betekenis [bə'tekənɪs] Bedeutung
beter ['betər] besser
betoverend [bə'tovərənt] bezaubernd
betreuren [bə'trø:rən] bedauern (etw)
betrouwbaar [bə'trauba:r] zuverlässig
beurs [bø:rs] Messe
bevallen [bə'valən] ‹beviel, bevallen› gefallen
bevatten [bə'vatən] enthalten
bevestigen [bə'vɛstəχən] bestätigen

bevinden, zich ~ [zɪχ bəˈvɪndən] ‹bevond, bevonden› s. befinden
bevriend [bəˈvrint] befreundet
bewaken [bəˈwakən] bewachen
bewaren [bəˈwa:rən] aufbewahren
beweren [bəˈwe:rən] behaupten
bewijs *n* [bəˈwɛis] Beweis
bewolkt [bəˈwɔl(ə)kt] bewölkt
bewusteloos [bəˈwœstəlos] bewusstlos
bezeren [bəˈze:rən] verletzen
bezet [bəˈzɛt] besetzt *(WC)*
bezichtigen [bəˈzɪχtəχən] s. ansehen *(Gebäude usw.)*, besichtigen
bezichtiging [bəˈzɪχtəχɪŋ] Besichtigung
bezienswaardigheden *pl* [bəzinsˈwa:rdəχhedən] Sehenswürdigkeiten
bezoek *n* [bəˈzuk] Besuch
bezoeken [bəˈzukən] ‹bezocht, bezocht› jdn besuchen
bezorgen [bəˈzɔrχən] besorgen
bh [beˈha] BH
bibliotheek [biblijoˈtek] Bibliothek
bidet *n* [biˈdɛ(t)] Bidet
bieden [ˈbidən] ‹bood, geboden› bieten
bier *n* [bi:r] Bier
bieslook [ˈbislok] Schnittlauch
bij [bɛi] bei *(örtlich)*
bij voorbaat [bɛi ˈvo:rbat] im Voraus *(Dank)*
bijkomen [ˈbɛikomən] ‹kwam bij, bijgekomen› s. erholen
bijna [ˈbɛina] fast
bijten [ˈbɛitən] ‹beet, gebeten› beißen
bijtijds [bɛiˈtɛits] *adv* rechtzeitig
bijvoorbeeld [bɛiˈvo:rbelt] zum Beispiel
bijzonder [biˈzɔndər] *adj* Sonder...
bikini [biˈkini] Bikini
bingoavond [ˈbɪŋχoavɔnt] Bingoabend
binnen [ˈbɪnən] drin, drinnen
binnen! [ˈbɪnən] herein!
binnenband [ˈbɪnə(n)bant] Schlauch *(Reifen)*
binnenkomen [ˈbɪnə(n)komən] ‹kwam/kwamen binnen, binnengekomen› hereinkommen
binnenplaats [ˈbɪnə(n)plats] Innenhof
binnenplaats [ˈbɪnə(n)plats] Hof, Platz
bioscoop [bijɔˈskop] Kino
biowinkel [ˈbijowɪŋkəl] Bioladen

bitter [ˈbɪtər] bitter
blaar [blar] Hautblase
blaas [blaːs] Harnblase
blad *n* [blɑt] Blatt
bladzijde [ˈblɑtsɛidə] Seite *(zum Lesen)*
blauw [blɑu] blau
blazer [ˈblezər] Blazer
bleek [blek] bleich
blij (met) [blɛi (mɛt)] erfreut (über)
blij [blɛi] froh
blijven [ˈblɛivən] ‹bleef, gebleven› bleiben
blik [blɪk] Blick
blik *n* [blɪk] Dose *(Konserven)*
blikopener [ˈblɪkopənər] Dosenöffner
bliksem [ˈblɪksəm] Blitz
blinde [ˈblɪndə] Blinde/r
blindedarm [blɪndəˈdɑr(ə)m] Blinddarm
bloed *n* [blut] Blut
bloeddruk [ˈbludrœk] Blutdruck
bloeden [ˈbludən] bluten
bloedgroep [ˈblutχrup] Blutgruppe
bloeding [ˈbludɪŋ] Blutung
bloedneus [ˈblutnøs] Nasenbluten
bloedvergiftiging [ˈblutfərχɪftəχɪŋ] Blutvergiftung
bloeien [ˈblujən] blühen
bloeiperiode [ˈblujperijodə] Blütezeit
bloem [blum] Blume
bloembollen *pl* [ˈblumbɔlən] Blumenzwiebeln
bloemenzaak [ˈbluməzak] Blumengeschäft
bloemkool [ˈblumkol] Blumenkohl
bloes [blus] Bluse
blond [blɔnt] blond
bocht [bɔχt] Kurve
bodem [ˈbodəm] Boden
boek *n* [buk] Buch
boekdrukkunst [ˈbugdrœkœnst] Buchdruck
boeken [ˈbukən] buchen *(Platz)*
boekhandel [ˈbukhɑndəl] Buchhandlung
boeking [bukɪŋ] Buchung
boerderij [buːrdəˈrɛi] Bauernhof
boete [ˈbutə] (Geld)Strafe
boetiek [buˈtik] Boutique
bokking [ˈbɔkɪŋ] Bückling
bonbons *pl* [bɔmˈbɔns, bɔ̃ˈbɔ̃] Pralinen
bonen *pl* [ˈbonən] Bohnen
bonnetje *n* [ˈbɔnətjə] Kassenbeleg
boodschappen doen [ˈbotsχɑpən dun] ‹deed, gedaan› einkaufen

boodschappen *pl* ['botsχapən] Einkäufe
boodschappentas ['botsχapə(n) tas] Einkaufstasche
boom [bom] Baum
boos [bos] böse
bootverhuur Bootvermietung
bord *n* [bɔrt] (Hinweis)Schild, Teller
borgsom ['bɔrχsɔm] Kaution
borst [bɔrst] Brust
borstel ['bɔrstəl] Bürste
bos [bɔs] Strauß *(Blumen)*
bos *n* [bɔs] Wald
bot *n* [bɔt] Knochen
botbreuk ['bɔdbrøk] Knochenbruch
boter ['botər] Butter
botsing ['bɔtsɪŋ] Zusammenstoß
bougie [bu'ʒi] Zündkerze
bouillon [bul'jɔn] Brühe
bouillonblokjes *pl* [bul'jɔnblɔkjəs] Brühwürfel
bouwwerk *n* ['bauwɛrk] Bauwerk
boven ['bovən] oben
bovendien [bovən'din] außerdem
braakneiging ['braknɛiχɪŋ] Brechreiz
bramen *pl* ['bramən] Brombeeren
brand [brant] Brand
brand! [brant] Feuer! *(Ausruf)*
brandalarm *n* ['brantalar(ə)m] Feuermelder
brandbaar ['brandba:r] feuergefährlich
brandblusser ['brandblœsər] Feuerlöscher
branden ['brandən] brennen
brandspiritus ['brantspiritəs] Brennspiritus
brandweer ['brantwe:r] Feuerwehr
brandzalf ['brantsal(ə)f] Brandsalbe
breed [bret] breit
breedte ['bretə] Breite
brengen ['brɛŋən] ‹bracht, gebracht› bringen
breuk [brøk] Bruch
brief [brif] Brief
briefkaart ['brifka:rt] Postkarte
briefpapier *n* ['brifpapi:r] Briefpapier
brievenbus ['brivə(n)bəs] Briefkasten
broek [bruk] Hose
broer [bru:r] Bruder
bronchitis [brɔŋ'χitəs] Bronchitis
brood *n* [brot] Brot
broodje *n* ['brotjə] Brötchen

broodrooster *n* ['brotrostər] Toaster
brug [brœχ] Brücke
bruiloft ['brœylɔft] Hochzeit *(Feier)*
bruin [brœyn] braun
bruinbrood *n* ['brœynbrot] Graubrot
buik [bœyk] Bauch
buiten ['bœytən] außen, außerhalb, draußen
buitenband ['bœytə(n)bɑnt] Mantel *(Reifen)*
buitengewoon [bœytəy(n) χə'won] außergewöhnlich
buitenland *n* ['bœytə(n)lɑnt] Ausland
buitenlands ['bœytə(n)lɑnts] ausländisch
buitenwijk ['bœytə(n)wɛik] Vorort
bumper ['bœmpər] Stoßstange
bungalow ['bœŋχalo] Bungalow
burcht [bœr(ə)χt] Burg
bureau *n* [by'ro] Büro *(Amt)*
bureau gevonden voorwerpen *n* [by'ro χə'vɔndən 'vo:rwɛrpən] Fundbüro
burgerlijk ['bœrχərlək] bürgerlich
burgerlijke staat ['bœrχərləkə 'stat] Familienstand
bus [bœs] Bus
busstation *n* ['bœsta(t)ʃɔn] Busbahnhof
buurman/buurvrouw ['by:rman/ 'by:rvrau] Nachbar/in

C

cabaret *n* [kaba'rɛt] Kabarett
cadeau *n* [ka'do] Geschenk
café *n* [ka'fe] Café *(mit Alkoholausschank)*
cafeïnevrije koffie [kafe'jinəvrɛijə 'kɔfi] koffeinfreier Kaffee
camper ['kɛmpər] Wohnmobil
camping ['kɛmpɪŋ] Camping
campinggids ['kɛmpɪŋχɪts] Campingführer
caravan ['kɛrəvɛn] Wohnwagen
carnaval *n* ['kɑrnavɑl] Karneval
cent [sɛnt] Cent
centimeter ['sɛntimetər] Zentimeter
centraal [sɛn'tral] zentral
centraal (station) (CS) *n* [sɛn'tral (sta(t)'ʃɔn)] Hauptbahnhof
centrale verwarming [sɛn'tralə vər'wɑrmɪŋ] Zentralheizung
centrum *n* ['sɛntrəm] ‹centra› Stadtzentrum, Zentrum
champagne [ʃɑm'pɑnjə] Champagner

change [tʃens] Geldwechsel *(auf Schildern)*
chauffeur [ʃo'føːr] Fahrer/in
chef [ʃɛf] Chef
chemisch reinigen ['χemis 'rɛinəχən] chemisch reinigen
cheque [ʃɛk] Scheck
chili ['ʃili] Chili
chocola [ʃoko'la] Schokolade
chocoladereep [ʃoko'ladərep] Schokoriegel
christendom *n* ['krɪstə(n)dɔm] Christentum
circus *n* ['sɪrkəs] Zirkus
citroen [si'trun] Zitrone
claxon ['klaksɔn] Hupe
collect-call [kɔ'lɛktkɔl] R-Gespräch
collega [kɔ'leχa] Kollege/Kollegin
comfortabel [kɔmfɔr'tabəl] bequem
commode [kɔ'modə] Wickeltisch
componist/componiste [kɔmpo'nɪst(ə)] Komponist/in
concert *n* [kɔn'sɛrt] Konzert
conditietraining [kɔn'di(t)sitrenɪŋ] Konditionstraining
condoom *n* [kɔn'dom] Kondom
conducteur/conductrice [kɔndək'tøːr/kɔndək'trisə] Schaffner/in, Zugbegleiter/in
conserven *pl* [kɔn'zɛrvən] Konserven
consulaat *n* [kɔnsy'lat] Konsulat
contact *n* [kɔn'takt] Kontakt
contactsleuteltje *n* [kɔn'taktsløtəltjə] Zündschlüssel
contant [kɔn'tant] bar
contant betalen [kɔn'tant bə'talən] bar zahlen
contant geld *n* [kɔn'tant 'χɛlt] Bargeld
contract *n* [kɔn'trakt] Vertrag *(Arbeits-, Miet-)*
controleren [kɔntro'leːrən] kontrollieren
controleur/controleuse [kɔntro'løːr/kɔntro'løzə] Kontrolleur/in
coupé [ku'pe] (Zug)Abteil
couvert *n* [ku'vɛːr] Gedeck
creatief [kreja'tif] kreativ
creditcard ['krɛdɪtkart] Kreditkarte
crème [krɛːm] Creme
cruise [kruːs] Kreuzfahrt
cultuur [kœl'tyːr] Kultur
cursus ['kœrzəs] Kurs

D

daar [daːr] da *(dort)*
daarna [daːr'na] danach
daarom ['daːrɔm] deshalb
dadelijk ['dadələk] *adv* gleich, sofort
dag [dɑχ] Tag
dag van aankomst [dɑχ van 'aŋkɔmst] Anreisetag
dagelijks ['daχələks] täglich
dagje er-op-uit *n* ['dɑχjə ɛrɔp'œyt] Tagesausflug
dagkaart [dɑχkaːrt] Tageskarte
dagschotel ['dɑχsχotəl] Tagesgericht
dak *n* [dɑk] ‹daken› Dach
dames *pl* ['daməs] Damen
dan [dɑn] als *(Vergleich)*, dann
(be)danken [(bə)'dɑŋkən] danken
dans [dɑns] Tanz
dansen ['dɑnsən] tanzen
danstheater ['dɑnstejatər] Tanztheater
darm [dɑr(ə)m] Darm
das [dɑs] Krawatte
dat [dɑt] dass
dat boven ['bovən] über
dat (daar) [dɑt (daːr)] jene(r, -s)
dat in [ɪn] in
datum ['datəm] Datum
december [de'zɛmbər] Dezember
deel *n* [del] Teil
deelnemen (aan) ['delnemən (an)] ‹nam/namen deel, deelgenomen› teilnehmen (an)
defect *n* [de'fɛkt] Defekt
definitief [defini'tif] *adj/adv* endgültig
deftig ['dɛftəχ] vornehm
dek *n* [dɛk] Deck
delen ['delən] teilen
delicatessenzaak [delika'tɛsə(n) zaːk] Feinkostgeschäft
denken aan [dɛŋkən an] ‹dacht, gedacht› denken an
deodorant [dejodo'rɑnt] Deo(dorant)
deponeren [depo'neːrən] hinterlegen
derde ['dɛrdə] dritte(r, -s)
desinfecteren [dɛsɪnfɛk'teːrən] desinfizieren
desinfecterend middel *n* [dɛsɪnfɛk'teːrənt 'mɪdəl] Desinfektionsmittel
deur [døːr] Tür
deurcode ['døːrkodə] Türcode
deze ['dezə] diese(r, -s)
deze week [dezə 'wek] diese Woche

diabeticus [dija'betikəs] Diabetiker
diagnose [dija'χnozə] Diagnose
diarree [dija're] Durchfall
dicht [dɪχt] zu, geschlossen)
dichtbij [dɪχ(t)'bɛi] nah, nahe
dichtstbijzijnde [dɪχtsbɛi'zɛində] nächs-te(r, -s) *(räumlich)*
die (daar) [di (da:r)] jene(r, -s)
dieet *n* [di'jet] Diät
dief [dif] Dieb
diefstal ['difstɑl] Diebstahl
dienstregeling ['dinstreχəlɪŋ] Fahrplan
diep [dip] tief
dier *n* [di:r] Tier
dierentuin ['di:rə(n)tœyn] Zoo
digitale camera *n* ['diχitalə 'kamərа] Digitalkamera
dijk [dɛik] Deich
dik [dɪk] dick
dille ['dɪlə] Dill
ding *n* [dɪŋ] Ding
dinsdag ['dɪnzdɑχ] Dienstag
direct [di'rɛkt] direkt, sofort
directie [di'rɛksi] Direktion
dirigent(e) [diri'χɛnt(ə)] Dirigent(in)
dit [dɪt] *(bei het-Wörtern)* diese(r, -s)
dochter ['dɔχtər] Tochter
doehetzelven [duhɛt'zɛlvən] heimwerken
doek [duk] Tuch
doen [dun] ‹deed, gedaan› machen, tun
dom [dɔm] blöd(e), Dom, dumm
donder ['dɔndər] Donner
donderdag ['dɔndərdɑχ] Donnerstag
donkerblauw [dɔŋkər'blɑu] dunkelblau
donkergroen [dɔŋkər'χrun] dunkelgrün
dood [dot] Tod, tot
doof [dof] gehörlos, taub
door [do:r] durch, von *(Passiv)*
door de week [do:r də 'wek] wochentags
doorbakken [do:r'bɑkən] durchgebraten
doorbrengen ['do:rbrɛŋən] ‹bracht door, doorgebracht› verbringen *(Zeit)*
doorgaande coupé ['do:rχandə ku'pe] Großraumwagen *(Zug)*
dorp *n* [dɔr(ə)p] Dorf
dorstig [dɔrstəχ] durstig
douane [du'wanə] Zoll
douche [duʃ] Dusche
douchegordijn *n* ['duʃχɔrdɛin] Duschvorhang

douchekop ['duʃkɔp] Brausenkopf
draad [drat] Draht
dragen ['draχən] ‹droeg, gedragen› tragen
dragon [dra'χɔn] Estragon
drama *n* ['drama] Drama
drankje *n* [draŋk] Getränk
drempel ['drɛmpəl] Türschwelle
dressing ['drɛsɪŋ] Dressing
dringend ['drɪŋənt] dringend
drinken ['drɪŋkən] ‹dronk, gedronken› trinken
drinkfles ['drɪŋkflɛs] Trinkflasche
drinkwater *n* ['drɪŋkwatər] Trinkwasser
drogen ['droχən] trocknen
drogisterij [droχɪstə'rɛi] Drogerie
drogisterij-artikelen *pl* [droχɪstə'rɛiartikələn] Drogerieartikel
dronken [drɔŋkən] betrunken
droog [droχ] trocken
droogdoek ['droχduk] Geschirrtuch
droogtrommel ['droχtrɔməl] Wäschetrockner
droom [drom] Traum
drop [drɔp] Lakritz
drugs *pl* [drœks] Rauschgift
druivensuiker ['drœyvə(n) sœykər] Traubenzucker
druk [drœk] lebhaft
druppels *pl* ['drœpəls] Tropfen
dubbel ['dœbəl] doppelt
duidelijk ['dœydələk] deutlich
duikbril ['dœygbrɪl] Taucherbrille
duiken ['dœykən] ‹dook, gedoken› tauchen
duinen *pl* ['dœynən] Dünen
Duits [dœyts] deutsch
Duitser/Duitse ['dœytsə(r)] der/die Deutsche
Duitsland ['dœytslɑnt] Deutschland
duizelig ['dœyzələχ] schwindlig
dun [dœn] dünn
duren ['dyrən] dauern
durven ['dœrvən] wagen
dus [dœs] also
duur [dy:r] Dauer, teuer
DVD [deve'de] DVD
dwars door [dwɑrs do:r] quer durch
dwingen ['dwɪŋən] ‹dwong, gedwongen› zwingen
dynamo [di'namo] Lichtmaschine

E

eb *n* [ɛp] Ebbe
echoscopie [ɛχosko'pi] Ultraschalluntersuchung
echt [ɛχt] echt
een [en] ein(e) *(Zahl)*
een *art* [ən] ein(e)
één [en] ein(e)
een beetje [ən 'betjə] ein bisschen
een beetje (van) [ən 'betjə (van)] ein wenig (von)
een hoop [ən 'hop] eine Menge
een paar [ən 'pa:r] ein paar
een wandeling maken [ən 'wandəlɪŋ 'makən] spazieren gehen
een week verlenging [ən 'wek vər'lɛŋɪŋ] Verlängerungswoche
eennalaatst ['enalatst] vorletzte(r, -s)
eens [ens] einmal
eenvoudig [en'vaudəχ] einfach
eenzaam ['enzam] einsam
eergisteren [e:r'χɪstərən] vorgestern
eerst [e:rst] (zu)erst, zuerst
eerst(e) ['e:rst(ə)] erste(r, -s)
eerste hulp [e:rstə 'hœl(ə)p] erste Hilfe
eerste versnelling ['e:rstə vər'snɛlɪŋ] erster Gang
eetbaar ['edba:r] essbar
eetlust ['etlœst] Appetit
eetzaal ['etsal] Speisesaal
eeuw [ew] Jahrhundert
EHBO [ehabe'o] erste Hilfe *(Abkürzung)*
eieren *pl* ['ɛijərən] Eier
eigen [ɛiχən] eigen
eigenaar (eigenares) ['ɛiχəna:r/ ɛiχəna'rɛs] Eigentümer(in), Besitzer(in)
eigengemaakt ['ɛiχə(n)χə'makt] hausgemacht
eigenlijk ['ɛiχə(n)lək] *adj/adv* eigentlich
eiland *n* ['ɛilant] Insel
einde *n* ['ɛində] Ende
eindelijk ['ɛindələk] endlich
eindhalte ['ɛinthaltə] Endstation
eindigen ['ɛindəχən] enden
eindschoonmaak ['ɛintsχonmak] Endreinigung
eisen ['ɛisən] verlangen *(fordern)*
elastisch verband *n* [e'lastis vər'bant] Elastikbinde
elektrisch [e'lɛktris] elektrisch
elektrisch fornuis *n* [e'lɛktris fɔr'nœys] Elektroherd

elektrische rolstoel [eˈlɛktrisə rɔlstul] Elektrorollstuhl
elftal *n* [ˈɛl(ə)ftɑl] Mannschaft *(Fußball)*
elk(e) [ɛl(ə)k/ˈɛl(ə)kə] jeder
en [ɛn] und
Engels [ˈɛŋəls] englisch
enig [ˈɛnəχ] einzig
enkel [ˈɛŋkəl] Knöchel
enkele [ˈɛŋkələ] einige
enthousiast (over) [ɛntuˈʒɑst (ˈovər)] begeistert (von)
entrée [ɑnˈtre] Eintritt
envelop [ɛmvəˈlɔp] Briefumschlag
er is [ɛr ˈɪs] *sg* es gibt
er zijn [ɛr ˈzɛin] *pl* es gibt
erg [ɛr(ə)χ] schlimm, sehr
ergens anders [ˈɛrχəns ˈɑndərs] anderswo
ergeren over, zich ~ [zɪχ ˈɛrχərən ˈovər] s. ärgern über
ernstig [ˈɛrnstəχ] ernst, schwer *(Krankheit)*
ervaren [ɛrˈvaːrən] ‹ervoer, ervaren› erfahren
ervoor/ertegen zijn [ɛrˈvoːr/ ˈteχən zɛin] ‹was/waren, geweest› dafür/dagegen sein
erwten *pl* [ˈɛrtən] Erbsen
etalage [etaˈlaʒə] Schaufenster
eten [ˈetən] ‹at/aten, gegeten› essen
ets [ɛts] Radierung
etter [ˈɛtər] Eiter
EU-onderdaan [eˈyɔndərdan] EU-Bürger
euro [ˈøːro] Euro
Europa [øˈropa] Europa
Europees [øroˈpes] europäisch
evenement *n* [evənəˈmɛnt] Veranstaltung
expres [ɛksˈprɛs] extra *(mit Absicht)*
extra [ˈɛkstra] extra, zusätzlich
extra kosten *pl* [ˈɛkstra ˈkɔstən] Nebenkosten

F

fabriek [faˈbrik] Fabrik
familie [faˈmili] Familie *(Verwandtschaft)*
familienaam [faˈmilinam] Familienname
fantastisch [fɑnˈtɑstis] wunderbar
februari [febryˈwaːri] Februar
feest *n* [fest] Fest
feit *n* [ˈfɛit] Tatsache
felicitatie [felisiˈtatsi] Glückwunsch

feliciteren [felisi'te:rən] gratulieren
festival *n* ['fɛstivɑl] Festival
fiets [fits] Fahrrad
fietsen ['fitsən] Fahrrad fahren, Rad fahren
fietshelm ['fitshɛlm] Fahrradhelm
fietspad *n* ['fitspɑt] Fahrradweg
fietstocht ['fitstɔχt] Fahrradtour, Radtour
fietsverhuur ['fitsvərhy:r] Fahrradvermietung
fijn [fɛin] angenehm, fein
file ['filə] Stau
film [fɪl(ə)m] Film
filmhuis *n* ['fɪlmhœys] Programmkino
firma [fɪrma] Firma
flauw vallen ['flɑu 'vɑlən] ‹viel, gevallen› ohnmächtig werden
fles [flɛs] Flasche
flesopener ['flɛsopənər] Flaschenöffner
flessenwarmer ['flɛsə(n)wɑrmər] Fläschchenwärmer
flitser ['flɪtsər] Blitzgerät
föhn [føn] Föhn
föhnen ['fønən] föhnen
folder [fɔldər] Prospekt
folkloremarkt [fɔl'klo:rəmɑr(ə)kt] Folkloremarkt
fontein [fɔn'tɛin] Brunnen, Springbrunnen
fonteintje *n* [fɔn'tɛintjə] Handwaschbecken
fooi [foj] Trinkgeld
fopspeen ['fɔpspen] Schnuller
formulier *n* [fɔrmy'li:r] Formular, Vordruck
fornuis *n* [fɔr'nœys] Herd
fort *n* [fɔrt] Fort
foto ['foto] Bild *(Foto)*
fotoboek *n* ['fotobuk] Bilderbuch
fotograferen [fotoχra'fe:rən] fotografieren
fototoestel *n* ['fototustɛl] Fotoapparat
fotozaak ['fotozak] Fotogeschäft
fout [fɑut] falsch, Fehler
frankeren [frɑŋ'ke:rən] frankieren
fris [frɪs] frisch *(kühl)*
fruit *n* [frœyt] Obst
functioneren [fœŋkʃo'ne:rən] funktionieren

G

gaan [χan] ‹ging, gegaan› gehen
gaan liggen [χan 'lɪχən] s. hinlegen
gaan zitten [χan 'zɪtən] s. setzen
gaar [χaːr] gar *(Essen)*
garage [χa'raʒə] Garage, Werkstatt
garantie [χa'ran(t)si] Garantie
garderobe [χardə'rɔːbə] Garderobe
garnalen *pl* [χar'nalən] Garnelen, Krabben
gasfles ['χasflɛs] Gasflasche
gasfornuis *n* ['χasfɔrnœys] Gasherd
gaspedaal *n* ['χaspeda'l] Gaspedal
gasstel *n* ['χastɛl] Gaskocher
gast [χast] Gast
gastankje *n* [χastɛŋkjə] Gaskartusche
gastheer/-vrouw ['χastheːr/frau] Gastgeber/in
gastvrijheid [χast'frɛihɛit] Gastfreundschaft
gat *n* [χat] ‹gaten› Loch
gauw [χau] bald
gebak *n* [χə'bak] Gebäck
gebeuren [χə'bøːrən] s. ereignen, geschehen
gebeurtenis [χə'bøːrtənɪs] Ereignis
geboortedatum [χə'boːrtədatəm] Geburtsdatum
geboortenaam [χə'boːrtənam] Geburtsname
geboorteplaats [χə'boːrtəplats] Geburtsort
geboren [χə'boːrən] geboren
gebouw *n* [χə'bau] Gebäude
gebrek *n* [χə'brɛk] Fehler, Mangel
gebroken [χə'brokən] gebrochen
gebruikelijk [χə'brœykələk] gebräuchlich, üblich
gebruiken [χə'brœykən] benutzen, verwenden
geduld *n* [χə'dœlt] Geduld
geel [χel] gelb
geen [χen] kein
geestelijk gehandicapt ['χestələk χə'hɛndikɛpt] geistig behindert
gefriteerd [χəfri'teːrt] frittiert
gegratineerd [χəχrati'neːrt] überbacken
gehakt *n* [χə'hakt] Hackfleisch
geïllustreerd blad *n* [χəilys'treːrd 'blat] Illustrierte

geitenkaas [ˈχɛitə(n)kas] Ziegenkäse
gek [χɛk] verrückt
gekleurd [χəˈkløːrt] bunt, farbig
gekookte ham [χəˈkoktə hɑm] gekochter Schinken
geld *n* [χɛlt] Geld
geldautomaat [ˈχɛltɑutomat] Geldautomat
gelden [ˈχɛldən] ‹gold, gegolden› gelten
geldig [ˈχɛldəχ] gültig
geleden [χəˈledən] vor *(in der Vergangenheit)*
gelegenheid [χəˈleχənhɛit] Gelegenheit
geleidehond [χəˈlɛidəhɔnt] Blindenhund
gelijk [χəˈlɛik] *adj* gleich
gelijk hebben [χəˈlɛik ˈhɛbən] ‹had, gehad› Recht haben
gelijktijdig [χəlɛikˈtɛidəχ] gleichzeitig
gelijkvloers [χəlɛikˈvluːrs] ebenerdig
geloven [χəˈlovən] glauben
geluid *n* [χəˈlœyt] Geräusch
geluk *n* [χəˈlœk] Glück
gelukkig [χəˈlœkəχ] glücklich
gemakkelijk [χəˈmɑkələk] leicht *(einfach)*
gember [ˈχɛmbər] Ingwer
gemeenschappelijk [χəˈmen-ˈsχɑpələk] *adj/adv* gemeinsam
gemengd [χəˈmɛŋt] gemischt
gemiddeld [χəˈmɪdəlt] *adj/adv* durchschnittlich
geneesmiddel *n* [χəˈnesmɪdəl] Medikament
genieten [χəˈnitən] ‹genoot, genoten› genießen
genoeg [χəˈnuχ] genug
genoeg zijn [χəˈnuχ sɛin] ‹was/waren, geweest› (aus)reichen
genoegen *n* [χəˈnuχən] Vergnügen
geopend [χəˈopənt] geöffnet
gerecht *n* [χəˈrɛχt] Gericht *(Essen)*
gereduceerd tarief *n* [χəredyˈseːrt tarif] Rabatttarif
gereed [χəˈret] bereit
gereedschap *n* [χəˈretsχɑp] Werkzeug
gerookt [χəˈrokt] geräuchert
geschiedenis [χəˈsχidənɪs] Geschichte
gesloten [χəˈslotən] geschlossen
gesneden kaas [χəˈsnedə(n) kas] Schnittkäse
gesneden vlees *n* [χəˈsnedən vles] Aufschnitt

gesprek [χə'sprɛk] Unterhaltung *(Gespräch)*
gesprek *n* [χə'sprɛk] Gespräch
getal *n* [χə'tɑl] Zahl *(Nummer)*
getrouwd (met) [χə'trauwt (mɛt)] verheiratet (mit)
getuige [χə'tœyχə] Zeuge/Zeugin
geur [χø:r] Geruch
gevaar *n* [χə'va:r] Gefahr
gevaarlijk [χə'va:rlək] gefährlich
gevangenis [χə'vɑŋənɪs] Gefängnis
gevarendriehoek [χə'va:rə(n) drihuk] Warndreieck
gevel ['χevəl] Giebel
geven ['χevən] ‹gaf, gegeven› geben
gevoel *n* [χə'vul] Gefühl
gewend zijn [χə'wɛnt sɛin] ‹was/waren, geweest› gewohnt sein
gewicht *n* [χə'wɪχt] Gewicht
gewonde [χə'wɔndə] der/die Verletzte
gewoonlijk [χə'wonlək] *adv* gewöhnlich
gewricht *n* [χə'wrɪχt] Gelenk
gezamenlijk [χə'zamə(n)lək] gemeinsam *(zusammen)*
gezellig [χə'zɛləχ] gemütlich
gezicht *n* [χə'zɪχt] Gesicht
gezin *n* [χə'zɪn] Familie *(Eltern u. Kinder)*
gezond [χə'zɔnt] gesund
gezwollen [χə'zwɔlən] geschwollen
gids [χɪts] Fremdenführer/in
giftig ['χɪftəχ] giftig
gisteren ['χɪstərən] gestern
glas *n* [χlɑs] Glas
gloeilamp ['χlujlɑmp] Glühbirne
God [χɔt] Gott
godsdienst ['χɔtsdinst] Religion
goed [χut] *adj/adv* gut
goedkoop [χut'kop] billig
golf *n* [χɔl(ə)f/gɔlf] Golf
golfclub ['χɔl(ə)fklœp] Golfclub
golfslagbad *n* ['χɔl(ə)fslɑχbɑt] Wellenbad
golfstick ['χɔlfstɪk] Golfschläger
gooien ['χojən] werfen
gordel ['χɔrdəl] Gürtel
gordel omdoen ['χɔrdəl 'ɔmdun] anschnallen *(Auto, Flugzeug)*
goud *n* [χaut] Gold
gouden gids ['χaudə(n) χɪts] Gelbe Seiten®
goudkleurig [χaut'klø:rəχ] goldfarben
graag [χraχ] gern
graat [χrat] Gräte
gracht [χrɑχt] Gracht
graf *n* [χrɑf] Grab

gram [χram] Gramm
grap [χrap] Witz
grapefruit [grepfrut] Grapefruit
grapje *n* [χrapjə] Spaß *(Scherz)*
grappig ['χrapəχ] lustig *(erheiternd)*
gratis [χratɪs] umsonst *(gratis)*
grens [χrɛns] Grenze
grensovergang ['χrɛnsovərχaŋ] Grenzübergang
griep [χrip] Grippe
grijs [χrɛis] grau
grillaansteker ['χrɪlanstekər] Grillanzünder
groeien ['χrujən] wachsen
groen [χrun] grün
groene bonen *pl* ['χrunə 'bonən] grüne Bohnen
groente [χruntə] Gemüse
groep [χrup] Gruppe
groeten ['χrutən] grüßen
groot [χrot] groß
groot licht *n* [χrot 'lɪχt] Fernlicht
grootmoeder ['χrotmudər] Großmutter
grootvader ['χrotfadər] Großvater
grot [χrɔt] Grotte, Höhle, Grotte
gymschoenen *pl* ['χɪmsχunən] Turnschuhe

H

haak [hak] Haken
haantje *n* ['hantjə] Hähnchen
haar *n* [haːr] Haar
haar [haːr] *poss prn sing* ihr
haarbandje *n* ['haːrbantjə] Haargummi
haarclips *pl* ['haːrklɪps] Haarklammern
haargel ['haːr(d)ʒɛl] Haargel
haarstukje *n* ['haːrstœkjə] Haarteil
haarversteviger ['haːrvər-stevəχər] Haarfestiger
haast hebben [hast 'hɛbən] ‹had, gehad› es eilig haben
haasten, zich ~ [zɪχ 'hastən] s. beeilen
haastig ['hastəχ] eilig
hak [hak] Absatz
halen ['halən] holen
half [hal(ə)f] *adj/adv* halb
halfpension *n* ['hal(ə)fpɛnʃɔn] Halbpension
hals [hals] Hals
halsdoek ['halzduk] Halstuch
halte ['haltə] Haltestelle
ham [ham] Schinken
hamer ['hamər] Hammer
hand [hant] Hand
handbal ['handbal] Handball *(Spiel)*

handcrème ['hantkrɛːm] Handcreme
handdoek ['handuk] Handtuch
handgas *n* ['hantχas] Handgas *(Auto)*
handgreep ['hantχrep] Haltegriff
handrem ['hantrɛm] Handbremse
handschoenen *pl* ['hantsχunən] Handschuhe
handtas ['hantas] Handtasche
handtekening ['hantekənɪŋ] Unterschrift
hard [hart] hart
haring ['haːrɪŋ] Hering
hart *n* [hart] Herz
hartaanval ['hartanval] Herzanfall
hartelijk ['hartələk] herzlich
hartinfarct *n* ['hartɪmfar(ə)kt] Herzinfarkt
hartklachten *pl* ['hartklaχtən] Herzbeschwerden
hartkloppingen *pl* ['hartklɔpɪŋən] Herzrasen
haven ['havən] Hafen
havenmeester ['havəmestər] Hafenmeister
havervlokken *pl* ['havərvlɔkən] Haferflocken
hebbedingetjes *pl* ['hɛbədɪŋətjəs] Nippes
hebben ['hɛbən] ‹had, gehad› haben
heel [hel] *adj/adv* ganz
heer [heːr] Herr
heerlijk ['heːrlək] herrlich
hees [hes] heiser
heet [het] heiß, scharf
hei [hɛi] Heide
heilig ['hɛiləχ] heilig
helaas [he'las] leider
helder ['hɛldər] klar
helemaal ['heləmal] ganz *(ganz und gar)*
helft [hɛl(ə)ft] Hälfte
hellingbaan ['hɛlɪŋban] Auffahrtrampe
help! ['hɛl(ə)p] Hilfe! *(Ausruf)*
helpen ['hɛlpən] ‹hielp, geholpen› helfen
hemd *n* [hɛmt] Unterhemd
hemel ['heməl] Himmel
hemeltje lief! ['heməltjə lif] Himmel! *(Ausruf)*
hengel ['hɛŋəl] Angel
herdenkingsplaats [hɛr'dɛŋkɪŋsplats] Gedenkstätte
heren *pl* [heːrən] Herren
herfst [hɛr(ə)fst] Herbst
herhalen [hɛr'halən] wiederholen
herinneren [hɛr'ɪnərən] erinnern

hersens *pl* ['hɛrsəns] Gehirn
hersenschudding ['hɛrsə(n) sχœdɪŋ] Gehirnerschütterung
het eens worden [ət ens 'wɔrdən] ‹werd, geworden› s. einigen
het lieve vaderland *n* [ət 'livə 'vadərlɑnt] die Heimat
heten ['hetən] ‹heette, geheten› heißen
hetzelfde [hɛt'sɛl(ə)fdə] dasselbe
heup [høp] Hüfte
heuvel ['høvəl] Hügel
hier [hi:r] hier
hinderen ['hɪndərən] hindern
hittegolf ['hɪtəχɔlf] Hitzewelle
hoe [hu] wie *(Frage)*
hoed [hut] Hut
hoek [huk] Ecke, Straßenecke
hoestdrank ['husdrɑŋk] Hustensaft
hoesten ['hustən] husten
hoeveelheid [hu'velhɛit] Menge
hoewel [hu'wɛl] obwohl
hof *n* [hɔf] Hof *(Residenz)*
hoge bloeddruk ['hoχə 'bludrœk] Bluthochdruck
hogesnelheidstrein [hoχə'snɛlhɛitstrɛin] Hochgeschwindigkeitszug
hond [hɔnt] Hund
honing ['honɪŋ] Honig
hoofd *n* [hoft] Kopf
hoofdgerecht *n* ['hoftχərɛχt] Hauptspeise
hoofdkussen *n* ['hoftkəsən] Kopfkissen
hoofdpijn ['hoftpɛin] Kopfschmerz
hoofdrol ['hoftrɔl] Hauptrolle
hoofdseizoen *n* ['hoftsɛizun] Hauptsaison
hoofdstad ['hoftstɑt] Hauptstadt
hoofdzakelijk [hoft'sakələk] *adj/adv* hauptsächlich
hoog [hoχ] hoch
hoogspaning ['hoχspɑnɪŋ] Hochspannung
hoogstens ['hoχstəns] höchstens
hoogte ['hoχtə] Höhe
hoogtepunt *n* ['hoχtəpœnt] Höhepunkt
hooikoorts ['hojko:rts] Heuschnupfen
hoorn [ho:r(ə)n] Hörer
hopelijk ['hopələk] hoffentlich
hopen ['hopən] hoffen
horen ['ho:rən] hören
horlogemaker [hɔr'loʒəmakər] Uhrmacher
houdbaar ['hɑudba:r] haltbar
houden [hɑudən] ‹hield, gehouden› behalten

houden van ['haudən van] ‹hield, gehouden› **lieben**
hout *n* [haut] **Holz**
houtskool ['hautskol] **Grillkohle**
houtsnede ['hautsnedə] **Holzschnitt**
huid [hœyt] **Haut**
huilen ['hœylən] **weinen**
huis *n* [hœys] **Haus**
huisdieren *pl* ['hœyzdi:rən] **Haustiere**
huiseigenaar/huiseigenares ['hœysɛiχənar/hœysɛiχəna'rɛs] **Hausbesitzer/in**
huishoudelijke artikelen *pl* [hœys'haudələkə ar'tikələn] **Haushaltswaren**
huiskamer ['hœyskamər] **Wohnzimmer**
huisnummer *n* ['hœysnœmər] **Hausnummer**
hulp [hœl(ə)p] **Hilfe**
hun [hœn] *poss prn pl* **ihr**
hunebed *n* ['hynəbɛt] **Hünengrab**
huren [hy:rən] **leihen** *(entgeltlich)*
huren ['hy:rən] **mieten**
hut [hœt] **Hütte, Kajüte**
huur [hy:r] **Miete**

I

ieder(e) ['idər(ə)] *adj* **jeder**
iedere dag ['idərə 'daχ] **jeden Tag**
iedereen *prn* ['idəren] **jeder**
ieder uur ['idər y:r] **stündlich**
iemand ['imant] **jemand**
iets [its] **etwas**
ijs *n* [ɛis] **Eis**
ijsbaan ['ɛisban] **Eisbahn**
ijzel ['ɛizəl] **Glatteis**
ik [ɪk] **ich**
ik ben misselijk [ɪg‿bɛm‿mɪsələk] **mir ist schlecht**
in beslag nemen [ɪn bə'slaχ nemən] ‹nam/namen, genomen› **beschlagnahmen**
in elkaar slaan [ɪn ɛl'ka:r slan] ‹sloeg, geslagen› **zusammenschlagen**
in gesprek [ɪŋ χə'sprɛk] **besetzt** *(Leitung)*
in het bijzonder [ɪn‿ət bi'zɔndər] **besonders**
in het Nederlands [ɪn‿ət 'nedərlants] **auf Niederländisch**
in het weekend [ɪn‿ət 'wikɛnt] **am Wochenende**
in plaats van [ɪm 'plats van] **anstatt**

inbegrepen ['ɪmbəχrepən] inbegriffen
inchecken ['ɪntʃɛkən] einchecken
incident *n* [ɪnsi'dɛnt] Zwischenfall
indien [ɪn'din] falls
indruk ['ɪndrœk] Eindruck
indrukwekkend [ɪndrœk'wɛkənt] beeindruckend
infectie [ɪn'fɛksi] Infektion
informeren [ɪnfɔr'merən] benachrichtigen
informeren naar [ɪnfɔr'me:rə na:r] s. erkundigen nach
ingang ['ɪŋχaŋ] Eingang
inhalen ['ɪnhalən] überholen *(schneller gehen, fahren)*
inheems [ɪn'hems] einheimisch
inhoud ['ɪnhɑut] Inhalt
inktvis ['ɪŋktvɪs] Tintenfisch
inlegkruisjes *pl* ['ɪnlɛχkrœyʃes] Slipeinlagen
inlichting ['ɪnlɪχtɪŋ] Auskunft
inpakken ['ɪmpɑkən] einpacken
inrit ['ɪnrɪt] Einfahrt
inschakelen ['ɪnsχakələn] einschalten
insect *n* [ɪn'sɛkt] Insekt
insectenwerend middel *n* [ɪn'sɛktənwe:rənt 'mɪdəl] Insektenmittel
instantie [ɪn'stɑn(t)si] Behörde
instappen ['ɪnstɑpən] einsteigen
interessant [ɪntərɛ'sɑnt] interessant
interesseren (voor), zich – [zɪχ ɪntərɛ'se:rən (vo:r)] s. interessieren (für)
internationaal [ɪntərna(t)ʃo'nal] international
internationaal gesprek *n* [ɪntərna(t)ʃo'nal χə'sprɛk] Auslandsgespräch
internationaal toegangsnummer *n* [ɪntərna(t)ʃo'nal 'tuχɑŋsnœmər] Auslandsvorwahl
invalidenparkeerplaats [ɪnva'lidə(n)pɑr'ke:rplats] Behindertenparkplatz
invalidenpas [ɪnva'lidə(n)pɑs] Behindertenausweis
invalidentoilet *n* [ɪnva'lidə(n) twalɛt] Behindertentoilette
invullen ['ɪnvœlən] ausfüllen
inwoner (inwoonster) ['ɪnwon(st)ər] Einwohner(in)

J

jaar *n* [ja:r] Jahr
jaargetijde *n* ['ja:rχətɛidə] Jahreszeit

jaarlijks [ˈjaːrləks] *adj/adv* jährlich
jaarmarkt [ˈjaːrmɑr(ə)kt] Jahrmarkt
jam [ʒɛm] Marmelade
jammer! [jɑmər] schade!
januari [janyˈwaːri] Januar
jas [jɑs] Jacke
jazzgymnastiek *n* [ˈdʒɛsχɪmnɑstik] Jazzgymnastik
je [jə] dein, dich, dir, du *(unbetont)*
jerrycan [ˈdʒɛrikɛn] Benzinkanister, Wasserkanister
jeuken [jøkən] jucken
jij [jɛi] du *(betont)*
joggen [ˈdʒɔgən] joggen
jong [jɔŋ] jung
jongen [jɔŋən] Junge
jongeren [ˈjɔŋərən] *pl* Jugendliche
jou [jɑu] dich, dir *(betont)*
jouw [jɑu] dein *(betont)*
juist [jœyst] richtig
juli [ˈjyli] Juli
jullie [jœli] *pers prn pl* ihr, euch, euer
juni [ˈjyni] Juni
jurk [jœr(ə)k] Kleid
juwelier [jywəˈliːr] Juwelier

K

kaak [kak] Kiefer
kaarsen *pl* [ˈkaːrsən] Kerzen
kaart [kaːrt] Speisekarte
kaartje *n* [ˈkaːrtjə] Eintrittskarte, Fahrkarte
kaartjesautomaat [ˈkaːrtjəsɑutomat] Fahrkartenautomat
kaas [kas] Käse
kabeljauw [kabəlˈjɑu] Kabeljau
kade [ˈkadə] Kai
kalfsvlees *n* [ˈkɑlfsfles] Kalbfleisch
kalmeren [kɑlˈmeːrən] s. beruhigen
kalmeringsmiddel [kɑlˈmeːrɪŋsmɪdəl] Beruhigungsmittel
kam [kɑm] Kamm
kamer [ˈkamər] Raum, Zimmer
kammen [ˈkɑmən] kämmen
kampeercarnet *n* [kɑmˈpeːrkɑrnɛt] Campingausweis
kampeerterrein *n* [kɑmˈpeːrtɛrɛin] Campingplatz
kamperen [kɑmˈpeːrən] zelten
kampioenschap *n* [kɑmpiˈjunsχɑp] Meisterschaft

kanaal *n* [ka'nal] Kanal
kano ['kano] Kanu, Paddelboot
kanovaren ['kanova:rən] paddeln
kansel ['kansəl] Kanzel
kant [kant] Spitze *(Gewebe)*
kantoorboekhandel [kan'to:rbukhandəl] Schreibwarengeschäft
kantoorgebouw *n* [kan'to:rχəbau] Bürogebäude
kapper ['kapər] Friseur
kapsel *n* ['kapsəl] Frisur
karafje *n* [ka'rafjə] Karaffe
karnemelk ['karnəmɛlk] Buttermilch
kassa ['kasa] Kasse
kast [kast] Schrank
kasteeltuin [ka'steltœyn] Schlossgarten
kat [kat] Katze
kathedraal [kate'dral] Kathedrale
katoen [ka'tun] Baumwolle
kauwgom ['kauχɔm] Kaugummi
keelpijn ['kelpɛin] Halsschmerzen
keeltabletten *pl* ['kelta'blɛtən] Halstabletten
kelner ['kɛlnər] Kellner/in
kengetal *n* ['kɛŋχətal] Vorwahlnummer
kennen ['kɛnən] kennen
kennis ['kɛnəs] der/die Bekannte
kentekenbewijs *n* ['kɛnte(n)kəbəwɛis] Kfz-Schein
kerk [kɛr(ə)k] Kirche
kerkconcert *n* ['kɛr(ə)kɔnsɛrt] Kirchenkonzert
kerktoren ['kɛr(ə)kto:rən] Kirchturm
kermis ['kɛrməs] Kirmes
kersen *pl* ['kɛrsən] Kirschen
Kerstmis ['kɛrstmɪs, 'kɛrsməs] Weihnachten
ketchup [kɛtʃœp] Ketchup
ketting ['kɛtɪŋ] Kette
keuken ['køkən] Küche
keus [køs] Auswahl
kiekje *n* ['kikjə] Schnappschuss
kies [kis] Backenzahn
kiespijn ['kispɛin] Zahnschmerzen
kiezen ['kizən] ‹koos, gekozen› wählen
kijken ['kɛikən] ‹keek, gekeken› schauen
kijken (naar) ['kɛikən (na:r)] ‹keek, gekeken› **zuschauen**
kilo(gram) *n* ['kilo(χram)] Kilogramm
kilometer ['kilometər] Kilometer
kind ['kɪnt] *n* ‹kinderen› Kind

kinderarts ['kɪndərarts] Kinderarzt/ärztin
kinderbedje *n* ['kɪndərbɛtjə] Kinderbett
kinderoppas ['kɪndərɔpas] Babysitter
kinderopvang ['kɪndərɔpfaŋ] Kinderbetreuung
kinderportie ['kɪndərpɔrsi] Kinderteller
kinderziekte ['kɪndərziktə] Kinderkrankheit
kinderzitje *n* ['kɪndərzɪtjə] Kindersitz
kinderzitkussen *n* ['kɪndərzɪtkœsən] Kindersitzkissen *(fürs Auto)*
kip [kɪp] Huhn
kist [kɪst] Kiste
kitchenette [kɪtʃə'nɛt] Kochnische
klaar [klaːr] fertig
klacht [klaχt] Beanstandung
klagen (over) ['klaχən ('ovər)] s. beklagen (über)
klagen (over) ['klaχən ('ovər)] s. beschweren (über)
klant [klant] Fahrgast *(Taxi)*
klant [klant] Kunde/Kundin
klas [klas] Klasse
klederdracht ['kledərdraχt] Tracht
kleding [klɛdɪŋ] Kleidung
kleerhanger ['kleːrhaŋər] Kleiderbügel
klein [klɛin] klein
kleingeld *n* ['klɛiŋχɛlt] Kleingeld
kleinzoon/kleindochter ['klɛinzon/'klɛindɔχtər] Enkel/in
kleurboek *n* ['kløːrbuk] Malbuch
kleurpotlood *n* ['kløːrpɔtlot] Farbstift
klimaat *n* [kli'mat] Klima
klompen *pl* [klɔmpən] Holzschuhe
kloppen ['klɔpən] stimmen *(richtig sein)*
kluis [klœys] Safe
knap [knap] hübsch *(Menschen)*
kneuzing ['knøzɪŋ] Prellung
knie [kni] Knie
kniekous ['knikaus] Kniestrumpf
knipperlicht *n* ['knɪpərlɪχt] Blinker
knoflook ['knɔflok] Knoblauch
knutselen ['knœtsələn] basteln
koekjes *pl* ['kukjəs] Kekse
koel [kul] kühl
koelbox ['kulbɔks] Kühltasche

koelboxelement *n* [ˈkulbɔkseləmɛnt] Kühlelement
koelkast [ˈkulkɑst] Kühlschrank
koelwater *n* [ˈkulwatər] Kühlwasser
koepel [ˈkupəl] Kuppel
koffer [ˈkɔfər] Koffer
kofferbak [ˈkɔfərbɑk] Kofferraum
koffie [ˈkɔfi] Kaffee
koffiezetapparaat *n* [ˈkɔfizɛtɑparat] Kaffeemaschine
kok/kokkin [kɔk/kɔˈkɪn] Koch/Köchin
koken [ˈkokən] kochen *(Wasser, Essen)*
komen [ˈkomən] ‹kwam, gekomen› kommen
komen (uit) [ˈkomən (œyt)] ‹kwam/kwamen, gekomen› stammen (aus)
komijn [koˈmɛin] Kümmel
komkommer [kɔmˈkɔmər] (Salat-)Gurke
kompas *n* [kɔmˈpɑs] Kompass
konijn *n* [koˈnɛin] Kaninchen
koning/koningin [ˈkonɪŋ/ˈkonɪˈŋɪn] König/in
kookboek *n* [ˈkogbuk] Kochbuch
kooktoestel *n* [ˈkoktustɛl] Kocher
kool [kol] Kohl
koor *n* [koːr] Chor
koorts [koːrts] Fieber
koortsthermometer [ˈkoːrtstɛrmoˈmetər] Fieberthermometer
kopen [ˈkopən] ‹kocht, gekocht› kaufen
kopie [koˈpi] Kopie
kopje *n* [ˈkɔpjə] Tasse
koplamp [ˈkɔplɑmp] Scheinwerfer, Vorderlicht
koppeling [ˈkɔpəlɪŋ] Kupplung
koptelefoon [ˈkɔptelǝfon] Kopfhörer
korfbal [ˈkɔr(ə)vbɑl] Korbball
koriander [koriˈjɑndər] Koriander
kort [kɔrt] kurz
kort geleden [kɔrt χəˈledən] kürzlich
kortere weg [ˈkɔrtərə wɛχ] Abkürzung *(Strecke)*
korting [ˈkɔrtɪŋ] Ermäßigung, Rabatt
korting voor kinderen [ˈkɔrtɪŋ voːr ˈkɪndərən] Kinderermäßigung
kortsluiting [ˈkɔrtslœytɪŋ] Kurzschluss
kosteloos [ˈkɔstəlos] kostenlos

kosten ['kɔstən] kosten
kosten *pl* ['kɔstən] Gebühren
kostuum *n* [kɔ'stym] Kostüm
kotelet [kotə'lɛt] Kotelett
koud [kaut] kalt
koud water *n* [kaut 'watər] kaltes Wasser
kousen *pl* ['kausən] Strümpfe
kracht [kraχt] Kraft
kramp [kramp] Krampf
krant [krant] Zeitung
krat *n* [krat] Kiste *(Bier)*
kreeft [kreft] Hummer
krijgen ['krɛiχən] ‹kreeg, gekregen› bekommen
krik [krɪk] Wagenheber
kristal *n* [krɪ'stal] Kristall
kritiek hebben op [kri'tik hɛbən ɔp] ‹had, gehad› kritisieren
kroeg [kruχ] Kneipe
kroon [kron] Krone
kropsla ['krɔpsla] Kopfsalat
kruiden ['krœydən] würzen
kruiden *pl* ['krœydən] Gewürze, Kräuter
kruidenier [krœydə'ni:r] Lebensmittelgeschäft
kruidenthee ['krœydə(n)te] Kräutertee
kruidnagels *pl* ['krœytnaχəls] Nelken
kruispunt *n* ['krœyspœnt] Kreuzung
kruk [krœk] Krücke
krullen *pl* ['krœlən] Locken
kunnen ['kœnən] ‹kon, gekund› können
kunst [kœnst] Kunst
kunsthandelaar ['kœnsthandəla:r] Kunsthändler
kurkentrekker ['kœrkə(n)trɛkər] Korkenzieher
kus [kœs] Kuss *(zärtlich)*
kussen ['kœsən] küssen *(zärtlich)*
kust [kœst] Küste
kwaliteit [kwali'tɛit] Qualität
kwark [kwar(ə)k] Quark
kwetsen ['kwɛtsən] verletzen *(mit Worten)*
kwitantie [kwi'tan(t)si] Quittung

L

laarzen *pl* ['la:rzən] Stiefel
laat [lat] spät
laatste ['latstə] letzte(r, -s)
lachen ['laχən] ‹lachte, gelachen› lachen
lamp [lamp] Lampe
lamsvlees *n* ['lamsfles] Lammfleisch
land *n* [lant] Land

landgenoot ['lantχənot] Landsmann
landgoed *n* ['lantχut] Landgut
landkaart ['lantka:rt] Landkarte
landnummer *n* ['lantnœmər] Landeskennzahl
landschap *n* ['lantsχap] Landschaft
lang [laŋ] lang
langzaam ['laŋsam] *adj/adv* langsam
lastig ['lastəχ] lästig
lastig vallen ['lastəχ valən] ‹viel, gevallen› belästigen
laten ['latən] ‹liet, gelaten› lassen
laten schrikken [latən 'sχrɪkən] ‹liet, gelaten› erschrecken
later ['latər] später
laurier [lau'ri:r] Lorbeer
lawaai *n* [la'waj] Lärm
lederzaak ['ledərzak] Lederwarengeschäft
leeftijd [leftɛit] Alter
leeg [leχ] leer
leggen ['lɛχən] legen
leggings *pl* ['lɛgɪŋs, (B auch) lɛχɪŋs] Leggins
legitimatie [leχimi'ta(t)si] Personalausweis
leiden ['lɛidən] führen
lekke band ['lɛkə 'bant] Platten
lekker ['lɛkər] lecker
lelijk ['leløk] hässlich
lenen ['lenən] leihen
lengte [lɛŋtə] Größe, Länge
lens [lɛns] Linse *(optisch)*
lente ['lɛntə] Frühling
lepel ['lepəl] Löffel
leren ['le:rən] lernen
leren jasje *n* [le:rə(n) 'jaʃə] Lederjacke
leren kennen [le:rən 'kɛnən] kennen lernen
les [lɛs] (Unterrichts)Stunde
let op! [lɛt ɔp] Achtung!
letten op ['lɛtən ɔp] beachten
leugen ['løχən] Lüge
leven ['levən] leben
levende muziek ['levəndə my'zik] Livemusik
lever ['levər] Leber
leverpastei ['levərpastɛi] Leberpastete
lezen ['lezən] ‹las/lazen, gelezen› lesen
lichaam *n* ['lɪχam] Körper
lichamelijke handicap [lɪ'χamələkə 'hɛndikɛp] Körperbehinderung
licht [lɪχt] hell, leicht *(Gewicht)*
licht *n* [lɪχt] Licht
lichtblauw [lɪχ'blau] hellblau
lichte kost ['liχtə kɔst] Schonkost
lichtgroen [lɪχt'χrun] hellgrün

lichting ['lɪχtɪŋ] Leerung *(Briefkasten)*
lichtknopje *n* ['lɪχtknɔpjə] Lichtschalter
lied *n* [lit] Lied
lief [lif] lieb
liefde ['livdə] Liebe
liever ['livər] lieber
lift [lɪft] Aufzug, Fahrstuhl
liften ['lɪftən] trampen
lifter ['lɪftər] Tramper
liggen ['lɪχən] ‹lag, gelegen› liegen
ligging ['lɪχɪŋ] Lage *(eines Ortes)*
ligplaats [lɪχplats] Liegewagenplatz
ligweide ['lɪχwɛidə] Liegewiese
lijn [lɛin] Linie
lijst [lɛist] Verzeichnis
limonade [limo'nadə] Limonade
linker [lɪŋkər] linke(r, -s)
links [lɪŋks] links
links ['lɪŋks] linke(r, -s) *(politisch)*
linnen *n* ['lɪnən] Leinen
linzen *pl* [lɪnzən] Linsen *(Essen)*
lip [lɪp] Lippe
lippenstift ['lɪpə(n)stɪft] Lippenstift
liter ['litər] Liter
loempia ['lumpija] Frühlingsrolle
loge ['lɔ:ʒə] Loge
loket *n* [lo'kɛt] Fahrkartenschalter, Schalter
long [lɔŋ] Lunge
longontsteking ['lɔŋɔntstekɪŋ] Lungenentzündung
lopen ['lopən] ‹liep, gelopen› gehen *(zu Fuß)*, laufen
lounge [launtʃ] Aufenthaltsraum *(Hotel)*
loven ['lovən] loben
lucht [lœχt] Luft
luchtballon ['lœχ(t)balɔn] Heißluftballon
luchtbed *n* ['lœχ(t)bɛt] Luftmatratze
luchtfilter ['lœχ(t)fɪltər] Luftfilter
luchthaven ['lœχthavən] Flughafen
luchtvaartmaatschappij ['lœχ(t)va:rtmatsχapɛi] Fluggesellschaft
lucifers *pl* ['lysifɛrs] Streichhölzer
lui [lœy] faul
luid [lœyt] laut
luidspreker ['lœytsprekər] Lautsprecher
luieren ['lœyjərən] faulenzen
luiers *pl* ['lœyjərs] Windeln
luisteren naar ['lœystərən na:r] jdm zuhören

lunch [lœnʃ] Mittagessen
lunchroom ['lœnʃrum] Café
lusten ['lœstən] mögen *(Essen)*
luxueus [lyksy'wøs] luxuriös

M

maag [maχ] Magen
maagpijn ['maχpɛin] Magenschmerzen
maaltijd ['maltɛit] Mahlzeit
maan [man] Mond
maand [mant] Monat
maandag ['mandɑχ] Montag
maandelijks ['mandələks] *adj/adv* monatlich
maandverband *n* ['mantfərbɑnt] Damenbinden
maar [maːr] aber
maart [maːrt] März
maat [mat] Größe *(Kleidung, Schuhe)*
machine [ma'ʃinə] Maschine
mager ['maχər] fettarm, mager
magnetron [mɑχne'trɔn] Mikrowelle
maïs [majs] Mais
majoraan [majo'ran] Majoran
maken ['makən] machen *(herstellen)*
makreel [ma'krel] Makrele
mals [mɑls] zart
man [mɑn] Ehemann, Mann
mand [mɑnt] Korb
mandarijntjes *pl* [mɑnda'rɛintjəs] Mandarinen
manege [ma'neʒə, ma'nɛːʒə] Reitschule
manier [ma'niːr] Art *(Weise)*
margarine [mɑrχa'rinə] Margarine
markt [mɑrkt] Markt
markthal ['mɑrkthɑl] Markthalle
massage [mɑ'saʒə] Massage
materiaal *n* [matəri'jal] Material
matras [ma'trɑs] Matratze
maxi cosy® ['maksi 'kozi] Babyschale *(fürs Auto)*
maximum snelheid ['mɑksimœm 'snɛlhɛit] Maximalgeschwindigkeit
mayonaise [majo'nɛːzə] Mayonnaise
me [mə] mich *(unbetont)*, mir *(unbetont)*
mededeling ['medədelɪŋ] Durchsage, Mitteilung
meebrengen ['mebrɛŋən] ‹bracht mee, meegebracht› mitbringen
meel *n* [mel] Mehl

meenemen ['menemən] ‹nam mee, meegenomen› mitnehmen
meer [me:r] mehr
meer dan ['me:r dɑn] mehr als
meer *n* [me:r] Meer; der See
meeuw ['mew] Möwe
mei [mɛi] Mai
meisje *n* [mɛiʃə] Mädchen
meisjesnaam ['mɛiʃəsnam] Geburtsname *(bei verheirateten Frauen)*
melden ['mɛldən] melden
melk [mɛl(ə)k] Milch
meloen [mə'lun] Melone
men [mɛn] man
meneer/mijnheer [mə'ne:r], *(Abkürzung)* **dhr.** Herr *(Anrede, vor Namen)*
menen ['menən] meinen
mening ['menɪŋ] Meinung
mens [mɛns] Mensch
mensen *pl* ['mɛnsən] Leute
menstruatie [mɛnstry'wa(t)si] Menstruation
menu *n* [mə'ny] Menü
merken ['mɛrkən] bemerken
mes *n* [mɛs] Messer
met [mɛt] mit
met de hand gemaakt [mɛt də 'hɑnt χə'makt] handgemacht
meter ['metər] Meter
metro ['metro] U-Bahn
meubel *n* [møbəl] Möbel
mevr. Fr. *(Abkürzung)*
mevrouw [mə'vrɑu] Frau *(Anrede vor Namen)*
middag ['mɪdɑχ] Mittag, Nachmittag
middel *n* ['mɪdəl] Mittel
middeleeuwen *pl* ['mɪdəlewən] Mittelalter
midden *n* ['mɪdən] Mitte
middenoorontsteking ['mɪdə(n) o:rɔntstekɪŋ] Mittelohrentzündung
midgetgolf *n* ['mɪdʒətχɔl(ə)f] Minigolf
migraine [mi'grɛ:nə] Migräne
mij [mɛi] mich *(betont)*, mir *(betont)*
mijn [mɛin] mein
mild [mɪlt] mild
milieu *n* [mil'jø] Umwelt
mineraalwater [minə'ralwatər] **met/zonder koolzuur** [mɛt/ 'zɔndər 'kolzy:r] Mineralwasser mit/ohne Kohlensäure
minibar ['minibɑr] Minibar
minstens ['mɪnstəns] mindestens, wenigstens
minuut [mi'nyt] Minute
mis [mɪs] Messe *(rel)*
misdaad ['mɪzdat] Verbrechen

misdaadroman ['mɪzdatromɑn] Kriminalroman
misschien [mɪ'sχin] vielleicht
misselijkheid ['mɪsələkhɛit] Übelkeit
missen [mɪsən] verpassen
mist [mɪst] Nebel
misverstand *n* ['mɪsvərstɑnt] Missverständnis
mobieltje *n* [mo'biltjə] Handy, Mobiltelefon
mode ['modə] Mode
modern [mo'dɛr(ə)n] modern
moe [mu] müde
moeder ['mudər] Mutter
moeilijk ['mujlək] schwer, schwierig
moeite ['mujtə] Mühe
moeras *n* [mu'rɑs] Sumpf
moeten ['mutən] ‹moest, -› sollen
moeten ['mutən] ‹moest, gemoeten› müssen
mogelijk ['moχələk] möglich
mogelijk maken ['moχələk 'makən] ermöglichen
mogen ['moχən] ‹mag, mocht› mögen *(Personen)*
mogen ['moχən] ‹mocht› dürfen
molen ['molɛn] Mühle
mond [mɔnt] Mund
monding ['mɔndɪŋ] Mündung
monument *n* [mony'mɛnt] Denkmal
monumentenzorg [mony'mɛntə(n)zɔrχ] Denkmalschutz
mooi [moi] hübsch *(Gegenstände)*
mooi ['moi] schön
mop [mɔp] Witz *(Anekdote)*
morgen ['mɔr(ə)χə] morgen
morgen ['mɔrχən] Vormittag
morgen vroeg/morgenavond [mɔrχə'vruχ/mɔrχə'navɔnt] morgen früh/morgen Abend
mossel [mɔsəl] Muschel *(Essen)*
mosselen *pl* ['mɔsələn] Miesmuscheln
mosterd ['mɔstərt] Senf
motel *n* [mo'tɛl] Motel
motor ['motɔr] Motor
motorboot ['motɔrbot] Motorboot
motorkap ['motɔrkɑp] Motorhaube
mouw [mɑu] Ärmel
mozaïek *n* [moza'ik] Mosaik
muesli ['mysli] Müsli
mug [mœχ] Mücke
munt [mœnt] Minze, Münze
museum *n* [my'zejəm] Museum
muts [mœts] Mütze
muur [myːr] Mauer

muziek maken [my'zik 'makən] musizieren
muziekfestival *n* [my'zikfɛstival] Musikfestival

N

na [na] nach *(zeitlich)*
naakt [nakt] nackt
naaktstrand *n* ['naktstrant] FKK-Strand
naald [nalt] Nadel
naam [nam] Name
naar [na:r] auf, nach *(räumlich)*, in, zu *(Richtung)*
naar bed gaan [na:r bɛt χan] ‹ging, gegaan› ins Bett gehen
naar beneden [na:r bə'nedən] abwärts
naar binnen gaan [na:r 'bɪnən χan] hineingehen
naar boven [na:r bovən] aufwärts
naar buiten gaan [na:r 'bœytən χan] hinausgehen
naar muziek luisteren [na:r my'zik 'lœystərən] Musik hören
naast [nast] neben
nabij [nabɛi] nahe bei
nacht [naχt] Nacht
nachtkastje *n* ['naχ(t)kaʃə] Nachttisch
nagellak ['naχəlak] Nagellack
nagelschaartje *n* ['naχəlsχa:rtjə] Nagelschere
nagerecht *n* ['naχərɛχt] Nachtisch
naseizoen *n* ['nasɛizun] Nachsaison
nasturen ['nasty:rən] nachsenden
nat [nat] nass
nationaal park *n* [na(t)ʃo'nal par(ə)k] Nationalpark
nationaliteit [na(t)ʃonali'tɛit] Staatsangehörigkeit
natuur [na'ty:r] Natur
natuurlijk [na'ty:rlək] *adj/adv* natürlich
natuurreservaat *n* [na'ty:rezɛrvat] Naturschutzgebiet
nauw [nau] eng
nauwelijks ['nauwələks] kaum
nederlaag ['nedərlaχ] Niederlage
neef/nicht [nef/nɪχt] Cousin/e
Neem me niet kwalijk [nem mə nit 'kwalək] Entschuldigung!
neerzetten ['ne:rzɛtən] stellen
negatief [neχa'tif] negativ
nemen ['nemən] ‹nam, genomen› nehmen

nergens ['nɛrχəns] nirgends
net [nɛt] gerade *(zeitlich)*
net *n* [nɛt] Netz
net zo ... als [nɛt zo ɑls] genauso ... wie
neus [nøs] Nase
neusverkoudheid ['nøsfər 'kauthɛit] Schnupfen
niemand ['nimɑnt] keiner, niemand
nier [ni:r] Niere
niesen ['nisən] niesen
niet [nit] nicht
niets [nits] nichts
nieuw [niw] neu
nieuwjaarsdag [niwja:rz'dɑχ] Neujahr
nieuws *n* [niws] Nachrichten
nieuwsgierig [niw'sχi:rəχ] neugierig
nodig hebben ['nodəχ hɛbən] ‹had, gehad› brauchen
noedels *pl* [nudəls] Nudeln
noemen ['numən] nennen
nog [noχ] noch
noodlanding ['notlɑndɪŋ] Notlandung
noodrem ['notrɛm] Notbremse
nooduitgang ['notœytχɑŋ] Notausgang
noodzakelijk [not'sakələk] notwendig
nooit [noit] nie
noorden *n* ['no:rdən] Norden
Noordzee ['no:rtse] Nordsee
nootmuskaat [notmœs'kɑt] Muskatnuss
normaal [nɔr'mal] normal
normaal gesproken [nɔr'mal χə'sprokən] normalerweise
noten *pl* ['notən] Nüsse
november [no'vɛmbər] November
nu [ny] jetzt
nuchter ['nœχtər] nüchtern
nummer *n* ['nœmər] Nummer
nummerbord *n* ['nœmərbɔrt] Nummernschild

O

ober ['obər] Kellner/in, Ober
objectief *n* [ɔbjɛk'tif] Objektiv
ochtend ['ɔχtənt] Morgen, Vormittag
oefenen ['ufənən] üben
oesters *pl* ['ustərs] Austern
oever ['uvər] Ufer
of [ɔf] ob, oder
of ... of [ɔf ... ɔf] entweder ... oder
officieel [ɔfi'ʃel] offiziell
ogen *pl* ['oχən] Augen
ogenblik *n* ['oχə(m)blɪk] Augenblick

oktober [ɔk'tobər] Oktober
olie ['oli] Öl
olie verversen ['oli vər'vɛrsən] Ölwechsel
olieverf ['olivɛrf] Ölfarbe
olijfolie *n* [o'lɛifoli] Olivenöl
olijven *pl* [o'lɛivən] Oliven
om [ɔm] aus *(Grund)*, um *(räumlich, zeitlich)*
omarmen [ɔm'ɑrmən] umarmen
omboeken ['ɔmbukən] umbuchen
omdat [ɔm'dɑt] da *(weil)*
omgekeerd *adj/adv* ['ɔmχəke:rt] umgekehrt
omgeving [ɔm'χevɪŋ] Umgebung
omkeren ['ɔmke:rən] umkehren
omstreeks ['ɔmstreks] gegen *(zeitlich)*
omweg ['ɔmwɛχ] Umweg
onaangenaam [ɔn'aŋχənam] unangenehm
onbelangrijk [ɔmbə'lɑŋrɛik] unwichtig
onbeschoft [ɔmbə'sχɔft] unverschämt
onbestendig [ɔmbə'stɛndəχ] wechselhaft
onder ['ɔndər] unter
onderbreken [ɔndər'brekən] ‹onderbrak/onderbraken, onderbroken› unterbrechen
onderbroek ['ɔndərbruk] Unterhose
onderdak *n* ['ɔndərdɑk] Unterkunft
onderdoorgang [ɔndər'do:rχɑŋ] Unterführung
ondergoed *n* ['ɔndərχut] Unterwäsche
ondertekenen [ɔndər'tekənən] unterschreiben
ondertiteling [ɔndər'titəlɪŋ] Untertitel
onderweg [ɔndər'wɛχ] unterwegs
onderzoek *n* ['ɔndərzuk] Untersuchung
onderzoeken [ɔndər'zukən] ‹onderzocht, onderzocht› untersuchen
ondiep [ɔn'dip] flach *(Wasser)*
ongaarne [ɔŋ'χa:rnə] nicht gern
ongehuwd [ɔŋχə'hywt] ledig
ongelooflijk [ɔŋχə'lofłək] unglaublich
ongeluk *n* ['ɔŋχələk] Unfall, Unglück
ongerust maken, zich ~ [zɪχ ɔŋχə'rœst 'makən] s. beunruhigen
ongeschikt [ɔŋχə'sχɪkt] ungeeignet
ongeveer [ɔŋχə've:r] etwa, ungefähr

ongewoon [ɔŋχə'won] ungewöhnlich
onkosten *pl* ['ɔŋkɔstən] Unkosten
onmogelijk [ɔ'moχələk] unmöglich
ons [ɔns] uns
ons [ɔns] unser(e)
onschuldig [ɔn'sχœldəχ] unschuldig
ontbijt *n* [ɔnd'bɛit] Frühstück
ontbijtbuffet *n* [ɔnd'bɛidbyfɛt] Frühstücksbüfett
ontbijten [ɔnd'bɛitən] ‹ontbeet, ontbeten› frühstücken
ontbijtzaal [ɔnd'bɛitsal] Frühstücksraum
ontbreken [ɔnd'brekən] ‹ontbrak/ontbraken, ontbroken› fehlen
ontdekken [ɔn'dɛkən] entdecken
onthouden [ɔnt'haudən] ‹onthield, onthouden› behalten *(im Kopf)*, s. etw merken
ontmoeten [ɔnt'mutən] begegnen
ontspanner [ɔnt'spanər] Auslöser *(Fotoapparat)*
ontsteking [ɔnt'stekɪŋ] Entzündung, Infektion, Zündung
ontvangen [ɔŋt'faŋən] ‹ontving, ontvangen› empfangen
ontvanger [ɔnt'faŋər] Empfänger
ontwaarden *(B)* [ɔnt'wa:rdən] entwerten
ontwikkelen [ɔnt'wɪkələn] entwickeln
onverdragelijk [ɔnvər'draχələk] unerträglich
onwaarschijnlijk [ɔnwa:r'sχɛinlək] unwahrscheinlich
onweer *n* ['ɔnwe:r] Gewitter
onze ['ɔnzə] unser(e)
oogdruppels ['oχdrœpəls] Augentropfen
ook [ok] auch
oor *n* [o:r] Ohr
oorbellen *pl* ['ɔ:rbɛlə] Ohrringe
oorspronkelijke versie [o:r'sprɔŋkələkə 'vɛrzi] Originalfassung
oosten *n* ['ostən] Osten
Oostenrijk ['ostə(n)rɛik] Österreich
Oostenrijker/Oostenrijkse ['ostə(n)rɛikər/'ostə(n)rɛiksə] Österreicher/in
op [ɔp] alle *(Essen)*
op [ɔp] *prp* auf, an

op de hoogte stellen, zich ~ [zɪχ ɔb‿də 'hɔχtə 'stɛlən] s. informieren
op doorreis [ɔb 'do:rɛis] auf der Durchreise
op korte termijn [ɔp 'kɔrtə tɛr'mɛin] kurzfristig
op reis gaan [ɔp rɛis χan] ‹ging, gegaan› verreisen
op slot doen [ɔp slɔt dun] ‹deed, gedaan› verschließen
op werkdagen [ɔp 'wɛrgdaχən] werktags
opblaasbadje *n* ['ɔblazbatjə] Planschbecken
open ['opən] auf *(offen)*
open dag [opə'daχ] Tag der offenen Türe
openbreken ['opəbrekən] ‹brak/braken open, opengebroken› aufbrechen
openen ['opərən] öffnen
openingstijden *pl* ['opənɪŋstɛicen] Öffnungszeiten
openluchtbioscoop [opə'lœχ(t) bijɔskop] Freilichtkino
openluchtmuseum *n* [opə'lœχ(t) mysejəm] Freilichtmuseum
openluchttheater *n* [opə'lœχtejatər] Freilufttheater
opera ['opəra] Oper
operatie [opə'ratsi] Operation
operette [opə'rɛtə] Operette
opgave ['ɔpχavə] Aufgabe
opgravingen *pl* ['ɔpχravɪŋən] Ausgrabungen
ophouden ['ɔphaudən] ‹hield op, opgehouden› aufhören
opleiding ['ɔplɛidɪŋ] Ausbildung
opmerken ['ɔpmɛrkən] bemerken *(sagen)*
oponthoud *n* ['ɔpɔnthaut] Aufenthalt *(Verspätung)*
oprapen ['ɔprapən] (auf) sammeln
oprit/afrit ['ɔprɪt/'afrɪt] Auf-/Abfahrt
opschepperij [ɔpsxɛpə'rɛi] Angabe *(Bluff)*
opschrijven ['ɔpsχrɛivən] ‹schreef op, opgeschreven› aufschreiben
opstaan ['ɔpstan] ‹stond op, opgestaan› aufstehen
opticien [ɔpti'ʃɛn] Optiker
opzeggen ['ɔpsɛχən] stornieren *(Zimmer)*
oranje [ɔ'ranjə] orange
origineel *n* [ɔriʒi'nel] Original
orkest *n* [ɔr'kɛst] Orchester
ors [oɛr'ɛs] Elektrolytlösung
oud [aut] alt

oude binnenstad ['audə 'bɪnənstat] Altstadt
oudejaarsavond [audəja:rs'avɔnt] Silvesterabend
ouders ['audərs] *pl* Eltern
over ['ovər] *acc* über
over een week ['ovər en 'wek] in einer Woche
over veertien dagen ['ovər 've:rtin 'daχən] in 14 Tagen
overal [ovər'al] überall
overblijven ['ovərblɛivən] ‹bleef over, overgebleven› übrig bleiben
overboeking ['ovərbukɪŋ] Überweisung
overdag [ovər'daχ] tagsüber
overeenkomen [ovər'enkomən] ‹kwam/kwamen overeen, overeengekomen› vereinbaren
overgang ['ovərχaŋ] Übergang
overgewicht *n* ['ovərχəwɪχt] Übergewicht
overhandigen [ovər'handəχən] herausgeben *(Geld)*
overhemd *n* ['ovərhɛmt] Hemd
overjas ['ovərjas]; Mantel
overmorgen ['ovərmɔrχən] übermorgen
overnachten [ovər'naχtən] übernachten
overnachting [ovər'naχtɪŋ] Übernachtung
oversteken ['ovərstekən] ‹stak over, overgestoken› überqueren
overtuigen [ovər'tœyχən] überzeugen
overval ['ovərval] Überfall
overwinning [ovər'wɪnɪŋ] Sieg
overzetten ['ovərzɛtən] übersetzen *(Fähre)*

P

paar *n* [pa:r] Paar
paard *n* [pa:rt] Pferd
paardenmarkt ['pa:rdəmar(ə)kt] Pferdemarkt
paardrijden ['pa:rtrɛidən] reiten
paars ['pa:rs] lila
pad *n* [pat] Pfad
paddestoel ['padəstul] *(im Wald)* Pilz
pak *n* [pak] Anzug
pakhuis *n* ['pakhœys] Speicher
pakje *n* ['pakjə] Päckchen
pakket *n* [pa'kɛt] Paket
paleis *n* [pa'lɛis] Palast
paling ['palɪŋ] Aal
panorama *n* [panɔ'rama] Panorama

pantoffels *pl* [pan'tɔfəls] Hausschuhe
panty ['pɛnti] Strumpfhose
papier *n* [pa'pi:r] Papier
papieren *pl* [pa'pi:rən] Papiere
papieren servetjes *pl* [pa'pi:rə sɛr'vɛtjəs] Papierservietten
papieren zakdoekjes *pl* [pa'pi:rən 'zagdukjəs] Papiertaschentücher
paprika ['paprika] Paprika
parachutespringen [para'ʃytsprɪŋən] Fallschirmspringen
parasol [para'sɔl] Sonnenschirm
parfum *n* [par'fœm] Parfüm
parfumerie [parfœmə'ri] Parfümerie
park *n* [par(ə)k] Park
parkeerlicht *n* [par'ke:rlɪχt] Standlicht
parkeerplaats [par'ke:rplats] Parkplatz
parkeren [par'ke:rən] parken
pas *adv* [pas] erst *(nicht früher als)*
pas op! [pas‿ɔp] Vorsicht!
pascontrole ['paskɔntrɔ:lə] Passkontrolle
paspoort *n* ['paspo:rt] Reisepass
passagier [pasa'ʒi:r] Fahrgast, Passagier
passen ['pasən] passen
passen op ['pasən ɔp] aufpassen (auf)
pause ['pauzə] Pause
pech [pɛχ] Panne
pension *n* [pɛn'ʃɔn] Pension
peper ['pepər] Pfeffer
pepermolen ['pepərmolən] Pfeffermühle
pepermuntthee [pepər'mœnte] Pfefferminztee
peperoni [pɛpə'roni] Peperoni
peren *pl* ['pe:rən] Birnen
perron *n* [pɛ'rɔn] Bahnsteig
personeel *n* [pɛrso'nel] Personal
persoon [pɛr'son] Person
persoonlijk [pɛr'sonlək] persönlich
persoonsgegegevens *pl* [pɛr'sonsχəχevəns] Personalien
perziken *pl* ['pɛrzɪkən] Pfirsiche
pet [pɛt] Mütze *(mit Klappe)*
peterselie [petər'seli] Petersilie
petroleumlamp [pe'trolejəmlamp] Petroleumlampe
pier [pi:r] Flugsteig, Mole
pierenbad *n* ['pi:rəbat] Kinderbecken

pijn [pɛin] Schmerzen
pijn doen ['pɛin dun] schmerzen
pijn in de zij [pɛin ɪn də zɛi] Seitenstiche
pijnstillers *pl* ['pɛinstɪlərs] Schmerztabletten
pijp [pɛip] Pfeife
pil [pɪl] Antibabypille
pilaar [pi'laːr] Säule
pincet *n* [pɪn'sɛt] Pinzette
(pin)code [('pɪŋ)'kodə] Geheimzahl
pindasaus ['pɪndasaus] Erdnusssoße
Pinksteren ['pɪŋkstərən] Pfingsten
pissoir *n* [pɪ'swaːr] Stehklosett
plaats [plats] Stelle *(Ort)*, **(Sitz)** Platz
plaats aan het raam [plats an‿ət 'ram] Fensterplatz
plaatsvinden ['platsfɪndən] ‹vond plaats, plaatsgevonden› stattfinden
plafond *n* [pla'fɔn(t)] Decke
plak [plak] Scheibe *(Wurst, Käse)*
plan *n* [plan] Plan
plant [plant] Pflanze
plas [plas] Meer *(Innengewässer)*, See
plastic bekertje *n* ['plɛstək 'bekərtjə] Plastikbecher
plastic zak [plɛstək'sak] Plastikbeutel
plasticfolie ['plɛstəkfoli] Frischhaltefolie
plat [plat] eben *(flach)*
(stads)plattegrond [('stats) platə'χrɔnt] Stadtplan
plattegrond [platə'χrɔnt] (Stadt)Plan
platteland *n* [platə'lant] Land *(ländlicher Raum)*
plein *n* [plɛin] Platz *(in der Stadt)*
pleister ['plɛistər] Pflaster
plezier *n* [plə'ziːr] Spaß *(Vergnügen)*
plotseling *adv* ['plɔtsəlɪŋ] plötzlich
plukken ['plœkən] pflücken
pocket ['pɔkət] Taschenbuch
poeder *n* ['pudər] Puder
poetsen ['putsən] putzen *(Schuhe)*
politie [po'litsi] Polizei
politieauto [po'litsiauto] Polizeiwagen
pols [pɔls] Puls
polshorloge *n* ['pɔlshɔr'loʒə] Armbanduhr
pomp [pɔmp] Luftpumpe
pompoen [pɔm'pun] Kürbis

pond *n* [pɔnt] Pfund
pont ['pɔnt] Fähre
pony ['pɔni] Pony
porselein *n* [pɔrsə'lɛin] Porzellan
portefeuille [pɔrtə'fœyjə] Brieftasche
portemonnee [pɔrtəmɔ'ne] Geldbörse
portie ['pɔrsi] Portion
portier [pɔr'tir] Portier
porto *n* ['pɔrto] Porto
portret *n* [pɔr'trɛt] Porträt
postcode ['pɔs(t)kodə] Postleitzahl
poste restante ['pɔst rɛs'tɑnt] postlagernd
postkantoor *n* ['pɔs(t)kɑnto:r] Post
postzegel ['pɔ(st)seχəl] Briefmarke
postzegelautomaat ['pɔ(st)seχəlɑutoma:t] Briefmarkenautomat
potlood *n* ['pɔtlot] Bleistift
praktisch ['prɑktis] praktisch
praten [pratən] reden
praten ['pratən] s. unterhalten *(sprechen)*
precies [prə'sis] genau
precies! [prə'sis] eben *(genau!)*
prei [prɛi] Lauch
première [prəm'jɛ:rə] Premiere
pretpark *n* ['prɛtpɑrk] Vergnügungspark
prijs [prɛis] Fahrpreis, Preis
prijs per kilometer [prɛis pɛr 'kilometər] Kilometerpreis
prijslijst ['prɛislɛist] Preisliste
prik [prɪk] Impfung, Spritze
privé [pri've] privat
proberen [pro'be:rən] versuchen
probleem *n* [pro'blem] Problem
procent *n* [pro'sɛnt] Prozent
proces-verbaal *n* [pro'sɛsvər'bal] Protokoll *(Polizei)*
product *n* [pro'dœkt] Produkt
programma *n* [pro'χrama] Programm
programmaboekje *n* [pro'χramabukjə] Programmheft
promillegrens [pro'miləχrɛns] Promillegrenze
pron hij [hɛi] er
propaangas *n* [pro'paŋχɑs] Propangas
protesteren [protɛs'te:rən] protestieren
provisorisch [provi'zo:ris] provisorisch
pruimen *pl* ['prœymən] Pflaumen
publiek *n* [py'blik] Publikum
punt ['pœnt] Spitze

puzzeltocht [ˈpœzəltɔχt] Rallye
pyjama [piˈjama] Schlafanzug

R

raad [raːt] Rat
racefiets [ˈresfits] Rennrad
racket *n* [ˈrɛkət] Schläger
radarcontrole [ˈradɑrkɔnˈtrɔːlə] Radarkontrolle
raden [ˈradən] ‹raadde/ried, geraden› **(er)raten**
radiator [radiˈjatɔr] Kühler
radio [ˈradijo] Radio
rauw [rɑu] roh
rauwe ham [ˈrɑuwə hɑm] roher Schinken
recept *n* [rəˈsɛpt] Rezept
receptie [rəˈsɛpsi] Empfang *(Hotel)*, Rezeption
recht [ˈrɛχt] *adj* gerade
recht [rɛχt] *n* Recht
rechtbank [ˈrɛχdbɑŋk] Gericht *(Justiz)*
rechtdoor [rɛχˈdoːr] geradeaus
rechter [ˈrɛχtər] rechte(r, -s), Richter/in
rechts [rɛχ(t)s] rechte(r, -s) *(politisch)*, rechts
reclameren [reklaˈmeːrən] reklamieren
recreatiegebied *n* [rekreˈja(t) siχəbit] Erholungsgebiet
redden [ˈrɛdən] retten
reddingsboei [ˈrɛdɪŋsbuj] Rettungsring
reddingsboot [ˈrɛdɪŋzbot] Rettungsboot
reden [ˈredən] (Beweg-)Grund
reformhuis *n* [reˈfɔrmhœys] Reformhaus
regelen [ˈreχələn] regeln
regelmatig [reχəlˈmatəχ] *adj/adv* regelmäßig
regen [ˈreχən] Regen
regenachtig [ˈreχənɑχtəχ] regnerisch
regenbui [ˈreχə(n)bœy] Regenschauer
regenjack *n* [ˈreχə(n)jɛk] Regenjacke
regenjas [ˈreχə(n)jɑs] Regenmantel
regering [rəˈχeːrɪŋ] Regierung
regie [rəˈʒi] Regie
regio [ˈreχijo] Region
regisseur [reχiˈsøːr] Regisseur
reinigen [ˈrɛinəχən] reinigen *(chemisch)*
reis [rɛis] Reise
reisbureau *n* [ˈrɛizbyro] Reisebüro
reischeque [ˈrɛiʃɛk] Reisescheck

reisgezelschap *n* [ˈrɛisχəzɛlsχap] Reisegesellschaft
reisgids [ˈrɛisχɪts] Reiseführer
reistas [ˈrɛistɑs] Reisetasche
reiswekker [ˈrɛiswɛkər] Reisewecker
reizen [ˈrɛizən] reisen
reizig(st)er [ˈrɛizəχ(st)ər] der/die Reisende
rekening [ˈrekənɪŋ] Rechnung
rem [rɛm] Bremse
remlichten *pl* [ˈrɛmlɪχtən] Bremslichter
remolie [ˈrɛmɔli] Bremsflüssigkeit
remover [riˈmuːvər] Nagellackentferner
reparatiespullen *pl* [repaˈra(t)siˈspœlən] Flickzeug
repareren [repaˈreːrən] reparieren
reserveren [rezɛrˈveːrən] buchen
reservering [rezɛrˈveːrɪŋ] Reservierung
reservewiel *n* [rəˈzɛrvəwil] Ersatzrad
restauratiewagen [rɛstoˈra(t)siwɑχən] Speisewagen
restaureren [rɛstoˈreːrən] restaurieren
resultaat *n* [rezəlˈtat] Ergebnis
retour *n* [rəˈtuːr] Rückfahrkarte
reuma [ˈrøma] Rheuma
rib [rɪp] Rippe
richting [ˈrɪχtɪŋ] Richtung
riem [rim] Gürtel
rietje *n* [ˈritjə] Strohhalm
rij [rɛi] Schlange
rijbewijs *n* [ˈrɛibəwɛis] Führerschein
rijden [ˈrɛidən] ‹reed, gereden› fahren
rijk [rɛik] reich
rijp [rɛip] reif
rijst [rɛist] Reis
rijsttafel [ˈrɛistafəl] Reistafel
ring [rɪŋ] Ring
rit [rɪt] Fahrt
rivier [riˈviːr] Fluss
rode wijn [ˈrodə wɛin] Rotwein
roeiboot [ˈrujbot] Ruderboot
roeien [ˈrujən] rudern
roepen [ˈrupən] ‹riep, geroepen› rufen
roer *n* [ruːr] Ruder
roggebrood *n* [ˈrɔχəbrot] Schwarzbrot
rok [rɔk] Rock
roken [ˈrokən] rauchen
roker/rookster [ˈrokər/ˈrokstər] Raucher/in
rolschaats [ˈrɔlsχats] Rollschuh
rolschaatsen [ˈrɔlsχatsən] Rollschuh fahren
rolstoel [ˈrɔlstul] Rollstuhl

rolstoelgebruiker [ˈrɔlstulχəbrœykər] Rollstuhlfahrer
roman [roˈmɑn] Roman
Romeins [roˈmɛins] römisch
rommelmarkt [ˈrɔməlmɑrkt] Flohmarkt
rond [rɔnt] rund
rondleiding [ˈrɔntlɛidɪŋ] Führung
rondrit [ˈrɔntrɪt] Rundfahrt *(Bus)*
rondvaart [ˈrɔntfaːrt] Rundfahrt *(Boot)*
rondweg [ˈrɔntwɛχ] Umgehungsstraße
röntgenfoto [ˈrœntχə(n)foto] Röntgenaufnahme
rood [rot] rot
rooibosthee [ˈrojbɔste] Rooibostee
room [rom] Sahne
roos [ros] Schuppen
roosmarijn [rosmaˈrɛin] Rosmarin
rosé [roˈze] Rosé
rose buurt [ˈrɔːzə byːrt] Rotlichtviertel
rot [rɔt] faul *(Obst)*
route [ˈrutə] Route
roze [ˈrɔːzə] rosa
rubberboot [ˈrœbərbot] Schlauchboot
rubberlaarzen *pl* [rœbərˈlaːrzən] Gummistiefel
rug [rœχ] Rücken
rugpijn [ˈrœχpɛin] Rückenschmerzen
rugzak [ˈrœχsɑk] Rucksack
ruiken [ˈrœykən] ‹rook, geroken› riechen
ruilen [ˈrœilən] tauschen
ruimte [ˈrœymtə] Raum *(Platz)*
ruïne [ryˈwinə] Ruine
ruitenwisser [ˈrœytə(n)wɪsər] Scheibenwischer
ruiterkamp *n* [ˈrœytərkɑmp] Reiterferien
rundvlees *n* [ˈrœntvles] Rindfleisch
rust [ˈrœst] Ruhe
rustig [ˈrœstəχ] ruhig
rustplaats [ˈrœs(t)plats] Rastplatz

S

's avonds [ˈsavɔns] abends
's middags [ˈsmɪdɑχs] nachmittags
's morgens [ˈsmɔrχəns] vormittags
's nachts [snɑχ(t)s] nachts
's ochtends [ˈsɔχ(t)ən(t)s] morgens

's ochtends ['sɔχəns] am Vormittag
saai [saj] langweilig
saffraan [sɑ'fran] Safran
salade [sa'ladə] Salat *(zubereitet)*
saladebuffet *n* [sa'ladəbœ'fɛt] Salatbüfett
salie ['sali] Salbei
sambal ['sɑmbɑl] Chilipaste
samen ['samən] zusammen
sandalen *pl* [sɑn'dalən] Sandalen
sanitaire voorzieningen *pl* [sani'tɛːrə voːr'zinɪŋən] Sanitäreinrichtungen
sappig ['sɑpəχ] saftig
sauna ['sɑuna] Sauna
saus [sɑus] Soße
schaar [sχaːr] Schere
schaats ['sχats] Schlittschuhe
schaatstocht ['sχatstɔχt] Schlittschuhtour
schaatswedstrijd ['sχatswɛtstrɛit] Eislauf
schade ['sχadə] Schaden
schadelijk ['sχadələk] schädlich
schaduw ['sχadyw] Schatten
schapenkaas ['sχapə(n)kas] Schafskäse
scharretong ['sχɑrətɔŋ] Flügelbutt
schat [sχɑt] Liebling
schatten ['sχɑtən] schätzen *(taxieren)*
schattig ['sχɑtəχ] entzückend
scheenbeen *n* ['sχenben] Schienbein
scheerapparaat *n* ['sχeːrɑparat] Rasierapparat
scheerkwast ['sχeːrkwɑst] Rasierpinsel
scheerlijn [sχeːrlɛin] Zeltschnur
scheermesjes *pl* ['sχeːrmɛʃəs] Rasierklingen
scheerzeep ['sχeːrzep] Rasierschaum
scheiden ['sχɛidən] ‹scheidde, gescheiden› trennen
scheiding ['sχɛidɪŋ] Scheitel
scheidsrechter ['sχɛitsrɛχtər] Schiedsrichter
schelden [sχɛldən] ‹schold, gescholden› schimpfen
schelp [sχɛlp] Muschel *(am Strand)*
schenken ['sχɛŋkən] ‹schonk, geschonken› schenken
scheuren ['sχøːrən] reißen
scheuring van de banden ['sχøːrɪŋ van də 'bɑndən] Bänderriss
schilder/schilderes ['sχɪldər/sχɪldə'rɛs] Maler/in

schilderen met waterverf ['sχɪldərən mɛt 'watərvɛrf] Aquarellmalen
schilderij *n* [sχɪldə'rɛi] Bild *(Gemälde)*
schilderkunst ['sχɪldərkœnst] Malerei
schimmel ['sχɪməl] Pilz
schoen ['sχun] Schuh
schoenborstel ['sχunbɔrstəl] Schuhbürste
schoenen *pl* ['sχunən] Schuhe
schoenmaker ['sχunmakər] Schuhmacher
schoenpoetsgerei *n* ['sχunputsχərɛi] Schuhputzzeug
schoensmeer ['sχunsme:r] Schuhcreme
schoenwinkel ['sχunwɪŋkəl] Schuhgeschäft
schok [sχɔk] Stoß *(Schlag)*
schokbreker ['sχɔgbrekər] Stoßdämpfer
schol [sχɔl] Scholle
school [sχol] Schule
schoolkinderen *pl* ['sχolkɪndərən] Schulkinder
schoon [sχon] frisch *(Bettwäsche)*, sauber
schoonmaken ['sχomakən] putzen *(Wohnung)*, reinigen
schoonzus ['sχonzœs] Schwägerin
schoteltje *n* ['sχotəltjə] Untertasse
schouder ['sχaudər] Schulter
schoudertas ['sχaudərtas] Umhängetasche
schouwburg ['sχaubœr(ə)χ] Theater
schreeuwen ['sχrewən] schreien
schriftelijk ['sχrɪftələk] schriftlich
schrijfwaren *pl* ['sχrɛifwa:rən] Schreibwaren
schrijven ['sχrɛivən] ‹schreef, geschreven› schreiben
schroef [sχruf] Schraube
schuifdak *n* [sχœyvdak] Schiebedach
schuld [sχœlt] Schuld
schuldig zijn ['sχœldəχ sɛin] ‹was/waren, geweest› schulden
seconde [sə'kɔndə] Sekunde
sedert ['sedərt] seit
seizoen *n* [sɛi'zun] Saison
seks [sɛks] Sex
selderie ['sɛldəri] Sellerie
september [sɛp'tɛmbər] September
serveren [sɛr've:rən] servieren
servet *n* [sɛr'vɛt] Serviette

shampoo ['ʃampo] Haarwaschmittel, Shampoo
shuttle ['ʃœtəl] Federball
sieraden *pl* ['siradən] Schmuck
sinaasappel ['sinazapəl] Orange
sinds [sɪnts] *prp/conj* seit
sjaal [ʃal] Schal
sla [sla] Salat
slaan [slan] ‹sloeg, geslagen› schlagen
slaapbank ['slabaŋk] Schlafcouch
slaapkamer ['slapkamər] Schlafzimmer
slaapstoel ['slapstul] Liegesitz
slaaptabletten *pl* ['slaptablɛtən] Schlaftabletten
slagerij [slaχə'rɛi] Metzgerei
slagroom ['slaχrom] Schlagsahne
slank [slaŋk] schlank
slapeloosheid [slapə'loshɛit] Schlaflosigkeit
slapen ['slapən] ‹sliep, geslapen› schlafen
slecht [slɛχt] *adj/adv* schlecht
slechts [slɛχ(t)s] nur
sleepdienst ['slebdinst] Abschleppdienst
sleepkabel ['slepkabəl] Abschleppseil
sleutel ['sløtəl] Schlüssel, Schüssel
sleutelbeen *n* ['sløtəlben] Schlüsselbein
sleutelkaart ['sløtəlka:rt] Schlüsselkarte
slijterij [slɛitə'rɛi] Spirituosengeschäft
slim [slɪm] schlau
sloot [slot] Graben
slot *n* [slɔt] Schloss
sluis [slœys] Schleuse
sluiten ['slœytən] ‹sloot, gesloten› schließen
smaak [smak] Geschmack
smaken ['smakən] schmecken
smal [smal] schmal
smokkelen [smɔkələn] schmuggeln
sms [ɛzəm'ɛs] SMS
snack [snɛk] Imbiss
sneetje *n* ['snetjə] Scheibe (Brot)
sneeuw [snew] Schnee
snel [snɛl] *adj/adv* schnell
snelheid ['snɛlhɛit] Geschwindigkeit
sneltram ['snɛltrɛm] S-Bahn®
snijden ['snɛidən] ‹sneed, gesneden› schneiden
snijtand ['snɛitant] Schneidezahn
snijwond ['snɛiwɔnt] Schnittwunde

snoepgoed *n* ['snupχut] Süßigkeiten
snoepje *n* ['snupjə] Bonbon
snoepwinkel ['snupwɪŋkəl] Süßwarengeschäft
snor [snɔr] Schnurrbart
snuiten ['snœytən] ‹snoot, gesnoten› putzen *(Nase)*
snurken ['snœrkən] schnarchen
soep [sup] Suppe
soepbord ['subɔrt] Suppenteller
sokken *pl* ['sɔkən] Socken
som [sɔm] Summe
sommeren [sɔ'meːrən] auffordern
soms [sɔms] manchmal
soort [soːrt] Art *(Sorte)*
soortgelijk [soːrtχə'lɛik] ähnlich
souvenirshop [suvə'nirʃɔp] Souvenirladen
spaak [spak] Speiche
spatbord *n* ['spɑdbɔrt] Kotflügel
speciaal [spe'ʃal] speziell
specialist(e) [speʃa'lɪst(ə)] Facharzt/ärztin
specialiteit [speʃali'tɛit] Spezialität
speelgoed *n* ['spelχut] Spielsachen
speelgoedwinkel ['spelχutwɪŋkəl] Spielwarengeschäft
speelplaats ['spelplats] Spielplatz
speen [spen] Sauger
spelen ['spelən] spielen
spellen ['spɛlən] buchstabieren
spiegel ['spiχəl] Spiegel
spier [spiːr] Muskel
spijkerbroek ['spɛikərbruk] Jeanshose
spijsvertering ['spɛisfərteːrɪŋ] Verdauung
spijsverteringsstoornis ['spɛisfərteːrɪŋs'stoːrnɪs] Verdauungsstörung
spinazie [spi'nazi] Spinat
splitsing ['splɪtsɪŋ] Abzweigung
spoedbrief ['spudbrif] Eilbrief
spoelbak ['spulbɑk] Geschirrspülbecken
spoor *n* [spoːr] Gleis
spoorboekje *n* ['spoːrbukjə] Kursbuch
spoorweg ['spoːrwɛχ] Eisenbahn
sport [spɔrt] Sport
sportartikelen *pl* ['spɔrtɑrtikələn] Sportartikel
sportman/sportvrouw ['spɔrtmɑn/'spɔrtfrɑu] Sportler/in
sportveld *n* ['spɔrtfɛlt] Sportplatz

spreekuur *n* ['spreky:r] Sprechstunde
spreken ['sprekən] ‹sprak/spraken, gesproken› **sprechen**
springen ['sprɪŋən] ‹sprong, gesprongen› **springen**
sproeikop ['sprujkɔp] Handbrause
staan [stan] ‹stond, gestaan› stehen
staan op ['stan ɔp] ‹stond, gestaan› **bestehen auf, insistieren**
stad [stɑt] ‹steden› Stadt
stadhuis *n* ['stɑthœys] Rathaus
stadion *n* ['stadijɔn] Stadion
stadslicht *n* ['stɑtslɪχt] Abblendlicht
stadsmuren *pl* ['stɑtsmy:rən] Stadtmauern
stadspoort ['stɑtspo:rt] Stadttor
standbeeld *n* ['stɑndbelt] Statue
stapelbed *n* ['stapəlbɛt] Etagenbett
start [stɑrt] Start
startkabel ['stɑrtkabəl] Starthilfekabel
statiegeld *n* ['statsiχɛlt] Pfand
station *n* [sta(t)'ʃɔn] Bahnhof
steeg [steχ] Gasse
steen [sten] Stein
steenachtig ['stenɑχtəχ] steinig
steiger ['stɛiχər] Steg
steil [stɛil] steil
steken ['stekən] ‹stak/staken, gestoken› **stechen**
stekker ['stɛkər] Stecker
stelen ['stelən] ‹stal/stalen, gestolen› **stehlen**
stempel ['stɛmpəl] Stempel
(af)stempelen ['(ɑf)stɛmpələn] entwerten
ster [stɛr] Stern
sterk [stɛr(ə)k] stark
sterrenwacht ['stɛrə(n)wɑχt] Sternwarte
sterven ['stɛrvən] ‹stierf, gestorven› **sterben**
steward/stewardess ['stjuwərt/stjuwɑr'dɛs] Steward/ess
stijl [stɛil] Stil
sticker ['stɪkər] Aufkleber
stil [stɪl] still
stilleven *n* ['stɪlevən] Stillleben
stilte! ['stɪltə] Ruhe! *(Ausruf)*
stinken [stɪŋkən] ‹stonk, gestonken› **stinken**
stipt [stɪpt] pünktlich
stoel [stul] Sessel, Stuhl
stoelgang ['stulχɑŋ] Stuhlgang
stof [stɔf] Stoff
stof *n* [stɔf] Staub
stok [stɔk] Stock
stoken ['stokən] heizen
stomerij [stomə'rɛi] Reinigung

stoomschip *n* ‹stoomschepen› ['stomsχɪp] Dampfer
stoomtreinrit ['stomtrɛinrɪt] Dampfzugfahrt
stoot [stot] Stoß
stop [stɔp] Sicherung *(Strom)*
stop! [stɔp] halt!
stopcontact *n* ['stɔpkɔntakt] Steckdose
stoplicht *n* ['stɔplɪχt] Ampel
stoppen ['stɔpən] anhalten, halten *(stehen bleiben)*
storen ['sto:rən] stören
storm [stɔr(ə)m] Sturm
stortbak ['stɔrdbak] Wasserspülung
straat [strat] Straße
straf [straf] Strafe
strafschop ['strafsχɔp] Elfmeter
strand *n* [strant] Strand
strandschoenen *pl* ['strantsχunən] Strandschuhe
strandvolleybal *n* ['strantvɔlibal] Beach-Volleyball
strandwandeling ['strantswandəlɪŋ] Strandspaziergang
streek [strek] Gegend
strijken ['strɛikən] ‹streek, gestreken› bügeln
stripboek *n* ['strɪbuk] Comicheft
stromen ['stromən] fließen
stroming ['stromɪŋ] Strömung
stroom [strom] Strom
stroomaansluiting ['stromanslœytɪŋ] Stromanschluss
stroopwafels *pl* ['stropwafəls] Sirupwaffeln
studeren [sty'de:rən] studieren
stuk [stœk] kaputt
stuk *n* [stœk] Stück
sturen [sty:rən] schicken
stuur *n* [sty:r] Lenkrad
suiker ['sœykər] Zucker
suiker(ziekte) ['sœykər(ziktə)] Diabetes
supermarkt ['sypərmarkt] Supermarkt
surfen ['sœrfən] surfen *(auch im Internet)*
surfplank ['sœr(ə)fplaŋk] Surfbrett
sympathiek [sɪmpa'tik] sympathisch
synagoge [sina'χoχə] Synagoge

T

taai [taj] zäh
taal [tal] Sprache
taart [ta:rt] Kuchen
tabak [ta'bak] Tabak
tabakswinkel [ta'bakswɪŋkəl] Tabakladen

tablet [ta'blɛt] Tablette
tafel ['tafəl] Tisch
tafellaken *n* ['tafəlakən] Tischtuch
tafeltennis *n* ['tafəltɛnəs] Tischtennis
takelwagen ['takəlwaχən] Abschleppwagen
tamelijk ['taməlәk] ziemlich
tampons *pl* [tam'pɔns] Tampons
tand [tɑnt] Zahn
tandenborstel ['tɑndə(n)bɔrstəl] Zahnbürste
tandenstoker ['tɑndə(n)stokər] Zahnstocher
tandpasta ['tɑmpɑsta] Zahnpasta
tandvlees *n* ['tɑntfles] Zahnfleisch
tandzijde ['tɑntsɛidə] Zahnseide
tank [tɛŋk] Tank
tanken ['tɛŋkən] tanken
tarbot ['tɑrbɔt] Steinbutt
tarief *n* ['ta'rif] Gebühr
tas [tɑs] (Hand)Tasche
taststok ['tɑststɔk] Taststock
taxichauffeur ['tɑksiʃo'fø:r] Taxifahrer/in
taxistandplaats [tɑksi'stɑntplats] Taxistand
te [tə] zu *(mit adj)*
te laat komen [tə 'lat komən] ‹kwam, gekomen› s. verspäten
team *n* [tim] Mannschaft
tearoom ['tirum] Café *(mit Kuchen)*
teder ['tedər] zärtlich
teen [ten] Zehe
tegen ['teχən] gegen *(wider)*
tegen twaalven [teχən 'twal(ə)vən] gegen Mittag
tegendeel *n* ['teχə(n)del] Gegenteil
tegenover [teχə'novər] *adv/prp* gegenüber
tegenovergesteld [teχə'novərχəstɛlt] entgegengesetzt
teken *n* ['tekən] Zeichen
tekenen ['tekənən] zeichnen
tekening ['tekənɪŋ] Zeichnung
telefoon [telə'fon] Telefon
telefoonboek *n* [telə'fombuk] Telefonbuch
telefooncel [telə'fonsɛl] Telefonzelle
telefoonkaart ['telə'foŋka:rt] Telefonkarte
telefoonnummer *n* [telə'fonœmər] Telefonnummer
telefoontje *n* [telə'fontjə] Anruf

teleurgesteld [tə'lø:rχəstɛlt] enttäuscht
televisie [telə'visi] Fernseher
tellen ['tɛlən] zählen
temperatuur [tɛmpəra'ty:r] Temperatur
ten noorden van [tɛn 'no:rdən van] nördlich von
ten oosten van [tɛn ostən van] östlich von
ten tweede [tɛn 'twedə] zweitens
ten westen van [tɛn 'wɛstən van] westlich von
ten zuiden van [tɛn 'zœydən van] südlich von
tennis *n* ['tɛnəs] Tennis
tennisracket *n* ['tɛnəsrɛkət] Tennisschläger
tenslotte [tɛn'slɔtə] zuletzt
tent [tɛnt] Zelt
tentoonstelling [tɛn'tonstɛlɪŋ] Ausstellung
tentstok ['tɛntstɔk] Zeltstange
terras *n* [tɛ'ras] Terrasse
terrein *n* [tɛ'rɛin] Gelände
terugbrengen ['t(ə)rœχbrɛŋən] ‹bracht terug, teruggebracht› zurückbringen
teruggeven ['t(ə)rœχevən] ‹gaf/gaven terug, teruggegeven› zurückgeben
terughaalservice ['t(ə)rœχhalsœrvəs] Rückholservice
terugkeer ['trœχke:r] Rückkehr
terugkeren ['t(ə)rœχke:rən] zurückkehren
terugkomen ['t(ə)rœχkomən] ‹kwam/kwamen terug, teruggekomen› wiederkommen
terugreis ['t(ə)rœχrɛis] Rückfahrt
terwijl *conj* [tɛr'wɛil] während
tevreden [tə'vredən] zufrieden
theatergezelschap *n* [te'jatərχəzɛlsχap] Theatergruppe
thee [te] Tee
theezakje *n* ['tezakjə] Teebeutel
thermiek [tɛr'mik] Aufstieg
thermo(s)fles [tɛrmo(s)flɛs] Thermosflasche®
thuis [tœys] daheim
thuisreis ['tœysrɛis] Heimreise
tien minuten geleden ['ti(n) mi'nytə(n) χə'ledə] vor zehn Minuten
tijd [tɛit] Zeit
tijdens ['tɛidəns] *prp* während
tijdperk *n* ['tɛitpɛrk] Epoche
tijdschrift *n* ['tɛitsχrɪft] Zeitschrift
tijm [tɛim] Thymian

tip [tɪp] Tipp
toch [tɔχ] trotzdem
toch [tɔχ] doch
toegang zonder drempels ['tuχaŋ 'zɔndər drɛmpəls] stufenloser Zugang
toegangsprijs ['tuχaŋsprɛis] Eintrittspreis
toegestaan ['tuχəstan] zulässig
toekomst ['tukɔmst] Zukunft
toekomstig [tu'kɔmstəχ] zukünftig
toen [tun] als *(zeitlich)*, damals, dann *(Vergangenheit)*
toerenteller ['turə(n)tɛlər] Tachometer
toerist/toeriste [tu'rɪst(ə)] Tourist/in
toeschouw(st)er ['tusχauw-(st)ər] Zuschauer/in
toeslag ['tuslɑχ] Zuschlag
toestaan ['tustan] ‹stond toe, toegestaan› erlauben, genehmigen
toestand ['tustɑnt] Lage *(Situation)*, Zustand
toestel *n* ['tustɛl] Apparat, Maschine *(Flugzeug)*
toestemmen ['tustɛmən] zustimmen
toestemming ['tustɛmɪŋ] Erlaubnis
toevallig [tu'vɑləχ] zufällig
toevoegen ['tuvuχən] hinzufügen
toilet *n* [twɑ'lɛt] Toilette
toiletpapier *n* [twɑ'lɛtpɑpi:r] Toilettenpapier
tomaten *pl* [to'matən] Tomaten
toneelstuk *n* [to'nelstœk] Schauspiel, Theaterstück
tonen ['tonən] zeigen
tong [tɔŋ] Seezunge, Zunge
toren ['to:rən] Turm
tot [tɔt] bis
touw *n* [tɑu] Bindfaden
trainingspak *n* ['trenɪŋspɑk] Jogginganzug
traject *n* [tra'jɛkt] Strecke
tram [trɛm] Straßenbahn
trap [trɑp] Treppe
trapper ['trɑpər] Pedal
tree [tre] Stufe
treffen ['trɛfən] ‹trof, getroffen› treffen
trein [trɛin] Zug
trek [trɛk] Lust *(Essen, Trinken)*
trek hebben [trɛk 'hɛbən] ‹had, gehad› hungrig sein
trekken ['trɛkən] ‹trok, getrokken› ziehen
troebel ['trubəl] trüb *(Wasser)*
trouw [trɑu] treu
trouwen ['trɑuwən] heiraten
trui [trœy] Pullover
tuin [tœyn] Garten

tunnel ['tœnəl] Tunnel
turkoois [tyr'kojs] türkis
tussen ['tœsən] zwischen
tussen de middag ['tœsən də 'mɪdɑχ] mittags
tv kijken [te've 'kɛikən] fernsehen
tweede ['twedə] zweite(r, -s)
typisch (voor) ['tipis vo:r] typisch (für)

U

u [y] Sie
uien *pl* ['œyjən] Zwiebeln
uit [œyt] aus
uitbetalen ['œydbətalən] auszahlen
uitdoen ['œydun] ‹deed uit, uitgedaan› ausmachen *(ausschalten)*
uitdrukkelijk [œy'drœkələk] ausdrücklich
uitdrukking ['œydrœkɪŋ] Ausdruck
uitgaan ['œytχan] ‹ging uit, uitgegaan› ausgehen
uitgang ['œytχɑŋ] Ausgang
uitgeput ['œytχepœt] erschöpft
uitgeven ['œytχevən] ‹gaf/gaven uit, uitgegeven› ausgeben
uitkijk ['œytkɛik] Aussichtspunkt
uitlaat ['œytlat] Auspuff
uitleggen ['œytlɛχən] erklären *(deutlich machen)*
uitnodigen ['œytnodəχən] einladen
uitrit ['œytrɪt] Ausfahrt
uitrusten ['œytrœstən] s. ausruhen
uitslag ['œytslɑχ] Ausschlag, Ergebnis *(Sport)*
uitspreken ['œytsprekən] ‹sprak/spraken uit, uitgesproken› aussprechen
uitstapje *n* ['œytstɑpjə] Ausflug
uitstappen ['œytstɑpən] aussteigen
uitstekend [œyt'stekənt] ausgezeichnet
uitverkoop ['œytfərkop] Ausverkauf
uitwisselen ['œytwɪsələn] austauschen
uitzending ['œytsɛndɪŋ] Sendung *(Radio, Fernsehen)*
uitzicht *n* ['œytsɪχt] Aussicht, Sicht *(Blick)*
uitzoeken ['œytsukən] ‹zocht uit, uitgezocht› aussuchen
universiteit [yniversi'tɛit] Universität
urine [y'rinə] Urin

uur [yːr] *n* Stunde

V

vaak [vak] oft
vaarbewijs *n* ['vaːrbəwɛis] Bootsführerschein
vaart [vaːrt] (Schiff)Fahrt
vaas [vas] Vase
vaatdoek ['vaduk] Spültuch
vaatwerk *n* ['vatwɛrk] Geschirr
vaccinatiekaart [vɑksi'natsikaːrt] Impfpass
vader ['vadər] Vater
vakantie [vɑ'kɑn(t)si] Ferien, Urlaub
vakantiehuisje *n* [vɑ'kɑn(t)sihœyʃə] Ferienhaus
vakantiepark *n* [vɑ'kɑn(t)sipɑrk] Ferienanlage
valhelm ['vɑlhɛl(ə)m] Sturzhelm
vallen ['vɑlən] ‹viel, gevallen› fallen
vals [vɑls] falsch *(betrügerisch)*
van [vɑn] aus *(Material)*, von *(Herkunft)*
van onderen! [vɑn 'ɔndərən] abwärts! *(Ausruf)*
van plan zijn [vɑn 'plɑn zɛin] ‹was/waren, geweest› beabsichtigen
van tevoren [vɑn tə'voːrən] vorher
vanaf [vɑ'nɑf] ab
vanavond [vɑ'nɑvɔnt] heute Abend
vandaag [vɑn'daχ] heute
vangen ['vɑŋən] ‹ving, gevangen› fangen
vanmorgen [vɑ'mɔrχən] heute Morgen
vanzelf [vɑn'zɛl(ə)f] von selbst
varen ['vaːrən] ‹voer, gevaren› Schiff fahren
varkensvlees *n* ['vɑrkə(n)sfles] Schweinefleisch
vast bedrag *n* [vɑst bə'drɑχ] Pauschale
vaste prijs voor stroom ['vɑstə prɛis voːr strom] Strompauschale
vasthouden ['vɑsthɑudən] ‹hield vast, vastgehouden› (fest) halten
veel [vel] viel
veerboot ['veːrbot] Fähre
vegetarisch [veχə'taːris] vegetarisch
veilig ['vɛiləχ] sicher *(ohne Gefahr)*
veiligheid ['vɛiləχhɛit] Sicherheit *(Schutz)*
veiligheidsriem ['vɛiləχhɛitsrim] Sicherheitsgurt

veiligheidsspeld [ˈvɛiləxɛitspɛlt] Sicherheitsnadel
veld *n* [vɛlt] Feld
venkel [ˈvɛŋkəl] Fenchel
ventilator [vɛntiˈlatɔr] Ventilator
ver [vɛr] weit *(entfernt)*
verantwoordelijk [vərantˈwo:rdələk] verantwortlich, zuständig
verband *n* [vərˈband] Verband
verbazen (over), zich ~ [zɪχ fərˈbazən (ovər)] s. wundern (über)
verbeteren [vərˈbetərən] verbessern
verbieden [vərˈbidən] ‹verbood, verboden› verbieten
verbinden [vərˈbɪndən] ‹verbond, verbnden› verbinden
verbinding [vərˈbɪndɪŋ] Anschluss *(Telefon)*, Verbindung
verblijf *n* [vərˈblɛif] Aufenthalt
verblijven [vərˈblɛivən] ‹verbleef, verbleven› s. aufhalten
verbod *n* [vərˈbɔt] Verbot
verboden [vərˈbodən] verboten
verboden vistijd [vərˈbodən ˈvɪstɛit] Schonzeiten
verbranden [vərˈbrandən] verbrennen
verbranding [vərˈbrandɪŋ] Verbrennung
verbruik *n* [vərˈbrœyk] Verbrauch
verdieping [vərˈdipɪŋ] Etage, Stockwerk
verdovende middelen *pl* [vərˈdovəndə ˈmɪdələn] Rauschgift
verdragen [vərdraχən] ‹verdroeg, verdragen› vertragen
verdriet *n* [vərˈdrit] Kummer
verdrietig [vərˈdritəχ] traurig
verdwalen [vərˈdwalən] s. verirren
verdwijnen [vərˈdwɛinən] ‹verdween, verdwenen› verschwinden
vereniging [vərˈenəχɪŋ] Verein
verfrissing [vərˈfrɪsɪŋ] Erfrischung
vergeefs [vərˈχefs] umsonst *(vergeblich)*
vergelijken [vərχəˈlɛikən] ‹vergeleek, vergeleken› vergleichen
vergeten [vərˈχetən] ‹vergat/vergaten, vergeten› vergessen
(ver)gif *n* [(vər)χɪf] Gift

vergiftiging [vər'χɪftəχɪŋ] Vergiftung
vergissen, zich ~ [zɪχ vər'χɪsən] s. täuschen
vergissing [vər'χɪsɪŋ] Irrtum
vergoeden [vər'χudən] ersetzen *(Schaden)*
vergunning [vər'χœnɪŋ] Genehmigung
verheugen op/over, zich ~ [zɪχ vər'høχən ɔp/'ovər] s. freuen auf/über
verhinderen [vər'hɪndərən] verhindern
verhuren [vər'hy:r] vermieten
verjaardag [vər'ja:rdɑχ] Geburtstag
verkeer *n* [vər'ke:r] Verkehr
verkiezen [vər'kizən] ‹verkoos, verkozen› vorziehen *(lieber haben)*
verklaren [vər'kla:rən] erklären *(angeben, begründen)*
verklaring [vər'kla:rɪŋ] Bescheinigung
verkleden, zich ~ [zɪχ vər'kledən] s. umziehen
verkopen [vər'kopən] ‹verkocht, verkocht› verkaufen
verkoudheid [vər'kɑuthɛit] Erkältung
verkrachting [vər'krɑχtɪŋ] Vergewaltigung
verlangen [vər'lɑŋən] verlangen
verlaten [vər'latən] ‹verliet, verlaten› verlassen
verleden *n* [vər'ledən] Vergangenheit
verlegen [vər'leχən] schüchtern
verlengen [vər'lɛŋən] verlängern
verlies *n* [vər'lis] Verlust
verliezen [vər'lizən] ‹verloor, verloren› verlieren
verloofde [vər'lovdə] der/die Verlobte
verloren/gevonden voorwerpen *pl* [vər'lo:rən/χə'vɔndən 'vo:rwɛrpən] Fundsachen
vermijden [vər'mɛidən] ‹vermeed, vermeden› vermeiden
vermoeiend [vər'mujənt] anstrengend
vernielen [vər'nilən] zerstören
verongelukken [vər'ɔŋχəlœkən] verunglücken
(zich) verontschuldigen [(zɪχ) vərɔnt'sχœldəχən] (s.) entschuldigen
veroorzaken [vər'o:rzakən] verursachen
verpakking [vər'pɑkɪŋ] Verpackung

verpleegster [vər'pleχstər] Krankenschwester
verrast [və'rɑst] überrascht
verrekenen, zich – [zɪχ fə'rekənən] s. verrechnen
verrekking [və'rɛkɪŋ] Zerrung
verrijdbare brug [və'rɛidba:rə brœχ] Auffahrtrampe *(fahrbar)*
vers [vɛrs] frisch *(Lebensmittel)*
verschil *n* [vər'sχɪl] Unterschied
verschrikkelijk [vər'sχrɪkələk] schrecklich
versnelling [vər'snɛlɪŋ] Gang, Gang(schaltung)
versnellingsbak [vər'snɛlɪŋzbɑk] Getriebe *(Auto)*
verstaan [vər'stan] ‹verstond, verstaan› verstehen
verstandig [vər'stɑndəχ] klug
verstandskies [vər'stɑntskis] Weisheitszahn
verstopping [vər'stɔpɪŋ] Verstopfung
verstrijken [vər'strɛikən] ‹verstreek, verstreken› vergehen *(Zeit)*
verstuikt [vər'stœykt] verstaucht
vertalen [vər'talən] übersetzen
vertellen [vər'tɛlən] erzählen
vertragen [vər'traχən] verzögern
vertraging [vər'traχɪŋ] Verspätung
vertrek *n* [vər'trɛk] Abfahrt, Abflug
vertrekken [vər'trɛkən] ‹vertrok, vertrokken› abfahren
vertrektijd [vər'trɛktɛit] Abfahrtszeit
vertrouwen *n* [vər'trɑuwən] Vertrauen
vervangen [vər'vɑŋən] ‹verving, vervangen› ersetzen
vervoerbewijs *n* [vər'vu:rbəwɛis] Fahrschein
verwachten [vər'wɑχtən] erwarten
verwant [vər'wɑnt] verwandt
verwarming [vər'wɑrmɪŋ] Heizung
verwisselen [vər'wɪsələn] verwechseln
verwonding [vər'wɔndɪŋ] Verletzung
verzadigd [vərzadəχt] satt
verzamelen [vər'zamələn] sammeln *(Briefmarken etc.)*
verzekering [vər'zekərɪŋ] Versicherung
verzekeringskaart [vər'zekərɪŋska:rt] grüne Versicherungskarte, Krankenschein

verzetten [vər'zɛtən] verschieben *(zeitlich)*
verzoek *n* [vər'zuk] Bitte
verzoeken (iemand om iets ~) [vər'zukən] ‹verzocht, verzocht› (jdn um etw.) bitten
vest *n* [vɛst] Strickjacke
vet [vɛt] fett
veters *pl* ['vetərs] Schnürsenkel
vierkante meter ['vi:rkɑntə 'metər] Quadratmeter
vies [vis] schmutzig
villa ['vɪla] Villa
vinden ['vɪndən] ‹vond, gevonden› finden
vinger ['vɪŋər] Finger
violet [vijo'lɛt] violett
virus *n* [vi:rəs] Virus
vis [vɪs] Fisch
visboer ['vɪzbu:r] Fischhändler
vissen ['vɪsən] angeln
visvergunning ['vɪsfərχœnɪŋ] Angelschein
viswinkel ['vɪswɪŋkəl] Fischgeschäft
vitaminepillen *pl* [vita'minəpɪlən] Vitamintabletten
vla [vla] Vanillepudding
vlakbij [vlɑg'bɛi] nahe
vlees [vles] Fleisch
vlek [vlɛk] Fleck
vliegen ['vliχən] ‹vloog, gevlogen› fliegen
vlieger ['vliχər] Drachen
vliegtuig ['vliχtœyχ] Flugzeug
vloed [vlut] Flut
vloeibaar ['vlujba:r] flüssig
vloer [vlu:r] (Fuß)Boden
vlug [vlœχ] schnell
vochtig ['vɔχtəχ] feucht
vochtinbrengende crème ['vɔχtɪmbrɛŋəndə krɛ:m] Feuchtigkeitscreme
voedselvergiftiging ['vutsəlvərχɪftəχɪŋ] Lebensmittelvergiftung
voelen ['vulən] fühlen
voet [vut] Fuß
voetbal *n* ['vudbɑl] Fußball (als Spiel)
voetbalveld *n* ['vudbɑlvɛlt] Fußballplatz
voetbalwedstrijd ['vudbɑlwɛtstrɛit] Fußballspiel
voetgang(st)er ['vutχɑŋ(st)ər] Fußgänger/in
voetgangersgebied *n* ['vutχɑŋərsχəbit] Fußgängerzone
vogel ['voχəl] Vogel
vogelreservaat *n* ['voχəlrəsərvat] Vogelschutzgebiet
vol [vɔl] voll

volgeboekt [ˈvɔlχəbukt] ausgebucht
volgen [ˈvɔlχən] folgen
volgend jaar [ˈvɔlχənt jaːr] nächstes Jahr
volgende [ˈvɔlχəndə] nächste(r, -s)
volk *n* [vɔl(ə)k] Volk
volledig pension *n* [vɔˈledəχ pɛnˈʃɔn] Vollpension
volwassene [vɔlˈwɑsənə] Erwachsene(r)
voor [voːr] für, vor *(räumlich, zeitlich)*
voor mijn part [voːr mɛin pɑrt] meinetwegen
voor(dat) [ˈvoːr(dɑt)] bevor
vooraan [voːˈran] vorn
voorarrest *n* [ˈvoːrɑrɛst] Untersuchungshaft
voorbeeld *n* [ˈvoːrbelt] Beispiel
voorbehoed(s)middel *n* [ˈvoːrbəhut(s)mɪdəl] Verhütungsmittel
voorbereiden [ˈvoːrbərɛidən] vorbereiten
voorbij [voːrˈbɛi] vorüber
voordeel *n* [ˈvoːrdel] Vorteil
voorgerecht *n* [ˈvoːrχərɛχt] Vorspeise
voorgevel [ˈvoːrχevəl] Fassade
voorletters [ˈvoːrlɛtərs] Initialen
voornaam [ˈvoːrnam] Vorname
voorraad [ˈvoːrat] Vorrat
voorruit [ˈvoːrœyt] Windschutzscheibe
voorschrift *n* [ˈvoːrsχrɪft] Vorschrift
voorschrijven [ˈvoːrsχrɛivən] ‹schreef voor, voorgeschreven› verschreiben
voorseizoen *n* [ˈvoːrsɛizun] Vorsaison
voorstel *n* [ˈvoːrstɛl] Vorschlag
voorstellen [ˈvoːrstɛlən] bekannt machen , vorstellen
voorstelling [ˈvoːrstɛlɪŋ] Aufführung, Vorstellung
vooruit [vorˈœyt] vorwärts, im Voraus (Geld)
voorverkoop [ˈvoːrvərkop] Vorverkauf
voorwaarde [ˈvoːrwaːrdə] Bedingung
voorwerp *n* [ˈvoːrwɛr(ə)p] Gegenstand *(Ding)*
voorzichtig [voːrˈzɪχtəχ] vorsichtig
vork [vɔr(ə)k] Gabel
vorm [vɔrm] Form
vormen [ˈvɔrmən] bilden
vorst [vɔrst] Frost
vraag [vraχ] Frage
vrachtwagen [ˈvrɑχtwaχən] Lastwagen

vragen ['vraχən] ‹vroeg, gevraagd› fragen, bitten
vreemd [vre:mt] fremd
vreemdeling(e) ['vremdəlıŋ(ə)] der/die Fremde
vreselijk ['vresələk] fürchterlich
vreugde ['vrœχdə] Freude
vrezen ['vrezən] befürchten
vriend, vriendin [vrint/vrin'dın] Freund/in
vriendelijk ['vrindələk] freundlich, liebenswürdig
vrij [vrεi] frei
vrijblijvend [vrεi'blεivənt] unverbindlich
vrijdag ['vrεidαχ] Freitag
vrijgezel [vrεiχə'zεl] Junggeselle
vroeg [vruχ] früh
vroeger ['vruχər] früher
vrolijk ['vrolək] lustig
vrouw [vrαu] Frau, Gattin
vrouwenblad *n* ['vrαuwəblαt] Frauenzeitschrift
vruchtenthee ['vrœχtə(n)te] Früchtetee
vuil *n* [vœyl] Schmutz
vuilnis [vœylnıs] Müll
vuilnis *n* ['vœylnıs] Abfall
vuilnisbak ['vœylnızbαk] Mülltonne
vuilniszak ['vœylnısαk] Abfallbeutel
vullen ['vœlən] füllen
vulling ['vœlıŋ] Plombe
vuur *n* [vy:r] Feuer
vuurtoren ['vy:rtɔrən] Leuchtturm
vuurwerk *n* ['vy:rwεrk] Feuerwerk
VVV-kantoor *n* [veve'vekαnto:r] Fremdenverkehrsamt, Verkehrsamt

W

waar [wa:r] wahr
waard [wa:rt] Wirt
waarde ['wa:rdə] Wert
waardebon ['wa:rdəbɔn] Gutschein
waarderen [wa:r'de:rən] schätzen *(gut finden)*
waardevolle spullen ['wa:rdəvɔlə 'spœlən] *pl* Wertsachen
waarschijnlijk [wa:r'sχεinlək] *adj/adv* wahrscheinlich
waarschuwen (voor) ['wa:rsχywən (vo:r)] warnen (vor)
wachten ['wαχtən] warten
wachtkamer ['wαχtkamər] Wartezimmer
wachtruimte *n* ['wαχtrœymtə] Wartesaal

Waddenzee ['wadə(n)ze] Wattenmeer
wadlopen ['watlopən] Wattwandern
wagonnummer *n* [wa'χɔnœmər] Wagennummer
wakker ['wakər] wach
wakker worden ['wakər 'wɔrdən] ‹werd, geworden› aufwachen
wand [want] Wand
wandelen [wandələn] wandern
wandeling ['wandəlɪŋ] Spaziergang
wandelkaart ['wandəlka:rt] Wanderkarte
wandelpad *n* [wandələn] Wanderweg
wandeltocht ['wandəltɔχt] Wandertour
wanhopig [wan'hopəχ] verzweifelt
want [want] denn
wantrouwen ['wantrauwən] misstrauen
warenhuis *n* ['wa:rə(n)hœys] Kaufhaus
warm [war(ə)m] warm
warm water *n* ['war(ə)m 'watər] warmes Wasser
wasgoed *n* [wasχut] Wäsche
washandje *n* ['washantjə] Waschlappen
wasknijpers *pl* ['wasknεipərs] Wäscheklammern
waslijn ['waslεin] Wäscheleine
wasmachine ['wasmaʃinə] Waschmaschine
wasmiddel *n* ['wasmɪdəl] Waschmittel
wasruimte ['wasrœymtə] Waschraum
wassen ['wasən] ‹waste, gewassen› waschen
wasserette [wasə'rεtə] Waschsalon
wasserij [wasə'rεi] Wäscherei
wastafel ['wastafəl] Waschbecken
wat [wat] was
wat voor (een) ... ? ['wat vo:r (ən)] was für ein/eine ... ?
water *n* ['watər] Wasser
waterfiets ['watərfits] Tretboot
waterglas *n* ['watərχlas] Wasserglas
waterkraan ['watərkran] Wasserhahn
waterverbruik *n* ['watərvərbrœyk] Wasserverbrauch
wattenstaafjes *pl* ['watəstafjəs] Wattestäbchen
wc [we'se] Toilette
we [wə] wir *(unbetont)*
wedstrijd ['wεtstrεit] Spiel

week [wek] Woche
weer [weːr] wieder
weerbericht *n* [ˈweːrbərɪχt] Wetterbericht
weersverwachting [ˈweːrsvərwɑχtɪŋ] Wettervorhersage
weeshuis [ˈweshœys] Waisenhaus
weg [wɛχ] fort; Weg; weg
wegen [ˈweχən] ‹woog, gewogen› wiegen
wegenkaart [ˈweχə(n)kaːrt] Straßenkarte
wegens [ˈweχəns] wegen
wegenwacht [ˈweχə(n)wɑχt] Pannendienst
weggaan [ˈwɛχan] ‹ging weg, weggegaan› weggehen
wegomlegging [ˈwɛχɔmlɛχɪŋ] Umleitung
wegrestaurant *n* [ˈwɛχrɛstorɑnt] Raststätte
wegslepen [ˈwɛχslepən] abschleppen
wegwijzer [ˈwɛχwɛizər] Wegweiser
wei [wɛi] Wiese
weigeren [ˈwɛiχərən] s. weigern
weinig [ˈwɛinəχ] wenig
wekelijks [ˈwekələks] wöchentlich
wekken [ˈwɛkən] wecken
wekker [ˈwɛkər] Wecker
welkom! [ˈwɛlkɔm] willkommen!
welkomstcocktail [ˈwɛlkɔmstkɔktel] Begrüßungscocktail
wensen [ˈwɛnsən] wünschen
wereld [ˈweːrəlt] Welt
werk in uitvoering [wɛr(ə)k ɪn ˈœytfurɪŋ] Baustelle
werk *n* [wɛrk] Arbeit
werkelijk [ˈwɛrkələk] *adj/adv* wirklich
werkeloos [wɛrkəˈlos] arbeitslos
werken [ˈwɛrkən] arbeiten
wervelkolom [ˈwɛrvəlkolɔm] Wirbelsäule
wesp [wɛsp] Wespe
westen *n* [ˈwɛstən] Westen
weten [ˈwetən] ‹wist, geweten› wissen
wiel *n* [wil] Rad
wielersport [ˈwilərspɔrt] Radsport
wielerwedstrijd [ˈwilərwɛtstrɛit] Radrennen
wij [wɛi] wir *(betont)*
wijd [wɛit] weit *(nicht eng)*
wijk [wɛik] Stadtteil
wijn [wɛin] Wein
wijnglas *n* [ˈwɛiŋχlɑs] Weinglas

wijnhandel [ˈwɛinhandəl] Weinhandlung
wild [wɪlt] wild
willen [ˈwɪlən] wollen
wind [wɪnt] Blähungen, Wind
windkracht [ˈwɪntkraχt] Windstärke
windrichting [ˈwɪntrɪχtɪŋ] Windrichtung
windscherm *n* [ˈwɪntsχɛrm] Windschirm
windstilte [ˈwɪntstɪltə] Flaute
windstoot [ˈwɪntstot] Bö
windsurfen [ˈwɪntsœrfən] windsurfen
winnen [ˈwɪnən] ‹won, gewonnen› gewinnen
winst [wɪnst] Gewinn
winter [ˈwɪntər] Winter
winterbanden *pl* Winterreifen
wisselen [ˈwɪsələn] umtauschen *(Geld)*
wisselgeld *n* [ˈwɪsəlχɛlt] Wechselgeld
wit [wɪt] weiß
witlof [ˈwɪtlɔf] Chicoree
witte wijn [ˈwɪtə wɛin] Weißwein
wittebrood *n* [ˈwɪtəbrot] Weißbrot
woedend [ˈwudənt] wütend
woensdag [ˈwunzdaχ] Mittwoch
wol [wɔl] Wolle
wolk [wɔlk] Wolke
wollen deken [ˈwɔlən ˈdekən] Wolldecke
wond [wɔnt] Wunde
wonen [ˈwonən] wohnen
woning [ˈwonɪŋ] Wohnung
woonboot [ˈwombot] Hausboot
woonplaats [ˈwomplats] Wohnort
woord *n* [wo:rt] Wort
worden [ˈwɔrdən] ‹werd, geworden› werden
worst [wɔrst] Wurst
worstje [wɔrʃə] Würstchen
wortels *pl* [ˈwɔrtəls] Karotten
wurm [ˈwœr(ə)m] Wurm

Y

yoghurt [ˈjɔχərt] Joghurt

Z

zaal [zal] Saal
zacht [zaχt] leise
zachte kaas [ˈzaχtə kas] Weichkäse
zadel *n* [ˈzadəl] Sattel
zak [zak] (Hosen)Tasche
zak [zak] Tüte

zakkenroller ['zakə(n)rɔlər] Taschendieb
zakmes *n* ['zakmɛs] Taschenmesser
zakrekenmachientje ['zakrekəma'ʃintjə] Taschenrechner
zalf [zal(ə)f] Salbe
zalm ['zal(ə)m] Lachs
zalmforel ['zal(ə)mfɔrɛl] Lachsforelle
zandbak ['zandbak] Sandkasten
zandkasteel *n* ['zantkastel] Sandburg
zanger(es) ['zaŋər/zaŋə'rɛs] Sänger/in
zaterdag ['zatərdaχ] Samstag
zee [ze] Meer, die See
zeep [zep] Seife
zeer [zeːr] sehr
zeeziek ['zezik] seekrank
zeggen ['zɛχən] ‹zei/zeiden, gezegd› sagen
zeilboot ['zɛilbot] Segelboot
zeilen ['zɛilən] segeln
zeiltocht ['zɛiltoχt] Segeltörn
zeker ['zekər] *adv* unbedingt
zeker ['zekər] *adv* bestimmt *(Ausruf)*
zeker ['zekər] *adv* sicher *(gewiss)*
zekerheid ['zekərhɛit] Sicherheit *(Gewissheit)*
zelden ['zɛldən] selten
zeldzaam ['zɛltsam] selten
zelf [zɛl(ə)f] selbst
zelfbediening [zɛl(ə)fbədinɪŋ] Selbstbedienung
zelfontspanner ['zɛl(ə)fɔntspanər] Selbstauslöser
zelfs [zɛl(ə)fs] selbst *(sogar)*
zenuw ['zenyw] Nerv
zenuwachtig ['zenywaχtəχ] nervös
zetpil ['zɛtpɪl] Zäpfchen
zetten ['zɛtən] kochen *(Kaffee, Tee)*, setzen
ziek [zik] krank
ziekenhuis *n* ['zikə(n)hœys] Krankenhaus
ziekenwagen ['zikə(n)waχən] Krankenwagen
ziekte ['ziktə] Krankheit
zien [zin] ‹zag, gezien› sehen
zijde ['zɛidə] Seite, Seide
zijn *verb/pron* [zɛin] ‹was/waren, geweest› sein
zilver ['zɪlvər] Silber
zilveren ['zɪlvərən] silbern
zin [zɪn] Lust, Satz *(Wörter)*, Sinn
zin/trek hebben in [zɪn/trɛk 'hɛbən ɪn] ‹had, gehad› Lust haben auf

zingen ['zɪŋən] ‹zong, gezongen› singen
zitplaats ['zɪtplats] Sitz
zitten ['zɪtən] ‹zat, gezeten› sitzen
zo [zo] so
zoals het hoort [zo'als ət hoːrt] wie es s. gehört
zo snel mogelijk [zo snɛl 'moχələk] so bald wie möglich
zoeken ['zukən] ‹zocht, gezocht› suchen
zoeker ['zukər] Sucher
zoen [zun] Kuss
zoenen [zunən] küssen
zoet [zut] süß
zoetjes *pl* ['zutjəs] Süßstoff
zo-even [zo'evən] eben *(zeitlich)*
zomer ['zomər] Sommer
zon [zɔn] Sonne
zon- en feestdagen *pl* ['zɔn ɛn 'fesdaχən] Sonn- und Feiertage
zondag ['zɔndaχ] Sonntag
zondags ['sɔndaχs] am Sonntag
zonder ['zɔndər] ohne
zonder obstakels ['zɔndər ɔb'stakəls] barrierefrei
zonnebrand ['zɔnəbrant] Sonnenbrand
zonnebrandcrème ['zɔnəbrantkrɛːm] Sonnencreme
zonnebrandolie ['zɔnəbrantoli] Sonnenöl
zonnehoed ['zɔnəhut] Sonnenhut
zonnesteek ['zɔnəstek] Sonnenstich
zonnig ['zɔnəχ] sonnig
zool [zol] Sohle
zoon [zon] Sohn
zorgen maken over, zich ~ [zɪχ 'sɔrχən makən 'ovər] s. sorgen um
zorgen voor ['zɔrχən voːr] s. kümmern um
zorgverzekering ['zɔrχvərzekərɪŋ] Krankenkostenversicherung
zout *n* [zaut] Salz
zoutvaatje *n* ['zautfatjə] Salzstreuer
zuiden *n* ['zœydən] Süden
zuigeling ['ʒœyχəlɪŋ] Säugling
zullen ['zœlən] ‹zou/zouden› werden *(Futur)*
zure room ['zyːrə rom] saure Sahne
zus [zœs] Schwester
zuur [zyːr] sauer
zwaaien [zwajən] winken
zwaar [zwaːr] schwer *(Gewicht)*

zwager ['zwaχər] Schwager
zwak [zwɑk] schwach
zwangerschap ['zwɑŋərsχɑp] Schwangerschaft
zwart [zwɑrt] schwarz
zwarte thee ['zwɑrtə te] Schwarztee
zweefvliegen ['zwevliχən] Segelfliegen
zwelling ['zwɛlɪŋ] Schwellung
zwembad *n* ['zwɛmbɑt] Schwimmbad, Swimmingpool
zwemband ['zwɛmbɑnt] Schwimmring
zwembroek ['zwɛmbruk] Badehose
zwemmen ['zwɛmən] ‹zwom, gezwommen› schwimmen
zwemmer/zwemster ['zwɛm(st)ər] Schwimmer/in
zwemvest *n* ['zwɛmvɛst] Schwimmweste
zwemvleugels *pl* ['zwɛmvløχəls] Schwimmflügel
zwemvliezen *pl* ['zwɛmvlizən] Schwimmflossen
zweten ['zwetən] schwitzen
Zwitser/Zwitserse ['zwɪtsər(sə)] Schweizer/in
Zwitserland ['zwɪtsərlɑnt] Schweiz

Wörterbuch Deutsch - Niederländisch

Hinweise:

- Hinter einem Substantiv bedeutet *n*: das Wort ist Neutrum, also ein *het*-woord.
- Unregelmäßige Pluralformen des Substantivs werden in eckigen Klammern geschrieben, z. B.: **Kind** kind ['kɪnt] *n* ‹kinderen›.
- Sofern sich beim Substantiv die weibliche Form von der männlichen unterscheidet, sind beide Formen oder die weibliche Endung angegeben, z. B.: **Besitzer(in)** eigenaar/eigenares ['εiχənaːr/εiχəna'rεs]
- Bei Verben werden unregelmäßige und starke Zeiten in eckigen Klammern geschrieben, z. B.: **abschließen** afsluiten ['ɑfslœitən] ‹sloot af, afgesloten›.

A

Aal paling ['palɪŋ]
ab vanaf [vɑ'nɑf]
ab und zu af en toe [ɑv‿εn 'tu]
Abblendlicht stadslicht *n* ['stɑtslɪχt]
Abend avond ['avɔnt]
Abendessen avondeten *n* ['avɔntetən]
Abendgarderobe avondkleding ['avɔntkledɪŋ]
abends 's avonds ['savɔns]
aber maar [maːr]
abfahren (von) vertrekken (van) [vər'trεkən ('vɑn)] ‹vertrok, vertrokken›
Abfahrt vertrek *n* [vər'trεk]
Abfahrtszeit vertrektijd [vər'trεktεit]
Abfall vuilnis *n* ['vœylnɪs]
Abfallbeutel vuilniszak ['vœylnɪsɑk]

Abfalleimer afvalemmer [ˈafaləmər]
Abflug vertrek *n* [vərˈtrɛk]
abgeben afgeven [ˈafχevən] ‹gaf af/gaven af, afgegeven›
abholen afhalen [ˈafhalən]
Abkürzung afkorting [ˈafkɔrtɪŋ], *(Strecke)* kortere weg [ˈkɔrtərə wɛχ]
ablehnen afwijzen [ˈafwɛizən] ‹wees af, afgewezen›
abreisen (nach) vertrekken (naar) [vərˈtrɛkən (naːr)] ‹vertrok, vertrokken›
Absatz hak [hak]
abschlagen afslaan [ˈafslan] ‹sloeg af, afgeslagen›
Abschleppdienst sleepdienst [ˈslebdinst]
abschleppen wegslepen [ˈwɛχslepən]
Abschleppseil sleepkabel [ˈslepkabəl]
Abschleppwagen takelwagen [ˈtakəlwaχən]
abschließen afsluiten [ˈafslœytən] ‹sloot af, afgesloten›
Absender afzender [ˈafsɛndər]
Abteil *(Zug)* coupé [kuˈpe]
abwärts naar beneden [naːr bəˈnedən]; *(Ausruf)* van onderen! [van ˈɔndərən]
Abzweigung splitsing [ˈsplɪtsɪŋ]
Achse as [as]
Achtung! let op! [lɛt ɔp]
Adapter adapter [aˈdaptər]
Adresse adres *n* [aˈdrɛs]
Agentur agentschap *n* [aˈχɛntsχap]
ähnlich soortgelijk [soːrtχəˈlɛik]
akklimatisieren, s. – zich aanpassen [zɪχ ˈampasən]
Alarmanlage alarminstallatie [aˈlarmɪnstaˈlatsi]
alkoholfrei alcoholvrij [ˈalkohɔlˈvrɛi]
alkoholfreies Bier alcoholvrij bier *n* [ˈalkɔhɔlˈvrɛi biːr]
alle *(sämtliche)* alle(n) [ˈalə]; *(Essen)* op [ɔp]; *(Buch)* uit [œyt]
allein alleen [aˈlen]
Allergie allergie [alɛrˈχi]
allergisch sein gegen ... allergisch zijn voor ...[aˈlɛrxis zɛin voːr]
alles alles [ˈaləs]
als *(zeitlich)* toen [tun]; *(Vergleich)* dan [dan]
also dus [dœs]
alt oud [aut]
Alter leeftijd [lefteit]
Altstadt oude binnenstad [ˈaudə ˈbɪnənstat]

Alufolie aluminiumfolie [aly'minijəmfoli]
am Sonntag zondags ['sɔndɑχs]
am Vormittag 's ochtends ['sɔχəns]
am Wochenende in het weekend [ɪn‿ət 'wikɛnt]
Ampel stoplicht *n* ['stɔplɪχt]
amüsieren, s. – zich amuseren ['zɪχ amy'ze:rən]
an *prp* aan [an]; op [ɔp]
Ananas ananas ['ananɑs]
andere andere ['ɑndərə]
anders (als) anders (dan) ['ɑndərs (dɑn)]
anderswo ergens anders ['ɛrχəns 'ɑndərs]
Anfang begin *n* [bə'χɪn]
anfangen beginnen [bə'χɪnən] ‹begon, is begonnen›
Angel hengel ['hɛŋəl]
angeln vissen ['vɪsən]
Angelschein visvergunning ['vɪsfərχœnɪŋ]
angenehm fijn [fɛin]
Angst angst [ɑŋst]
anhalten stoppen ['stɔpən]
ankommen aankomen ['aŋkomən] ‹kwam/kwamen aan, aangekomen›
Ankunft aankomst ['aŋkɔmst]
Ankunftszeit aankomsttijd [aŋkɔmst'tɛit]
anlegen in aanleggen in ['anlɛχən ɪn]
anmelden aanmelden ['amɛldən]
Anmeldung aanmelding ['amɛldɪŋ]
Anreisetag dag van aankomst [dɑχ vɑn 'aŋkɔmst]
Anruf telefoontje *n* [telə'fontjə]
Anrufbeantworter antwoordapparaat *n* ['ɑntwo:rtɑparat]
anrufen bellen ['bɛlən]
Anschluss *(Verkehr)* aansluiting ['anslœytɪŋ]; *(Telefon)* verbinding [vər'bɪndɪŋ]
anschnallen *(Auto, Flugzeug)* gordel omdoen ['χɔrdəl 'ɔmdun]
ansehen, s. – *(Gebäude usw.)* bezichtigen [bə'zɪχtəχən]
Ansichtskarte ansicht ['ɑnzɪχt]
anstatt in plaats van [ɪm 'plats vɑn]
ansteckend *(Krankheit)* besmettelijk [bə'smɛtələk]; *(Lachen)* aanstekelijk [an'stekələk]
anstrengend vermoeiend [vər'mujənt]
Antibabypille pil [pɪl]

Antibiotikum antibioticum *n* [antibi'jotikœm]
antik antiek [an'tik]
Antiquitätengeschäft antiekwinkel [an'tikwɪŋkəl]
antworten antwoorden ['antwo:rdən]
anzahlen aanbetalen ['ambətalən]
Anzahlung aanbetaling ['ambətalɪŋ]
anzeigen aangifte doen van ['aŋχɪftə dun van] ‹deed, gedaan›
anziehen aantrekken ['antrɛkən] ‹trok aan, aangetrokken›; **s. –** zich aankleden [zɪχ 'aŋkledən]
Anzug pak *n* [pak]
anzünden aansteken ['anstekən] ‹stak/staken aan, aangestoken›
Apartment appartement *n* [apartə'mɛnt]
Äpfel appels *pl* ['apəls]
Apfelsaft appelsap ['apəlsap]
Apfelsinen sinaasappels *pl* ['sinazapəls]
Apotheke apotheek [apo'tek]
Apparat toestel *n* ['tustɛl]
Appetit eetlust ['etlœst]
Aprikosen abrikozen *pl* [abri'kozən]
April april [a'prɪl]
Aquarell aquarel *n* [akwa'rɛl]
Aquarellmalen schilderen met waterverf ['sχɪldərən mɛt 'watərvɛrf]
Arbeit werk *n* [wɛrk]
arbeiten werken ['wɛrkən]
arbeitslos werkeloos [wɛrkə'los]
Archäologie archeologie [arχejolo'χi]
Architekt(in) architect(e) [arχi'tɛkt(ə)]
Architektur architectuur [arχitɛk'ty:r]
ärgern, s. – über zich ergeren over [zɪχ 'ɛrχərən 'ovər]
Arm arm [ar(ə)m]
arm arm [ar(ə)m]
Armband armband ['ar(ə)mbant]
Armbanduhr polshorloge *n* ['pɔlshɔr'loʒə]
Ärmel mouw [mau]
Art *(Weise)* manier [ma'ni:r]; *(Sorte)* soort [so:rt]
Artischocken artisjokken *pl* [arti'ʃɔkən]
Aschenbecher asbak ['asbak]
Aspirin® aspirine [aspi'rinə]
Atembeschwerden ademhalingsmoeilijkheden *pl* ['adəmhalɪŋzmujləkhedən]

atmen ademen ['adəmən]
Attest attest *n* [a'tɛst]
Auberginen aubergines *pl* [obɛr'ʒinəs]
auch ook [ok]
auf (1) *prp* op [ɔp]; naar [na:r]; **– Niederländisch** in het Nederlands [ɪn‿ət 'nedərlants]
auf (2) *(offen)* open ['opən]
Auf-/Abfahrt oprit/afrit ['ɔprɪt/'afrɪt]
aufbewahren bewaren [bə'wa:rən]
aufbrechen openbreken ['opəbrekən] ‹brak/braken open, opengebroken›
Aufenthalt verblijf *n* [vər'blɛif]; *(Verspätung)* oponthoud *n* ['ɔpɔnthaut]
Aufenthaltsraum *(Hotel)* lounge [launtʃ]
Auffahrtrampe hellingbaan ['hɛlɪŋban], *(fahrbar)* verrijdbare brug [və'rɛidba:rə brœχ]
auffordern sommeren [sɔ'me:rən]; *(zum Tanz)* vragen [vraχən] ‹vroeg, gevraagd›
Aufführung voorstelling ['vo:rstɛlɪŋ]
Aufgabe opgave ['ɔpχavə]
aufhalten, s. ~ verblijven [vər'blɛivən] ‹verbleef, verbleven›
aufhören ophouden ['ɔphaudən] ‹hield op, opgehouden›
Aufkleber sticker ['stɪkər]
aufpassen (auf) passen op ['pasən ɔp]
Aufschnitt gesneden vlees *n* [χə'snedən vles]
aufschreiben opschrijven ['ɔpsχrɛivən] ‹schreef op, opgeschreven›
aufstehen opstaan ['ɔpstan] ‹stond op, opgestaan›
Aufstieg thermiek [tɛr'mik]
aufwachen wakker worden ['wakər 'wɔrdən] ‹werd, geworden›
aufwärts naar boven [na:r bovən]
Aufzug lift [lɪft]
Augen ogen *pl* ['oχən]
Augenblick ogenblik *n* ['oχə(m)blɪk]
Augentropfen oogdruppels ['oχdrœpəls]
August augustus [au'χœstəs]
aus *(Herkunft)* uit [œyt]; *(Material)* van [van]; *(Grund)* om [ɔm]

Ausbildung opleiding ['ɔplɛidɪŋ]
Ausdruck uitdrukking ['œydrœkɪŋ]
ausdrücklich uitdrukkelijk [œy'drœkələk]
Ausfahrt uitrit ['œytrɪt]; *(Autobahn)* afslag ['ɑfslɑχ]
Ausfahrt; ~ freihalten von uitrit ['œytrɪt]; uitrit vrijhouden van ['œytrɪt 'vrɛihaudən vɑn]
Ausflug uitstapje *n* ['œytstɑpjə]
ausfüllen invullen ['ɪnvœlən]
Ausgang uitgang ['œytχɑŋ]
ausgeben uitgeven ['œytχevən] ‹gaf/gaven uit, uitgegeven›
ausgebucht volgeboekt ['vɔlχəbukt]
ausgehen uitgaan ['œytχan] ‹ging uit, uitgegaan›
ausgezeichnet uitstekend [œyt'stekənt]
Ausgrabungen opgravingen *pl* ['ɔpχravɪŋən]
Auskunft inlichting ['ɪnlɪχtɪŋ]
Ausland buitenland *n* ['bœytə(n)lɑnt]
Ausländer/in buitenlander/buitenlandse ['bœytəlɑndər/'bœytəlɑndsə]
ausländisch buitenlands ['bœytə(n)lɑnts]
Auslandsgespräch internationaal gesprek *n* [ɪntərna(t)ʃo'nal χə'sprɛk]
Auslandsvorwahl internationaal toegangsnummer *n* [ɪntərna(t)ʃo'nal 'tuχɑŋsnœmər]
Auslöser *(Fotoapparat)* ontspanner [ɔnt'spɑnər]
ausmachen *(vereinbaren)* afspreken ['ɑfsprekən] ‹sprak/spraken af, afgesproken›; *(ausschalten)* uitdoen ['œydun] ‹deed uit, uitgedaan›
Auspuff uitlaat ['œytlat]
ausruhen, s. ~ uitrusten ['œytrœstən]
Ausschlag uitslag ['œytslɑχ]
außen buiten ['bœytən]
außer behalve [bə'hɑlvə]
außerdem bovendien [bovən'din]
außergewöhnlich buitengewoon [bœytəy(n)χə'won]
außerhalb buiten ['bœytən]
Aussicht uitzicht *n* ['œytsɪχt]
Aussichtspunkt uitkijk ['œytkɛik]
aussprechen uitspreken ['œytsprekən] ‹sprak/spraken uit, uitgesproken›

aussteigen uitstappen ['œytstɑpən]
Ausstellung tentoonstelling [tɛn'tonstɛlɪŋ]
aussuchen uitzoeken ['œytsukən] ‹zocht uit, uitgezocht›
austauschen uitwisselen ['œytwɪsələn]
Austern oesters *pl* ['ustərs]
Ausverkauf uitverkoop ['œytfərkop]
Auswahl keus [køs]
auszahlen uitbetalen ['œydbətalən]
Auto auto ['ɑuto/'oto]; **~ fahren** autorijden ['ɑutorɛidən] ‹reed, gereden›
Autobahn autosnelweg [ɑuto'snɛlwɛχ]
Autobahnausfahrt afslag ['ɑfslɑχ]
Autodeck autodek *n* ['ɑutodɛk]
Autofahrer(in) automobilist(e) [ɑutomobi'lɪst(ə)]
Automat automaat [ɑuto'mat]
Automatik(getriebe) automatische versnelling [ɑuto'matisə vər'snɛlɪŋ]
automatisch automatisch [ɑuto'matis]
automatische Türöffnung automatische deuropener [ɑuto'matisə 'dø:ropənɪŋ]
Autoradio autoradio ['ɑutoradijo]
Autoreifen autoband ['ɑutobɑnt]
Avocado avocado [avo'kado]

B

Baby baby ['bebi]
Babyfon® babyfoon [bebi'fon]
Babynahrung babyvoeding ['bebivudɪŋ]
Babyschale *(fürs Auto)* maxi cosy® ['maksi 'kozi]
Babysitter kinderoppas ['kɪndərɔpɑs]
Backenzahn kies [kis]
Bäckerei bakkerij [bɑkə'rɛi]
Backstein baksteen ['bɑkstɛn]
Badeanzug badpak *n* ['bɑtpɑk]
Badehose zwembroek ['zwɛmbruk]
Bademantel badjas ['bɑtjɑs]
Bademeister badmeester ['bɑtmestər]
Bademütze badmuts ['bɑtmœts]
Badeort badplaats ['bɑtplɑts]

Badeschuhe badslippers *pl* ['batslɪpərs]
Badetuch badhanddoek ['bathanduk]
Badewanne bad *n* ['bat]
Badezimmer badkamer ['batkamər]
Badminton badminton *n* ['bɛtmɪntɔn]
Bahnhof station *n* [sta(t)'ʃɔn]
Bahnsteig perron *n* [pɛ'rɔn]
bald gauw [gau]; **so – wie möglich** zo snel mogelijk [zo snɛl 'moχələk]
Balkon balkon *n* [bal'kɔn]
Ball bal (*Tanzfest n*) [bal]
Ballett ballet *n* [ba'lɛt]
Bananen bananen *pl* [ba'nanən]
Band band [bant]; *(Musik)* [bɛnt]
Bänderriss scheuring van de banden ['sχø:rɪŋ van də 'bandən]
Bank bank [baŋk]
Bankkarte betaalpasje *n* [bə'talpaʃə]
bar zahlen contant betalen [kɔn'tant bə'talən]
Bar bar [bar]
bar contant [kɔn'tant]
Bargeld contant geld *n* [kɔn'tant 'χɛlt]
Barock barok [ba'rɔk]
barrierefrei zonder obstakels ['zɔndər ɔb'stakəls]
Barsch baars [ba:rs]
Bart baard [ba:rt]
Basilikum basilicum [ba'zilikœm]
Basketball basketbal *n* (*als Spiel*) ['baskətbal]
basteln knutselen ['knœtsələn]
Batterie batterij [batə'rɛi]
Bauch buik [bœyk]
Bauernhof boerderij [bu:rdə'rɛi]
Baum boom [bom]
Baumwolle katoen [ka'tun]
Baustelle werk in uitvoering [wɛr(ə)k ɪn 'œytfurɪŋ]
Bauwerk bouwwerk *n* ['bauwɛrk]
beabsichtigen van plan zijn [van 'plan zɛin] ‹was/waren, geweest›
beachten letten op ['lɛtən ɔp]
Beach-Volleyball strandvolleybal *n* ['strantvɔlibal]
Beanstandung klacht [klaχt]
beantworten beantwoorden [bə'antwo:rdən]
Bearbeitungsgebühr administratiekosten *pl* [atmini'stra(t)sikɔstən]
Becher beker ['bekər]

bedauern *(etw)* betreuren [bəˈtrø:rən]
Bedeutung betekenis [bəˈtekənɪs]
Bedienung bediening [bəˈdinɪŋ]
Bedingung voorwaarde [ˈvo:rwa:rdə]
beeilen, s. – zich haasten [zɪχ ˈhastən]
beeindruckend indrukwekkend [ɪndrœkˈwɛkənt]
beenden afmaken [ˈafmakən]
befinden, s. – zich bevinden [zɪχ bəˈvɪndən] ‹bevond, bevonden›
befreundet bevriend [bəˈvrint]
befürchten vrezen [ˈvrezən]
begegnen ontmoeten [ɔntˈmutən]
begeistert (von) enthousiast (over) [ɛntuˈʒast (ˈovər)]
begleiten begeleiden [bəχəˈlɛidən]
Begleitperson begeleider [bəχəˈlɛidər]
begrüßen begroeten [bəˈχrutən]
Begrüßungscocktail welkomstcocktail [ˈwɛlkɔmstkɔktel]
behalten houden [haudən] ‹hield, gehouden›; *(im Kopf)* onthouden [ɔntˈhaudən] ‹onthield, onthouden›
behandeln behandelen [bəˈhandələn]
behaupten beweren [bəˈwe:rən]
Behindertenausweis invalidenpas [ɪnvaˈlidə(n)pas]
behindertengerecht aangepast voor mensen met een handicap [ˈaŋχəpast vo:r ˈmɛnsə mɛt‿ən ˈhɛndikɛp]
Behindertenparkplatz invalidenparkeerplaats [ɪnvaˈlidə(n)parˈke:rplats]
Behindertentoilette invalidentoilet *n* [ɪnvaˈlidə(n) twalɛt]
Behörde instantie [ɪnˈstan(t)si]
bei *(örtlich)* bij [bɛi]
beide beide [ˈbɛidə]
Bein been *n* [ben]
Beispiel voorbeeld *n* [ˈvo:rbelt]; **zum –** bijvoorbeeld [bɛiˈvo:rbelt]
beißen bijten [ˈbɛitən] ‹beet, gebeten›
bekannt bekend [bəˈkɛnt]; **– machen** voorstellen [ˈvo:rstɛlən]

Bekannte, der/die ~ kennis [ˈkɛnəs]
beklagen, s. ~ **(über)** klagen (over) [bəˈklaχən (ˈovər)]
bekommen krijgen [ˈkrɛiχən] ‹kreeg, gekregen›
belästigen lastig vallen [ˈlɑstəχ vɑlən] ‹viel, gevallen›
belegtes Brötchen belegd broodje *n* [bəˈlɛχt ˈbrotjə]
Beleidigung belediging [bəˈledəχɪŋ]
Belgien België [ˈbɛlχijə]
Belgier/in Belg/Belgische [bɛl(ə)χ/ˈbɛlχisə]
Belohnung beloning [bəˈlonɪŋ]
bemerken merken [ˈmɛrkən]; *(sagen)* opmerken [ˈɔpmɛrkən]
bemühen, s. ~ zijn/haar best doen [zɛin/haər bɛst dun] ‹deed, gedaan›
benachrichtigen informeren [ɪnfɔrˈmerən]
benutzen gebruiken [χəˈbrœykən]
Benzinkanister jerrycan [ˈdʒɛrikɛn]
Benzinuhr benzinemeter [bɛnˈzinəmetər]
bequem comfortabel [kɔmfɔrˈtabəl]
berechnen berekenen [bəˈrekənən]
bereit gereed [χəˈret]
bereits al [ɑl]
Beruf beroep *n* [bəˈrup]
beruhigen, s. ~ kalmeren [kɑlˈmeːrən]
Beruhigungsmittel kalmeringsmiddel [kɑlˈmeːrɪŋsmɪdəl]
berühmt beroemd [bəˈrumt]
beschädigen beschadigen [bəˈsχadəχən]
Bescheinigung verklaring [vərˈklaːrɪŋ]
beschlagnahmen in beslag nemen [ɪn bəˈslɑχ nemən] ‹nam/namen, genomen›
beschließen besluiten [bəˈslœytən] ‹besloot, besloten›
beschreiben beschrijven [bəˈsχrɛivən] ‹beschreef, beschreven›
beschweren, s. ~ **(über)** klagen (over) [ˈklaχən (ˈovər)]
besetzt *(WC)* bezet [bəˈzɛt]; *(Leitung)* in gesprek [ɪŋ χəˈsprɛk]
besichtigen bezichtigen [bəˈzɪχtəχən]
Besichtigung bezichtiging [bəˈzɪχtəχɪŋ]

Besitzer(in) eigenaar/ eigenares ['ɛiχənaːr/ ɛiχəna'rɛs]
besonders in het bijzonder [ɪn‿ət bi'zɔndər]
besorgen bezorgen [bə'zɔrχən]
besser beter ['betər]
bestätigen bevestigen [bə'vɛstəχən]
beste(r, -s) beste [bɛstə]
Besteck bestek *n* [bə'stɛk]
bestehen auf *(insistieren)* staan op ['stan ɔp] ‹stond, gestaan›
bestehen aus bestaan uit [bə'stan œyt] ‹bestond, bestaan›
Bestellung bestelling [bə'stɛlɪŋ]
bestimmt *adj* bepaald [bə'palt]; *adv/Ausruf* zeker ['zekər]
Besuch bezoek *n* [bə'zuk]
besuchen, jdn – bezoeken [bə'zukən] ‹bezocht, bezocht›
Betrag bedrag *n* [bə'draχ]
Betrug bedrog *n* [bə'drɔχ]
betrunken dronken [drɔŋkən]
Bett bed *n* [bɛt]; **ins – gehen** naar bed gaan [naːr bɛt χan] ‹ging, gegaan›
Bettwäsche beddengoed *n* ['bɛdə(n)χut]
beunruhigen, s. – zich ongerust maken [zɪχ ɔŋχə'rœst 'makən]
bevor voor(dat) ['voːr(dɑt)]
bewachen bewaken [bə'wakən]
Beweis bewijs *n* [bə'wɛis]
bewölkt bewolkt [bə'wɔl(ə)kt]
bewusstlos bewusteloos [bə'wœstəlos]
bezahlen betalen [bə'talən]
bezaubernd betoverend [bə'tovərənt]
Bezeichnung benaming [bə'namɪŋ]
BH bh [be'ha]
Bibliothek bibliotheek [biblijo'tek]
Bidet bidet *n* [bi'dɛ(t)]
Bier bier *n* [biːr]
bieten bieden ['bidən] ‹bood, geboden›
Bikini bikini [bi'kini]
Bild *(Foto)* foto ['foto]; *(Gemälde)* schilderij *n* [sχɪldə'rɛi]
bilden vormen ['vɔrmən]
Bilderbuch fotoboek *n* ['fotobuk]
Bildhauer beeldhouwer ['belthɑuər]
billig goedkoop [χut'kop]
Bindfaden touw *n* [tɑu]

Bingoabend bingoavond [ˈbɪŋχoavɔnt]
Bioladen biowinkel [ˈbijowɪŋkəl]
Birnen peren *pl* [ˈpe:rən]
bis tot [tɔt]
bisschen, ein – een beetje [ən ˈbetjə]
Bitte verzoek *n* [vərˈzuk]
bitten, (jdn um etw. –) (iemand om iets) verzoeken [vərˈzukən] ‹verzocht, verzocht›
bitter bitter [ˈbɪtər]
Blähungen wind [wɪnt]
Blase *(Harnblase)* blaas [bla:s]; *(Hautblase)* blaar [blar]
Blatt blad *n* [blɑt]
blau blauw [blɑu]; *(betrunken)* dronken [ˈdrɔŋkən]
Blazer blazer [ˈblezər]
bleiben blijven [ˈblɛivən] ‹bleef, gebleven›
bleich bleek [blek]
Bleistift potlood *n* [ˈpɔtlot]
Blick blik [blɪk]; **mit Blick aufs Meer** met uitzicht op zee [mɛt ˈœytsɪχt ɔp se]
Blinddarm blindedarm [ˈblɪndəˈdɑr(ə)m]
Blinde/r blinde [ˈblɪndə]
Blindenhund geleidehond [χəˈlɛidəhɔnt]
Blinker knipperlicht *n* [ˈknɪpərlɪχt]
Blitz bliksem [ˈblɪksəm]
Blitzgerät flitser [ˈflɪtsər]
blöd(e) dom [dɔm]
blond blond [blɔnt]
blühen bloeien [ˈblujən]
Blume bloem [blum]
Blumengeschäft bloemenzaak [ˈbluməzak]
Blumenkohl bloemkool [ˈblumkol]
Blumenzwiebeln bloembollen *pl* [ˈblumbɔlən]
Bluse bloes [blus]
Blut bloed *n* [blut]
Blutdruck bloeddruk [ˈbludrœk]
bluten bloeden [ˈbludən]
Blütezeit bloeiperiode [ˈblujperijodə]
Blutgruppe bloedgroep [ˈblutχrup]
Bluthochdruck hoge bloeddruk [ˈhoχə ˈbludrœk]
Blutung bloeding [ˈbludɪŋ]
Blutvergiftung bloedvergiftiging [ˈblutfərχɪftəχɪŋ]
Bö windstoot [ˈwɪntstot]
Boden bodem [ˈbodəm]; *(Fuß~)* vloer [vlu:r]
Bohnen bonen *pl* [ˈbonən]

Bonbon snoepje *n* ['snupjə]
Bootsführerschein vaarbewijs *n* ['va:rbəweis]
Bootvermietung bootverhuur
böse boos [bos]
Botschaft *(dipl. Vertretung)* ambassade [amba'sadə]
Boutique boetiek [bu'tik]
Brand brand [brant]
Brandsalbe brandzalf ['brantsal(ə)f]
brauchen nodig hebben ['nodəχ hɛbən] ‹had, gehad›
braun bruin [brœyn]
Brausenkopf douchekop ['duʃkɔp]
Brechreiz braakneiging ['braknɛiχɪŋ]
breit breed [bret]
Breite breedte ['bretə]
Bremse rem [rɛm]
Bremsflüssigkeit remolie ['rɛmoli]
Bremslichter remlichten *pl* ['rɛmlɪχtən]
brennen branden ['brandən]
Brennspiritus brandspiritus ['brantspiritəs]
Brief brief [brif]
Briefkasten brievenbus ['brivə(n)bəs]
Briefmarke postzegel ['pɔ(st)seχəl]
Briefmarkenautomat postzegelautomaat ['pɔ(st)seχəlautomat]
Briefpapier briefpapier *n* ['brifpapi:r]
Brieftasche portefeuille [pɔrtə'fœyjə]
Briefumschlag envelop [ɛmvə'lɔp]
bringen brengen ['brɛŋən] ‹bracht, gebracht›
Brombeeren bramen *pl* ['bramən]
Bronchitis bronchitis [brɔŋ'χitəs]
Brot brood *n* [brot]
Brötchen broodje *n* ['brotjə]
Bruch breuk [brøk]
Brücke brug [brœχ]
Bruder broer [bru:r]
Brühe bouillon [bul'jɔn]
Brühwürfel bouillonblokjes *pl* [bul'jɔnblɔkjəs]
Brunnen fontein [fɔn'tɛin]
Brust borst [bɔrst]
Buch boek *n* [buk]
Buchdruck boekdrukkunst ['bugdrœkœnst]
buchen *(Platz)* boeken ['bukən], reserveren [rezɛr've:rən]
Buchhandlung boekhandel ['bukhandəl]

buchstabieren spellen ['spɛlən]
Buchung boeking [bukɪŋ]
Bückling bokking ['bɔkɪŋ]
bügeln strijken ['strɛikən] ‹streek, gestreken›
Bummel *(Spaziergang)* wandeling ['wandəlɪŋ]
Bungalow bungalow ['bœŋχalo]
bunt gekleurd [χə'klø:rt]
Burg burcht [bœr(ə)χt]
bürgerlich burgerlijk ['bœrχərlək]
Büro *(Amt)* bureau *n* [by'ro]
Bürogebäude kantoorgebouw *n* [kan'to:rχəbau]
Bürste borstel ['bɔrstəl]
Bus bus [bœs]
Busbahnhof busstation *n* ['bœsta(t)ʃɔn]
Bußgeld bekeuring [bə'kø:rɪŋ]
Butter boter ['botər]
Buttermilch karnemelk ['karnəmɛlk]

C

Café café *n* [ka'fe]
Camping camping ['kɛmpɪŋ]
Campingausweis kampeercarnet *n* [kam'pe:rkarnɛt]
Campingführer campinggids ['kɛmpɪŋχɪts]
Campingplatz kampeerterrein *n* [kam'pe:rtɛrɛin]
Cent cent [sɛnt]
Champagner champagne [ʃam'panjə]
Check-in check-in [tʃɛk'ɪn]
Chef chef [ʃɛf]
chemisch reinigen chemisch reinigen ['χemis 'rɛinəχən]
Chicoree witlof ['wɪtlɔf]
Chili chili ['ʃili]
Chilipaste sambal ['sambal]
Chipkarte chipkaart ['tʃɪpka:rt]
Chor koor *n* [ko:r]
Christentum christendom *n* ['krɪstə(n)dɔm]
Comicheft stripboek *n* ['strɪbuk]
Cousin/e neef/nicht [nef/nɪχt]
Creme crème [krɛ:m]

D

da *(dort)* daar [da:r]; *(weil)* omdat [ɔm'dɑt]
Dach dak *n* [dɑk] ‹daken›
dafür/dagegen sein ervoor/ertegen zijn [ɛr'vo:r/'teχən zɛin] ‹was/waren, geweest›
daheim thuis [tœys]
damals toen [tun]
Damen dames *pl* ['daməs]
Damenbinden maandverband *n* ['mantfərbɑnt]
Dampfer stoomschip *n* ‹stoomschepen› ['stomsχɪp]
Dampfzugfahrt stoomtreinrit ['stomtrɛinrɪt]
danach daarna [da:r'na]
danken (be)danken [(bə)'dɑŋkən]
dann dan [dɑn], *(Vergangenheit)* toen [tun]
Darm darm [dɑr(ə)m]
dass dat [dɑt]
dasselbe hetzelfde [hɛt'sɛl(ə)fdə]
Datum datum ['datəm]
Dauer duur [dy:r]
dauern duren ['dyrən]
Deck dek *n* [dɛk]
Decke plafond *n* [plɑ'fɔn(t)]
Defekt defect *n* [de'fɛkt]
Deich dijk [dɛik]
dein *(betont)* jouw [jau]; *(unbetont)* je [jə]
denken an denken aan [dɛŋkən an] ‹dacht, gedacht›
Denkmal monument *n* [mony'mɛnt]
Denkmalschutz monumentenzorg [mony'mɛntə(n)zɔrχ]
denn want [wɑnt]
Deo(dorant) deodorant [dejodo'rɑnt]
deshalb daarom ['da:rɔm]
Desinfektionsmittel desinfecterend middel *n* [dɛsɪnfɛk'te:rənt 'mɪdəl]
desinfizieren desinfecteren [dɛsɪnfɛk'te:rən]
deutlich duidelijk ['dœydələk]
deutsch Duits [dœyts]
Deutsche, der/die – Duitser/Duitse ['dœytsə(r)]
Deutschland Duitsland ['dœytslɑnt]
Dezember december [de'zɛmbər]
Diabetes suiker(ziekte) ['sœykər(ziktə)]
Diabetiker diabeticus [dija'betikəs]
Diagnose diagnose [dija'χnozə]
Diät dieet *n* [di'jet]

dich *(betont)* jou [jau]; *(unbetont)* je [jə]
dick dik [dık]
Dieb dief [dif]
Diebstahl diefstal ['difstal]
Dienstag dinsdag ['dınzdaχ]
diese Woche deze week [dezə 'wek]
diese(r, -s) deze ['dezə], *(bei het-Wörtern)* dit [dıt]
Digitalkamera digitale camera *n* ['diχitalə 'kaməra]
Dill dille ['dılə]
Ding ding *n* [dıŋ]
dir *(betont)* jou [jau]; *(unbetont)* je [jə]
direkt direct [di'rɛkt]
Direktion directie [di'rɛksi]
Dirigent(in) dirigent(e) [diri'χɛnt(ə)]
doch toch [tɔχ]
Dom dom [dɔm]
Donner donder ['dɔndər]
Donnerstag donderdag ['dɔndərdaχ]
doppelt dubbel ['dœbəl]
Dorf dorp *n* [dɔr(ə)p]
dort daar [da:r]
Dose *(Konserven)* blik *n* [blık]
Dosenöffner blikopener ['blıkopənər]
Drachen vlieger ['vliχər]
Draht draad [drat]
Drama drama *n* ['drama]
draußen buiten ['bœytən]
Dressing dressing ['drɛsıŋ]
drin, drinnen binnen ['bınən]
dringend dringend ['drıŋənt]
dritte(r, -s) derde ['dɛrdə]
Drogerie drogisterij [droχıstə'rɛi]
Drogerieartikel drogisterij-artikelen *pl* [droχıstə-'rɛiartikələn]
du *(betont)* jij [jɛi]; *(unbetont)* je [jə]
dumm dom [dɔm]
Dünen duinen *pl* ['dœynən]
dunkelblau/dunkelgrün donkerblauw/donkergroen [dɔŋkər'blau, dɔŋkər'χrun]
dünn dun [dœn]
durch door [do:r]
Durchfahrt doorrijden ['do:rɛidən]; ~ **verboten** vor doorrit verboden voor ['do:rıt vər'bodə vo:r]
Durchfall diarree [dija're]
durchgebraten doorbakken [do:r'bakən]
Durchreise, auf der ~ op doorreis [ɔb 'do:rɛis]
Durchsage mededeling ['medədelıŋ]
durchschnittlich *adj/adv* gemiddeld [χə'mıdəlt]

dürfen mogen ['moχən] ‹mocht›
durstig dorstig [dɔrstəχ]
Dusche douche [duʃ]
Duschvorhang douchegordijn *n* ['duʃχɔrdɛin]
DVD DVD [deve'de]

E

Ebbe eb *n* [ɛp]
eben *(flach)* plat [plɑt]; *(zeitlich)* zo-even [zo'evən]; *(genau!)* precies! [prə'sis]
ebenerdig gelijkvloers [χəlɛik'vlu:rs]
echt echt [ɛχt]
Ecke hoek [huk]
Ehefrau vrouw [vrɑu]
Ehemann man [mɑn]
Eier eieren *pl* ['ɛijərən]
Eierlikör advocaat *pl* [ɑtfo'kat]
eigen eigen [ɛiχən]
eigentlich *adj/adv* eigenlijk ['ɛiχə(n)lək]
Eigentümer(in) eigenaar (eigenares) ['ɛiχəna:r/ ɛiχəna'rɛs]
Eilbrief spoedbrief ['spudbrif]
eilig haastig ['hastəχ]; **es ~ haben** haast hebben [hast 'hɛbən] ‹had, gehad›
ein(e) *art* een [ən]; *(Zahl)* een, één [en]
einchecken inchecken ['ɪntʃɛkən]
Eindruck indruk ['ɪndrœk]
einfach eenvoudig [en'vɑudəχ]
Einfahrt inrit ['ɪnrɪt]
Eingang ingang ['ɪŋχɑŋ]
einheimisch inheems [ɪn'hems]
einige enkele ['ɛŋkələ]
einigen, s. ~ het eens worden [ət ens 'wɔrdən] ‹werd, geworden›
einkaufen boodschappen doen ['botsχɑpən dun] ‹deed, gedaan›
Einkäufe boodschappen *pl* ['botsχɑpən]
Einkaufstasche boodschappentas ['botsχɑpə(n)tɑs]
einladen uitnodigen ['œytnodəχən]
einmal eens [ens]
einpacken inpakken ['ɪmpɑkən]
einsam eenzaam ['enzam]
einschalten inschakelen ['ɪnsχakələn]
Einschreibebrief aangetekende brief ['aŋχətekəndə brif]
einsteigen instappen ['ɪnstɑpən]

eintreffen aankomen ['aŋkomən] ‹kwam/kwamen aan, aangekomen›
Eintritt entrée [ɑn'tre]
Eintrittskarte kaartje *n* ['ka:rtjə]
Eintrittspreis toegangsprijs ['tuχɑŋsprɛis]
Einwohner(in) inwoner (inwoonster) ['ɪnwon(st)ər]
einzig enig ['ɛnəχ]; **ein einziges Mal** een enkele keer [en 'ɛŋkələ ke:r]
Eis ijs *n* [ɛis]
Eisbahn ijsbaan ['ɛisban]
Eisenbahn spoorweg ['spo:rwɛχ]
Eislauf schaatswedstrijd ['sχatswɛtstrɛit]
Eiter etter ['ɛtər]
Elastikbinde elastisch verband *n* [e'lɑstis vər'bɑnt]
elektrisch elektrisch [e'lɛktris]
Elektroherd elektrisch fornuis *n* [e'lɛktris fɔr'nœys]
Elektrolytlösung ors [oɛr'ɛs]
Elektrorollstuhl elektrische rolstoel [e'lɛktrisə 'rɔlstul]
Elfmeter strafschop ['strɑfsχɔp]
Eltern ouders ['ɑudərs] *pl*
empfangen ontvangen [ɔŋt'fɑŋən] ‹ontving, ontvangen›
Empfänger ontvanger [ɔnt'fɑŋər]
Empfang *(Hotel)* receptie [rə'sɛpsi]
empfehlen aanbevelen ['ambəvelən] ‹beval/bevalen aan, aanbevolen›
Ende einde *n* ['ɛində]
enden eindigen ['ɛindəχən]
endgültig *adj/adv* definitief [defini'tif]
endlich eindelijk ['ɛindələk]
Endreinigung eindschoonmaak ['ɛintsχonmak]
Endstation eindhalte ['ɛinthɑltə]
eng nauw [nɑu]
englisch Engels ['ɛŋəls]
Enkel/in kleinzoon/kleindochter ['klɛinzon/'klɛindɔχtər]
entdecken ontdekken [ɔn'dɛkən]
Entfernung afstand ['ɑfstɑnt]
entgegengesetzt tegenovergesteld [teχə'novərχəstɛlt]
enthalten bevatten [bə'vɑtən]
entscheiden beslissen [bə'slɪsən]

entschließen, s. – besluiten [bə'slœytən] ‹besloot, besloten›
entschuldigen, (s.) – (zich) verontschuldigen [(zɪχ) vərɔnt'sχœldəχən]
Entschuldigung! Neem me niet kwalijk [nem mə nit 'kwalək]
enttäuscht teleurgesteld [tə'lø:rχəstɛlt]
entweder ... oder of ... of [ɔf ... ɔf]
entwerten (af)stempelen ['(ɑf) stɛmpələn] , *(B)* ontwaarden [ɔnt'wa:rdən]
entwickeln ontwikkelen [ɔnt'wɪkələn]
entzückend schattig ['sχɑtəχ]
Entzündung ontsteking [ɔnt'stekɪŋ]
Epoche tijdperk *n* ['tɛitpɛrk]
er *pron* hij [hɛi]
Erbsen erwten *pl* ['ɛrtən]
Erdbeeren aardbeien *pl* ['a:rdbɛiən]
Erde aarde ['a:rdə]
Erdgeschoss begane grond [bə'χanə χrɔnt]
Erdnusssoße pindasaus ['pɪndasɑus]
ereignen, s. – gebeuren [χə'bø:rən]
Ereignis gebeurtenis [χə'bø:rtənɪs]
erfahren ervaren [ɛr'va:rən] ‹ervoer, ervaren›
erfreut (über) blij (met) [blɛi (mɛt)]
Erfrischung verfrissing [vər'frɪsɪŋ]
Ergebnis resultaat *n* [rezəl'tat]; *(Sport)* uitslag ['œytslɑχ]
erhalten ontvangen [ɔntfɑŋən] ‹ontving, ontvangen›
erholen, s. – bijkomen ['bɛikomən] ‹kwam bij, bijgekomen›
Erholungsgebiet recreatiegebied *n* [rekre'ja(t) siχəbit]
erinnern herinneren [hɛr'ɪnərən]
Erkältung verkoudheid [vər'kauthɛit]
erklären *(angeben, begründen)* verklaren [vər'kla:rən]; *(deutlich machen)* uitleggen ['œytlɛχən]
erkundigen, s. – nach informeren naar [ɪnfɔr'me:rə na:r]

erlauben; Haustiere (nicht) erlaubt toestaan ['tustan] <stond toe, toegestaan>; huisdieren (niet) toegestaan ['hœizdi:rə nit 'tuχəstaan]
Erlaubnis toestemming ['tustɛmɪŋ]
Ermäßigung korting ['kɔrtɪŋ]
ermöglichen mogelijk maken ['moχələk 'makən]
ernst ernstig ['ɛrnstəχ]
erreichen bereiken [bə'rɛikən]
Ersatz, – der Kosten vergoeding van de kosten [vər'χudɪŋ van də 'kɔstən]
Ersatzrad reservewiel *n* [rə'zɛrvəwil]
erschöpft uitgeput ['œytχepœt]
erschrecken laten schrikken [latən 'sχrɪkən] ‹liet, gelaten›
ersetzen vervangen [vər'vaŋən] ‹verving, vervangen›; *(Schaden)* vergoeden [vər'χudən]
erst *adv (nicht früher als)* pas [pas]; *(zuerst)* eerst [e:rst]
erste(r, -s) eerst(e) ['e:rst(ə)]
erster Gang eerste versnelling ['e:rstə vər'snɛlɪŋ]
Erwachsene(r) volwassene [vɔl'wasənə]
erwarten verwachten [vər'waχtən]
erzählen vertellen [vər'tɛlən]
essbar eetbaar ['edba:r]
essen eten ['etən] ‹at/aten, gegeten›
Essig azijn [a'zɛin]
Estragon dragon [dra'χɔn]
Etage verdieping [vər'dipɪŋ]
Etagenbett stapelbed *n* ['stapəlbɛt]
etwa ongeveer [ɔŋχə've:r]
etwas iets [its]
EU-Bürger EU-onderdaan [e'yɔndərdan]
euch jullie ['jœli]
euer jullie ['jœli]
Euro euro ['ø:ro]
Europa Europa [ø'ropa]
europäisch Europees [øro'pes]
extra *(zusätzlich)* extra ['ɛkstra]; *(mit Absicht)* expres [ɛks'prɛs]

F

Fabrik fabriek [fa'brik]
Facharzt/ärztin specialist(e) [speʃa'lɪst(ə)]
Fähre veerboot, pont ['ve:rbot, 'pɔnt]
fahren rijden ['rɛidən] ‹reed, gereden›; *(Schiff)* varen ['va:rən] ‹voer, gevaren›; *(Fahrrad)* fietsen ['fitsən]; *(lenken)* besturen [bəsty:rən]
Fahrer/in chauffeur [ʃo'fø:r]
Fahrgast passagier [pasa'ʒi:r]; *(Taxi)* klant [klant]
Fahrkarte kaartje *n* ['ka:rtjə]
Fahrkartenautomat kaartjesautomaat ['ka:rtjəsautomat]
Fahrkartenschalter loket *n* [lo'kɛt]
Fahrplan dienstregeling ['dinstreχəlɪŋ]
Fahrpreis prijs [prɛis]
Fahrrad fiets [fits]
Fahrradhelm fietshelm ['fitshɛlm]
Fahrradtour fietstocht ['fitstɔχt]
Fahrradvermietung fietsverhuur ['fitsvərhy:r]
Fahrradweg fietspad *n* ['fitspat]
Fahrschein vervoerbewijs *n* [vər'vu:rbəwɛis]
Fahrstuhl lift [lɪft]
Fahrt rit [rɪt]; *(Schiff)* vaart [va:rt]
fallen vallen ['valən] ‹viel, gevallen›
falls indien [ɪn'din]
Fallschirmspringen parachutespringen [para'ʃytsprɪŋən]
falsch fout [faut]; *(betrügerisch)* vals [vals]
Familie *(Verwandtschaft)* familie [fa'mili]; *(Eltern u. Kinder)* gezin *n* [χə'zɪn]
Familienname familienaam [fa'milinam]
Familienstand burgerlijke staat ['bœrχərləkə 'stat]
fangen vangen ['vaŋən] ‹ving, gevangen›
farbig gekleurd [χə'klø:rt]
Farbstift kleurpotlood *n* ['klø:rpɔtlot]
Fassade voorgevel ['vo:rχevəl]
fast bijna ['bɛina]
faul lui [lœy]; *(Obst)* rot [rɔt]
faulenzen luieren ['lœyjərən]
Februar februari [febry'wa:ri]
Federball shuttle ['ʃœtəl]; *(Sport)* badminton *n* ['bɛtmɪntɔn]

fehlen ontbreken [ɔnd'brekən] ‹ontbrak/ontbraken, ontbroken›
Fehler fout [faut]; *(Mangel)* gebrek *n* [χə'brɛk]
fein fijn [fɛin]
Feinkostgeschäft delicatessenzaak [delika'tɛsə(n)za:k]
Feld veld *n* [vɛlt]
Fenchel venkel ['vɛŋkəl]
Fensterplatz plaats aan het raam [plats an‿ət 'ram]
Ferien vakantie [va'kan(t)si]
Ferienanlage vakantiepark *n* [va'kan(t)sipark]
Ferienhaus vakantiehuisje *n* [va'kan(t)sihœyʃə]
Ferienwohnung vakantiewoning [va'kan(t)siwonɪŋ]
Fernlicht groot licht *n* [χrot 'lɪχt]
fernsehen tv kijken [te've 'kɛikən]
Fernseher televisie [telə'visi]
fertig klaar [kla:r]
Fest feest *n* [fest]
Festival festival *n* ['fɛstival]
fett vet [vɛt]
fettarm mager ['maχər]
feucht vochtig ['vɔχtəχ]
Feuchtigkeitscreme vochtinbrengende crème ['vɔχtɪmbrɛŋəndə krɛ:m]
Feuer vuur *n* [vy:r]; *(Ausruf)* brand! [brant]
feuergefährlich brandbaar ['brandba:r]
Feuerlöscher brandblusser ['brandblœsər]
Feuermelder brandalarm *n* ['brantalar(ə)m]
Feuerwehr brandweer ['brantwe:r]
Feuerwerk vuurwerk *n* ['vy:rwɛrk]
Feuerzeug aansteker ['anstekər]
Fieber koorts [ko:rts]
Fieberthermometer koortsthermometer ['ko:rtstɛrmo'metər]
Film film [fɪl(ə)m]; **(Fotoapparat)** *filmpje n* ['fɪl(ə)mpjə]
finden vinden ['vɪndən] ‹vond, gevonden›
Finger vinger ['vɪŋər]
Firma firma [fɪrma]
Fisch vis [vɪs]
Fischgeschäft viswinkel ['vɪswɪŋkəl]
Fischhändler visboer ['vɪzbu:r]

FKK-Strand naaktstrand *n* ['naktstrant]
flach plat [plat]; *(Wasser)* ondiep [ɔn'dip]
Fläschchenwärmer flessenwarmer ['flɛsə(n)-warmər]
Flasche fles [flɛs]
Flaschenöffner flesopener ['flɛsopənər]
Flaute windstilte ['wɪntstɪltə]
Fleck vlek [vlɛk]
Fleisch vlees [vles]
Flickzeug reparatiespullen *pl* [repa'ra(t)si'spœlən]
fliegen vliegen ['vliχən] ‹vloog, gevlogen›
fließen stromen ['stromən]
Flohmarkt rommelmarkt ['rɔməlmarkt]
Flügelbutt scharretong ['sχarətɔŋ]
Fluggesellschaft luchtvaartmaatschappij ['lœχ(t)va:rtmatsχapɛi]
Flughafen luchthaven ['lœχthavən]
Flugsteig pier [pi:r]
Flugzeug vliegtuig *n* ['vliχtœyχ]
Fluss rivier [ri'vi:r]
flüssig vloeibaar ['vlujba:r]
Flut vloed [vlut]
Föhn föhn [føn]
föhnen föhnen ['fønən]
folgen volgen ['vɔlχən]
Folkloremarkt folkloremarkt [fɔl'klo:rəmar(ə)kt]
Form vorm [vɔrm]
Formular formulier *n* [fɔrmy'li:r]
Fort fort *n* [fɔrt]
fort weg [wɛχ]
Fotoapparat fototoestel *n* ['fototustɛl]
Fotogeschäft fotozaak ['fotozak]
fotografieren fotograferen [fotoχra'fe:rən]
Frage vraag [vraχ]
fragen vragen ['vraχən] ‹vroeg, gevraagd›
frankieren frankeren [fraŋ'ke:rən]
Frau vrouw [vrau]; *(Anrede; vor Namen)* mevrouw [mə'vrau]; *(Abkürzung)* mevr.
Frauenzeitschrift vrouwenblad *n* ['vrauwəblat]
frei vrij [vrɛi]
Freilichtkino openluchtbioscoop [opə'lœχ(t)bijɔskop]
Freilichtmuseum openluchtmuseum *n* [opə'lœχ(t)mysejəm]

Freilufttheater openluchttheater *n* [opə'lœχtejatər]
Freitag vrijdag ['vrɛidaχ]
Freizeitpark attractiepark *n* [a'traksipark]
fremd vreemd [vremt]
Fremde, der/die ~ vreemdeling(e) ['vremdəlɪŋ(ə)]
Fremdenführer/in gids [χɪts]
Fremdenverkehrsamt VVV-kantoor *n* [veve'vekanto:r]
Fremdenzimmer logies bij particulieren [lo'ʒis bɛi partiky'li:rən]
Freude vreugde ['vrøχdə]
freuen, s. ~ auf/über zich verheugen op/over [zɪχ vər'høχən ɔp/'ovər]
Freund/in vriend, vriendin [vrint/vrin'dɪn]
freundlich vriendelijk ['vrindələk]
frisch *(kühl)* fris [frɪs]; *(Lebensmittel)* vers [vɛrs]; *(Bettwäsche)* schoon [sχon]
Frischhaltefolie plasticfolie ['plɛstəkfoli]
Friseur kapper ['kapər]
Frisur kapsel *n* ['kapsəl]
frittiert gefriteerd [χəfri'te:rt]
froh blij [blɛi]
Frost vorst [vɔrst]
Frostschutzmittel antivries [anti'vris]
Früchtetee vruchtenthee ['vrœχtə(n)te]
früh vroeg [vruχ]
früher vroeger ['vruχər]
Frühling lente ['lɛntə]
Frühlingsrolle loempia ['lumpija]
Frühstück ontbijt *n* [ɔnd'bɛit]
frühstücken ontbijten [ɔnd'bɛitən] ‹ontbeet, ontbeten›
Frühstücksbüfett ontbijtbuffet *n* [ɔnd'bɛidbyfɛt]
Frühstücksraum ontbijtzaal [ɔnd'bɛitsal]
fühlen voelen ['vulən]
führen leiden ['lɛidən]
Führer *(für Fremde)* gids [χɪts]
Führerschein rijbewijs *n* ['rɛibəwɛis]
Führung rondleiding ['rɔntlɛidɪŋ]
füllen vullen ['vœlən]
Fundbüro bureau gevonden voorwerpen *n* [by'ro χə'vɔndən 'vo:rwɛrpən]
funktionieren functioneren [fœŋkʃo'ne:rən]
für voor [vo:r]

fürchten vrezen ['vrezən]; **s. ~ vor** bang zijn voor ['baŋ zεin vo:r] ‹was/waren, geweest›
fürchterlich vreselijk ['vresələk]
Fuß voet [vut]
Fußball voetbal (*als Spiel n*) ['vudbɑl]
Fußballplatz voetbalveld *n* ['vudbɑlvεlt]
Fußballspiel voetbalwedstrijd ['vudbɑlwεtstrεit]
Fußgänger/in voetgang(st)er ['vutχɑŋ(st)ər]
Fußgängerzone voetgangersgebied *n* ['vutχɑŋərsχəbit]

G

Gabel vork [vɔr(ə)k]
Gang(schaltung) versnelling [vər'snεlıŋ]
ganz *adj/adv* heel [hel]; *(ganz und gar)* helemaal ['heləmal]
gar *(Essen)* gaar [χa:r]
Garage garage [χa'raʒə]
Garantie garantie [χa'rɑn(t)si]
Garderobe garderobe [χɑrdə'rɔ:bə]
Garnelen garnalen *pl* [χɑr'nalən]
Garten tuin [tœyn]
Gasflasche gasfles ['χɑsflεs]
Gasherd gasfornuis *n* ['χɑsfɔrnœys]
Gaskartusche gastankje *n* [χɑstεŋkjə]
Gaskocher gasstel *n* ['χɑstεl]
Gaspedal gaspedaal *n* ['χɑspeda'l]
Gasse steeg [steχ]
Gast gast [χɑst]
Gastfreundschaft gastvrijheid [χɑst'frεihεit]
Gastgeber/in gastheer/vrouw ['χɑsthe:r/frɑu]
Gebäck gebak *n* [χə'bɑk]
Gebäude gebouw *n* [χə'bɑu]
geben geven ['χevən] ‹gaf, gegeven›
geboren geboren [χə'bo:rən]
gebräuchlich gebruikelijk [χə'brœykələk]
gebrochen gebroken [χə'brokən]
Gebühr tarief *n* ['ta'rif]
Gebühren kosten *pl* ['kɔstən]
Geburtsdatum geboortedatum [χə'bo:rtədatəm]
Geburtsname geboortenaam [χə'bo:rtənam]; *(bei verheirateten Frauen auch:)* meisjesnaam ['mεiʃəsnam]
Geburtsort geboorteplaats [χə'bo:rtəplats]

Geburtstag verjaardag [vər'ja:rdaχ]
Gedeck couvert *n* [ku'vɛ:r]
Gedenkstätte herdenkingsplaats [hɛr'deŋkɪŋsplats]
Geduld geduld *n* [χə'dœlt]
Gefahr gevaar *n* [χə'va:r]
gefährlich gevaarlijk [χə'va:rlək]
gefallen bevallen [bə'valən] ‹beviel, bevallen›
Gefängnis gevangenis [χə'vaŋənɪs]
Gefühl gevoel *n* [χə'vul]
gegen *(wider)* tegen ['teχən]; *(zeitlich)* omstreeks ['ɔmstreks]
gegen Mittag tegen twaalven [teχən 'twal(ə)vən]
Gegend streek [strek]
Gegenstand *(Ding)* voorwerp *n* ['vo:rwɛr(ə)p]
Gegenteil tegendeel *n* ['teχə(n)del]
gegenüber *adv/prp* tegenover [teχə'novər]
Geheimzahl pin(code) ['pɪn(kodə)]
gehen gaan [χan] ‹ging, gegaan›; *(zu Fuß)* lopen ['lopən] ‹liep, gelopen›
Gehirn hersens *pl* ['hɛrsəns]
Gehirnerschütterung hersenschudding ['hɛrsə(n) sχœdɪŋ]
gehören zijn van [zɛin van] ‹was/waren, geweest›]; **wie es s. gehört** zoals het hoort [zo'als ət ho:rt]
gehörlos doof [dof]
geistig behindert geestelijk gehandicapt ['χestələk χə'hɛndikɛpt]
gekochter Schinken gekookte ham [χə'koktə ham]
Gelände terrein *n* [tɛ'rɛin]
gelb geel [χel]
Gelbe Seiten® gouden gids ['χaudə(n) χɪts]
Geld geld *n* [χɛlt]
Geldautomat geldautomaat ['χɛltautomat]
Geldbörse portemonnee [pɔrtəmɔ'ne]
Geldschein bankbiljet *n* ['baŋgbɪljɛt]
Geldwechsel *(auf Schildern)* change [tʃens]
Gelegenheit gelegenheid [χə'leχənhɛit]
Gelenk gewricht *n* [χə'wrɪχt]
gelten gelden ['χɛldən] ‹gold, gegolden›
Gemälde schilderij *n* [sχɪldə'rɛi]

gemeinsam *adj/adv* gemeenschappelijk [χəˈmenˈsχapələk]; *(zusammen)* gezamenlijk [χəˈzamə(n)lək]
gemischt gemengd [χəˈmɛŋt]
Gemüse groente [χruntə]
gemütlich gezellig [χəˈzɛləχ]
genau precies [prəˈsis]
genauso … wie net zo … als [nɛt zo ɑls]
genehmigen toestaan [ˈtustan] ‹stond toe, toegestaan›
Genehmigung vergunning [vərˈχœnɪŋ]
genießen genieten [χəˈnitən] ‹genoot, genoten›
genug genoeg [χəˈnuχ]
geöffnet geopend [χəˈopənt]
Gepäck bagage [baˈχaʒə]
Gepäckaufbewahrung bagagedepot *n* [baˈχaʒədepo]
Gepäckschalter bagageloket *n* [baˈχaʒəloˈkɛt]
Gepäckwagen bagagekarretje *n* [baˈχaʒəkɑrətjə]
gerade *adj* recht [ˈrɛχt]; *(zeitlich)* net [nɛt]
geradeaus rechtdoor [rɛχˈdo:r]
geräuchert gerookt [χəˈrokt]
Geräusch geluid *n* [χəˈlœyt]
Gericht *(Essen)* gerecht *n* [χəˈrɛχt]; *(Justiz)* rechtbank [ˈrɛχdbɑŋk]
gern graag [χraχ]; **nicht –** ongaarne [ɔŋˈχa:rnə]
Geruch geur [χø:r]
geschehen gebeuren [χəˈbø:rən]
Geschenk cadeau *n* [kaˈdo]
Geschichte geschiedenis [χəˈsχidənɪs]
Geschirr vaatwerk *n* [ˈvatwɛ:k]
Geschirrspülbecken spoelbak [ˈspulbɑk]
Geschirrspülmaschine afwasmachine [ˈɑfwɑsmaʃinə]
Geschirrtuch droogdoek [ˈdroχduk]
geschlossen gesloten [χəˈslotən]
Geschmack smaak [smak]
Geschwindigkeit snelheid [ˈsnɛlhɛit]
geschwollen gezwollen [χəˈzwɔlən]
Gesicht gezicht *n* [χəˈzɪχt]
Gespräch gesprek *n* [χəˈsprɛk]
gespritzt bespoten [bəˈspotən]
gestern gisteren [ˈχɪstərən]
gesund gezond [χəˈzɔnt]
Getränk drankje *n* [drɑŋk]

Getriebe (*Auto*) versnellingsbak [vər'snɛlɪŋzbɑk]
Gewicht gewicht *n* [χə'wɪχt]
Gewinn winst [wɪnst]
gewinnen winnen ['wɪnən] ‹won, gewonnen›
Gewitter onweer *n* ['ɔnwe:r]
gewöhnlich *adv* gewoonlijk [χə'wonlək]
gewohnt sein gewend zijn [χə'wɛnt sɛin] ‹was/waren, geweest›
Gewürze kruiden *pl* ['krœydən]
gibt, es – er is [ɛr 'ɪs] *sg*, er zijn [ɛr 'zɛin] *pl*
Giebel gevel ['χevəl]
Gift (ver)gif *n* [(vər)χɪf]
giftig giftig ['χɪftəχ]
Glas glas *n* [χlɑs]
Glatteis ijzel ['ɛizəl]
glauben geloven [χə'lovən]
gleich *adj* gelijk [χə'lɛik]; *adv* *(sofort)* dadelijk ['dadələk]
gleichzeitig gelijktijdig [χəlɛik'tɛidəχ]
Gleis spoor *n* [spo:r]
Glück geluk *n* [χə'lœk]
glücklich gelukkig [χə'lœkəχ]
Glückwunsch felicitatie [felisi'tatsi]
Glühbirne gloeilamp ['χlujlɑmp]
Gold goud *n* [χɑut]
goldfarben goudkleurig [χɑut'klø:rəχ]
Golf golf *n* [χɔl(ə)f/gɔlf]
Golfclub golfclub ['χɔl(ə)fklœp]
Golfschläger golfstick ['χɔlfstɪk]
Gott God [χɔt]
GPS GPS [dʒipi'ɛs]
Grab graf *n* [χrɑf]
Graben sloot [slot]
Gracht gracht [χrɑχt]
Gramm gram [χrɑm]
Grapefruit grapefruit [grepfrut]
Gräte graat [χrat]
gratis gratis ['χratəs]
gratulieren feliciteren [felisi'te:rən]
grau grijs [χrɛis]
Graubrot bruinbrood *n* ['brœynbrot]
Grenze grens [χrɛns]
Grenzübergang grensovergang ['χrɛnsovərχɑŋ]
Grillanzünder grillaansteker ['χrɪlanstekər]
Grillkohle houtskool ['hɑutskol]
Grippe griep [χrip]
groß groot [χrot]
Größe *(Kleidung, Schuhe)* maat [mat]; *(Länge)* lengte [lɛŋtə]

Großmutter grootmoeder [ˈχrotmudər]
Großraumwagen *(Zug)* doorgaande coupé [ˈdo:rχandə kuˈpe]
Großvater grootvader [ˈχrotfadər]
Grotte grot [χrɔt]
grün groen [χrun]
Grund *(Beweg~)* reden [ˈredən]
grüne Bohnen groene bonen *pl* [ˈχrunə ˈbonən]
grüne Versicherungskarte verzekeringskaart [vərˈzekərɪŋska:rt]
Gruppe groep [χrup]
grüßen groeten [ˈχrutən]
gültig geldig [ˈχɛldəχ]
Gummistiefel rubberlaarzen *pl* [rœbərˈla:rzən]
Gurke *(Salat~)* komkommer [kɔmˈkɔmər] *(Gewürz~)* augurk [ɑuˈχœr(ə)k]
Gürtel riem [rim], gordel [ˈχɔrdəl]
gut *adj/adv* goed [χut]
Gutschein waardebon [ˈwa:rdəbɔn]

H

Haar haar *n* [ha:r]
Haarfestiger haarversteviger [ˈha:rvərstevəχər]
Haargel haargel [ˈha:r(d)ʒɛl]
Haargummi haarbandje *n* [ˈha:rbɑntjə]
Haarklammern haarclips *pl* [ˈha:rklɪps]
Haarteil haarstukje *n* [ˈha:rstœkjə]
Haarwaschmittel shampoo [ˈʃɑmpo]
haben hebben [ˈhɛbən] ‹had, gehad›
Hackfleisch gehakt *n* [χəˈhɑkt]
Hafen haven [ˈhavən]
Hafenmeister havenmeester [ˈhavəmestər]
Haferflocken havervlokken *pl* [ˈhavərvlɔkən]
Hähnchen haantje *n* [ˈhantjə]
Haken haak [hak]
halb *adj/adv* half [hɑl(ə)f]
Halbpension halfpension *n* [ˈhɑl(ə)fpɛnʃɔn]
Hälfte helft [hɛl(ə)ft]
Hals hals [hɑls]
Halsschmerzen keelpijn [ˈkelpɛin]
Halstabletten keeltabletten *pl* [ˈkeltɑˈblɛtən]

Halstuch halsdoek ['halzduk]
halt! stop! [stɔp]
haltbar houdbaar ['haudba:r]
Haltegriff handgreep ['hantχrep]
halten *(fest~)* vasthouden ['vasthaudən] ‹hield vast, vastgehouden›; *(stehen bleiben)* stoppen ['stɔpən]; **~ verboten** verbod stil testaan [vər'bɔt stɪl tə stan]
Haltestelle halte ['haltə]
Hammer hamer ['hamər]
Hand hand [hant]
Handball handbal (*als Spiel n*) ['handbal]
Handbrause sproeikop ['sprujkɔp]
Handbremse handrem ['hantrɛm]
Handcreme handcrème ['hantkrɛ:m]
Handgas *(Auto)* handgas *n* ['hantχas]
handgemacht met de hand gemaakt [mɛt də 'hant χə'makt]
Handschuhe handschoenen *pl* ['hantsχunən]
Handtasche handtas ['hantas]
Handtuch handdoek ['handuk]
Handwaschbecken fonteintje *n* [fɔn'tɛintjə]
Handy mobieltje *n* [mo'biltjə]
hart hard [hart]
hässlich lelijk ['lelək]
häufig *adv* vaak [vak]
Hauptbahnhof centraal (station) *(CS) n* [sɛn'tral (sta(t)'ʃɔn)]
Hauptrolle hoofdrol ['hoftrɔl]
hauptsächlich *adj/adv* hoofdzakelijk [hoft'sakələk]
Hauptsaison hoofdseizoen *n* ['hoftsɛizun]
Hauptspeise hoofdgerecht *n* ['hoftχərɛχt]
Hauptstadt hoofdstad ['hoftstat]
Haus huis *n* [hœys]
Hausbesitzer/in huiseigenaar/huiseigenares ['hœysɛiχənar/hœysɛiχəna'rɛs]
Hausboot woonboot ['wombot]
hausgemacht eigengemaakt ['ɛiχə(n)χə'makt]
Haushaltswaren huishoudelijke artikelen *pl* [hœys'haudələkə ar'tikələn]
Hausnummer huisnummer *n* ['hœysnœmər]
Hausschuhe pantoffels *pl* [pan'tɔfəls]
Haustiere huisdieren *pl* ['hœyzdi:rən]
Haut huid [hœyt]

Heide hei [hɛi]
heilig heilig ['hɛiləχ]
Heimat thuisland *n* ['tœyslant]
Heimreise thuisreis ['tœysrɛis]
heimwerken doehetzelven [duhɛt'zɛlvən]
heiraten trouwen ['trauwən]
heiser hees [hes]
heiß heet [het]
heißen heten ['hetən] ‹heette, geheten›
Heißluftballon luchtballon ['lœχ(t)balɔn]
heizen stoken ['stokən]
Heizung verwarming [vər'warmɪŋ]
helfen helpen ['hɛlpən] ‹hielp, geholpen›
hell licht [lɪχt]
hellblau/hellgrün lichtblauw/lichtgroen [lɪχ'blau, lɪχt'χrun]
Hemd overhemd *n* ['ovərhɛmt]
herausgeben *(Geld)* overhandigen [ovər'handəχən]
Herbst herfst [hɛr(ə)fst]
Herd fornuis *n* [fɔr'nœys]
herein! binnen! ['bɪnən]
hereinkommen binnenkomen ['bɪnə(n)komən] ‹kwam/kwamen binnen, binnengekomen›
Hering haring ['ha:rɪŋ]
Herr heer [he:r]; *(Anrede, vor Namen)* meneer/mijnheer [mə'ne:r], *(Abkürzung)* dhr.
Herren heren *pl* [he:rən]
herrlich heerlijk ['he:rlək]
Herz hart *n* [hart]
Herzanfall hartaanval ['hartanval]
Herzbeschwerden hartklachten *pl* ['hartklaχtən]
Herzinfarkt hartinfarct *n* ['hartɪmfar(ə)kt]
herzlich hartelijk ['hartələk]
Herzrasen hartkloppingen *pl* ['hartklɔpɪŋən]
Heuschnupfen hooikoorts ['hojko:rts]
heute Morgen/heute Abend vanmorgen/vanavond [va'mɔrχən, va'navɔnt]
heute vandaag [van'daχ]
hier hier [hi:r]
Hilfe hulp [hœl(ə)p]; *(Ausruf)* help! ['hɛl(ə)p]; **erste** – eerste hulp [e:rstə 'hœl(ə)p]; *(Abkürzung)* EHBO [ehabe'o]
Himmel hemel ['heməl]; *(Ausruf)* hemeltje lief! ['heməltjə lif]
hinausgehen naar buiten gaan [na:r 'bœytən χan]
hindern hinderen ['hɪndərən]

hineingehen naar binnen gaan [naːr ˈbɪnən χan]
hinlegen , s. ~ gaan liggen [χan ˈlɪχən]
hinten achteraan [ɑχtəran]
hinter achter [ˈɑχtər]
Hinterland achterland *n* [ˈɑχtərlɑnt]
hinterlegen deponeren [depoˈneːrən]
hinzufügen toevoegen [ˈtuvuχən]
Hitzewelle hittegolf [ˈhɪtəχɔlf]
hoch hoog [hoχ]
Hochgeschwindigkeitszug hogesnelheidstrein [hoχəˈsnɛlhɛitstrɛin]
Hochspannung hoogspaning [ˈhoχspanɪŋ]
höchstens hoogstens [ˈhoχstəns]
Hochzeit *(Feier)* bruiloft [ˈbrœylɔft]
Hof *(Platz)* binnenplaats [ˈbɪnə(n)plats]; *(Residenz)* hof *n* [hɔf]
hoffen hopen [ˈhopən]
hoffentlich hopelijk [ˈhopələk]
höflich beleefd [bəˈleft]
Höhe hoogte [ˈhoχtə]
Höhepunkt hoogtepunt *n* [ˈhoχtəpœnt]
Höhle *(unterirdisch)* grot [χrɔt]
holen halen [ˈhalən]
Holz hout *n* [hɑut]
Holzschnitt houtsnede [ˈhɑutsnedə]
Holzschuhe klompen *pl* [klɔmpən]
Honig honing [ˈhonɪŋ]
hören horen [ˈhoːrən]
Hörer hoorn [hoːr(ə)n]
Hose broek [bruk]
Hotel hotel *n* [hoˈtɛl]
hübsch *(Gegenstände)* **mooi** [moi]; *(Menschen auch:)* **knap** [knap]
Hüfte heup [høp]
Hügel heuvel [ˈhøvəl]
Huhn kip [kɪp]
Hummer kreeft [kreft]
Hund hond [hɔnt]
Hünengrab hunebed *n* [ˈhynəbɛt]
hungrig sein trek hebben [trɛk ˈhɛbən] ‹had, gehad›
Hupe claxon [ˈklɑksɔn]
husten hoesten [ˈhustən]
Hustensaft hoestdrank [ˈhusdrɑŋk]
Hut hoed [hut]
Hütte hut [hœt]

I

ich ik [ɪk]
ihr *pers prn pl* jullie [jœli] *poss prn sing* haar [ha:r] *poss prn pl* hun [hœn]
Illustrierte geïllustreerd blad *n* [χəilys'tre:rd 'blɑt]
Imbiss snack [snɛk]
immer altijd ['ɑltɛit]
Impfpass vaccinatiekaart [vɑksi'natsika:rt]
Impfung inenting ['ɪnɛntɪŋ]
in *dat* in [ɪn]; *acc* naar [na:r]
in 14 Tagen over veertien dagen ['ovər 've:rtin 'daχən]
in einer Woche over een week ['ovər en 'wek]
inbegriffen inbegrepen ['ɪmbəχrepən]
Infektion infectie, ontsteking [ɪn'fɛksi, ɔnt'stekɪŋ]
informieren, s. ~ zich op de hoogte stellen [zɪχ ɔb‿də 'hɔχtə 'stɛlən]
Ingwer gember ['χɛmbər]
Inhalt inhoud ['ɪnhɑut]
Initialen voorletters ['vo:rlɛtərs]
inklusive inclusief ['ɪŋklyziv]
innen binnen ['bɪnən]
Innenhof binnenplaats [bɪnə(n) plats]
Insekt insect *n* [ɪn'sɛkt]
Insektenmittel insectenwerend middel *n* [ɪn'sɛktənwe:rənt 'mɪdəl]
Insel eiland *n* ['ɛilɑnt]
interessant interessant [ɪntərɛ'sɑnt]
interessieren, s. ~ (für) zich interesseren (voor) [zɪχ ɪntərɛ'se:rən (vo:r)]
international internationaal [ɪntərna(t)ʃo'nal]
Irrtum vergissing [vər'χɪsɪŋ]

J

Jacke jas [jɑs]
Jahr jaar *n* [ja:r]
Jahreszeit jaargetijde *n* ['ja:rχətɛidə]
Jahrhundert eeuw [ew]
jährlich *adj/adv* jaarlijks ['ja:rləks]
Jahrmarkt jaarmarkt ['ja:rmɑr(ə)kt]
Januar januari [jany'wa:ri]
Jazzgymnastik jazzgymnastiek *n* ['dʒɛsχɪmnɑstik]
Jeanshose spijkerbroek ['spɛikərbruk]

jeden Tag iedere dag ['idərə 'daχ]
jeder *adj* ieder(e) ['idər(ə)], elk(e) [ɛl(ə)k/'ɛl(ə)kə]; *prn* iedereen ['idəren]
jemand iemand ['imant]
jene(r, -s) die (daar) [di (da:r)], dat (daar) [dat (da:r)]
jetzt nu [ny]
joggen joggen ['dʒɔgən]
Jogginganzug trainingspak *n* ['trenɪŋspak]
Joghurt yoghurt ['jɔχərt]
jucken jeuken [jøkən]
Jugendliche *pl* jongeren ['jɔŋərən] *pl*
Juli juli ['jyli]
jung jong [jɔŋ]
Junge jongen [jɔŋən]
Junggeselle vrijgezel [vrɛiχə'zɛl]
Juni juni ['jyni]
Juwelier juwelier [jywə'li:r]

K

Kabarett cabaret *n* [kaba'rɛt]
Kabeljau kabeljauw [kabəl'jau]
Kaffee koffie ['kɔfi]
Kaffeemaschine koffiezetapparaat *n* ['kɔfizɛtaparat]
Kai kade ['kadə]
Kajüte hut [hœt]
Kalbfleisch kalfsvlees *n* ['kalfsfles]
kalt koud [kaut]
kaltes Wasser koud water *n* [kaut 'watər]
Kamm kam [kam]
kämmen kammen ['kamən]
Kanal kanaal *n* [ka'nal]
Kaninchen konijn *n* [ko'nɛin]
Kanu kano ['kano]
Kanzel kansel ['kansəl]
kaputt stuk [stœk]
Karaffe karafje *n* [ka'rafjə]
Karneval carnaval *n* ['karnaval]
Karotten wortels *pl* ['wɔrtəls]
Kartoffeln aardappelen *pl* ['a:rdapələn]
Käse kaas [kas]
Kasse kassa ['kasa]
Kassenbeleg bonnetje *n* ['bɔnətjə]
Kathedrale kathedraal [kate'dral]
Katze kat [kat]
kaufen kopen ['kopən] ‹kocht, gekocht›
Kaufhaus warenhuis *n* ['wa:rə(n)hœys]
Kaugummi kauwgom ['kauχɔm]
kaum nauwelijks ['nauwələks]

Kaution borgsom ['bɔrχsɔm]
kein geen [χen]
keiner niemand ['nimɑnt]
Kekse koekjes *pl* ['kukjəs]
Kellner/in ober, kelner ['obər, 'kɛlnər]
kennen kennen ['kɛnən]; **kennen lernen** leren kennen [le:rən 'kɛnən]
Kerzen kaarsen *pl* ['ka:rsən]
Ketchup ketchup [kɛtʃœp]
Kette ketting ['kɛtɪŋ]
Kfz-Schein kentekenbewijs *n* ['kɛnte(n)kəbəwɛis]
Kiefer kaak [kak]
Kilogramm kilo(gram) *n* ['kilo(χrɑm)]
Kilometer kilometer ['kilometər]
Kilometerpreis prijs per kilometer [prɛis pɛr 'kilometər]
Kind kind ['kɪnt] *n* ‹kinderen›
Kinderarzt/ärztin kinderarts ['kɪndərɑrts]
Kinderbecken pierenbad *n* ['pi:rəbɑt]
Kinderbetreuung kinderopvang ['kɪndərɔpfɑŋ]
Kinderbett kinderbedje *n* ['kɪndərbɛtjə]
Kinderermäßigung korting voor kinderen ['kɔrtɪŋ vo:r 'kɪndərən]
Kinderkrankheit kinderziekte ['kɪndərziktə]
Kindersitz kinderzitje *n* ['kɪndərzɪtjə]
Kindersitzkissen *(fürs Auto)* kinderzitkussen *n* ['kɪndərzɪtkœsən]
Kinderteller kinderportie ['kɪndərpɔrsi]
Kino bioscoop [bijɔ'skop]
Kirche kerk [kɛr(ə)k]
Kirchenkonzert kerkconcert *n* ['kɛr(ə)kɔnsɛrt]
Kirchturm kerktoren ['kɛr(ə)kto:rən]
Kirmes kermis ['kɛrməs]
Kirschen kersen *pl* ['kɛrsən]
Kiste kist [kɪst]; *(Bier) krat n* [krɑt]
klar helder ['hɛldər]
Klasse klas [klɑs]
Kleid jurk [jœr(ə)k]
Kleiderbügel kleerhanger ['kle:rhɑŋər]
Kleidung kleding [klɛdɪŋ]
klein klein [klɛin]
Kleingeld kleingeld *n* ['klɛiŋχɛlt]
Klima klimaat *n* [kli'mat]

Klimaanlage airconditioning ['ɛːrkɔndɪʃənɪŋ]
Klingel bel [bɛl]
klug verstandig [vər'standəχ]
Kneipe kroeg [kruχ]
Knie knie [kni]
Kniestrumpf kniekous ['knikaus]
Knoblauch knoflook ['knɔflok]
Knöchel enkel ['ɛŋkəl]
Knochen bot *n* [bɔt]
Knochenbruch botbreuk ['bɔdbrøk]
Koch/Köchin kok/kokkin [kɔk/kɔ'kɪn]
Kochbuch kookboek *n* ['kogbuk]
kochen *(Wasser; Essen)* koken ['kokən]; *(Kaffee, Tee)* zetten ['zɛtən]
kochen koken ['kokən]
Kocher kooktoestel *n* ['koktustɛl]
Kochnische kitchenette [kɪtʃə'nɛt]
koffeinfreier Kaffee cafeïnevrije koffie [kafe'jinəvrɛijə 'kɔfi]
Koffer koffer ['kɔfər]
Kofferraum kofferbak ['kɔfərbak]
Kohl kool [kol]
Kollege/Kollegin collega [kɔ'leχa]
kommen komen ['komən] ‹kwam, gekomen›
Kompass kompas *n* [kɔm'pas]
Komponist/in componist/componiste [kɔmpo'nɪst(ə)]
Konditionstraining conditietraining [kɔn'di(t)sitrenɪŋ]
Konditorei banketbakker [baŋ'kɛdbakər]
Kondom condoom *n* [kɔn'dom]
König/in koning/koningin ['konɪŋ/'konɪ'ŋɪn]
können kunnen ['kœnən] ‹kon, gekund›
Konserven conserven *pl* [kɔn'zɛrvən]
Konsulat consulaat *n* [kɔnsy'lat]
Kontakt contact *n* [kɔn'takt]
Konto bankrekening ['baŋkrekənɪŋ]
Kontrolleur/in controleur/controleuse [kɔntro'løːr/kɔntro'løzə]
kontrollieren controleren [kɔntro'leːrən]
Konzert concert *n* [kɔn'sɛrt]
Kopf hoofd *n* [hoft]
Kopfhörer koptelefoon ['kɔptеləfon]

Kopfkissen hoofdkussen *n* ['hoftkəsən]
Kopfsalat kropsla ['krɔpsla]
Kopfschmerz hoofdpijn ['hoftpɛin]
Kopie kopie [ko'pi]
Korb mand [mɑnt]
Korbball korfbal ['kɔr(ə)vbɑl]
Koriander koriander [kori'jɑndər]
Korkenzieher kurkentrekker ['kœrkə(n)trɛkər]
Körper lichaam *n* ['lɪχam]
Körperbehinderung lichamelijke handicap [lɪ'χaməlәkə 'hɛndikɛp]
kosten kosten ['kɔstən]
Kosten kosten *pl* ['kɔstən]
kostenlos kosteloos ['kɔstəlos]
Kostüm kostuum *n* [kɔ'stym]
Kotelett kotelet [kotə'lɛt]
Koteletten bakkebaarden *pl* ['bɑkəba:rdən]
Kotflügel spatbord *n* ['spɑdbɔrt]
Krabben garnalen *pl* [χɑr'nalən]
Kraft kracht [krɑχt]
Krampf kramp [krɑmp]
krank ziek [zik]
Krankenhaus ziekenhuis *n* ['zikə(n)hœys]
Krankenkasse zorgverzekering *n* ['zɔrχvərzekərɪŋ]
Krankenversicherungskarte verzekeringskaart [vər'zekərɪŋska:rt]
Krankenschwester verpleegster [vər'pleχstər]
Krankenwagen ziekenwagen ['zikə(n)waχən]
Krankheit ziekte ['ziktə]
Kräuter kruiden *pl* ['krœydən]
Kräutertee kruidenthee ['krœydə(n)te]
Krawatte das [dɑs]
kreativ creatief [kreja'tif]
Kreditkarte creditcard ['krɛdɪtkɑrt]
Kreuzfahrt cruise [kru:s]
Kreuzung kruispunt *n* ['krœyspœnt]
Kriminalroman misdaadroman ['mɪzdatromɑn]
Kristall kristal *n* [krɪ'stɑl]
kritisieren kritiek hebben op [kri'tik hɛbən ɔp] ‹had, gehad›
Krone kroon [kron]
Krücke kruk [krœk]
Küche keuken ['køkən]
Kuchen taart [ta:rt]
Kugelschreiber balpen ['balpɛn]
kühl koel [kul]

Kühlelement koelboxelement *n* ['kulbɔkseləmɛnt]
Kühler radiator [radi'jatɔr]
Kühlschrank koelkast ['kulkɑst]
Kühltasche koelbox ['kulbɔks]
Kühlwasser koelwater *n* ['kulwatər]
Kultur cultuur [kœl'ty:r]
Kümmel komijn [ko'mɛin]
Kummer verdriet *n* [vər'drit]
kümmern, s. – um zorgen voor ['zɔrχən vo:r]
Kunde/Kundin klant [klɑnt]
Kunst kunst [kœnst]
Kunsthändler kunsthandelaar ['kœnsthɑndəla:r]
Kuppel koepel ['kupəl]
Kupplung koppeling ['kɔpəlɪŋ]
Kürbis pompoen [pɔm'pun]
Kurs cursus ['kœrzəs]
Kursbuch spoorboekje n ['spo:rbukjə]
Kurve bocht [bɔχt]
kurz kort [kɔrt]
kurzfristig op korte termijn [ɔp 'kɔrtə tɛr'mɛin]
kürzlich kort geleden [kɔrt χə'ledən]
Kurzschluss kortsluiting ['kɔrtslœytɪŋ]
Kuss *(zärtlich)* kus [kœs], *(gemütlich)* zoen [zun]
küssen *(zärtlich)* kussen ['kœsən], *(gemütlich)* zoenen [zunən]
Küste kust [kœst]

L

lachen lachen ['lɑχən] ‹lachte, gelachen›
lächerlich belachelijk [bə'lɑχələk]
Lachs zalm ['zɑl(ə)m]
Lachsforelle zalmforel ['zɑl(ə)mfɔrɛl]
Ladegerät batterijlader [bɑtə'rɛiladər]
Ladeterminal oplaadterminal ['ɔplatœrminəl]
Lage *(Situation)* toestand ['tustɑnt]; *(eines Ortes)* ligging ['lɪχɪŋ]
Lakritz drop [drɔp]
Lammfleisch lamsvlees *n* ['lɑmsfles]
Lampe lamp [lɑmp]
Land land *n* [lɑnt]; *(ländlicher Raum)* platteland *n* [plɑtə'lɑnt]
Landeskennzahl landnummer *n* ['lɑntnœmər]
Landgut landgoed *n* ['lɑntχut]
Landkarte landkaart ['lɑntka:rt]

Landschaft landschap *n* ['lantsχap]
Landsmann/Landsmännin landgenoot/landgenote ['lantχənot(ə)]
lang lang [laŋ]
Länge lengte ['lɛŋtə]
langsam *adj/adv* langzaam ['laŋsam]
langweilig saai [saj]
Lärm lawaai *n* [la'waj]
lassen laten ['latən] ‹liet, gelaten›
lästig lastig ['lastəχ]
Lastwagen vrachtwagen ['vraχtwaχən]
Lauch prei [prɛi]
laufen lopen ['lopən] ‹liep, gelopen›
laut luid [lœyt]
Lautsprecher luidspreker ['lœytsprekər]
leben leven ['levən]
Lebensmittelgeschäft kruidenier [krœydə'ni:r]
Lebensmittelvergiftung voedselvergiftiging ['vutsəlvərχɪftəχɪŋ]
Leber lever ['levər]
Leberpastete leverpastei ['levərpastɛi]
lebhaft druk [drœk]
lecker lekker ['lɛkər]
Lederjacke leren jasje *n* [le:rə(n) 'jaʃə]
Lederwarengeschäft lederzaak ['ledərzak]
ledig ongehuwd [ɔŋχə'hywt]
leer leeg [leχ]
Leerung *(Briefkasten)* lichting ['lɪχtɪŋ]
legen leggen ['lɛχən]
Leggins leggings *pl* ['lɛgɪŋs, *(B auch)* lɛχɪŋs]
leicht *(einfach)* gemakkelijk [χə'makələk]; *(Gewicht)* licht [lɪχt]
Leichtathletik atletiek [atle'tik]
leider helaas [he'las]
leihen lenen ['lenən]; *(entgeltlich)* huren [hy:rən]
Leihwagen leenauto ['lenauto]
Leinen linnen *n* ['lɪnən]
leise zacht [zaχt]
Lenkrad stuur *n* [sty:r]
lernen leren ['le:rən]
lesen lezen ['lezən] ‹las/lazen, gelezen›
letzte(r, -s) laatste ['latstə]
letzten Montag afgelopen maandag ['afχəlopə 'mandaχ]
Leuchtturm vuurtoren ['vy:rtɔrən]
Leute mensen *pl* ['mɛnsən]
Licht licht *n* [lɪχt]

Lichtmaschine dynamo [di'namo]
Lichtschalter lichtknopje *n* ['lɪχtknɔpjə]
Lichtschutzfaktor beschermingsfactor [bə'sχɛrmɪŋs'faktɔr]
lieb lief [lif]
Liebe liefde ['livdə]
lieben houden van ['haudən van] ‹hield, gehouden›
liebenswürdig vriendelijk ['vrindələk]
lieber liever ['livər]
Liebling schat [sχat]
Lied lied *n* [lit]
liegen liggen ['lɪχən] ‹lag, gelegen›
Liegesitz slaapstoel ['slapstul]
Liegewagenplatz ligplaats [lɪχplats]
Liegewiese ligweide ['lɪχwɛidə]
lila paars ['pa:rs]
Limonade limonade [limo'nadə]
Linie lijn [lɛin]
linke(r, -s) linker [lɪŋkər], *(politisch)* links ['lɪŋks]
links links [lɪŋks]
Linse *(optisch)* lens [lɛns]
Linsen *(Essen)* linzen *pl* [lɪnzən]
Lippe lip [lɪp]
Lippenstift lippenstift ['lɪpə(n) stɪft]
Liter liter ['litər]
Livemusik levende muziek ['levəndə my'zik]
loben loven ['lovən]
Loch gat *n* [χat] ‹gaten›
Locken krullen *pl* ['krœlən]
Löffel lepel ['lepəl]
Loge loge ['lɔ:ʒə]
Lorbeer laurier [lau'ri:r]
Luft lucht [lœχt]
Luftfilter luchtfilter ['lœχ(t) fɪltər]
Luftmatratze luchtbed *n* ['lœχ(t)bɛt]
Luftpumpe pomp [pɔmp]
Lüge leugen ['løχən]
Lunge long [lɔŋ]
Lungenentzündung longontsteking ['lɔŋɔntstekɪŋ]
Lust zin [zɪn]; *(Essen, Trinken)* trek [trɛk]; **– haben auf** zin/trek hebben in [zɪn/trɛk 'hɛbən ɪn] ‹had, gehad›
lustig vrolijk ['vrolək]; *(erheiternd)* grappig ['χrapəχ]
luxuriös luxueus [lyksy'wøs]

M

machen doen [dun] ‹deed, gedaan›; *(herstellen)* maken ['makən]
Mädchen meisje *n* [mɛiʃə]
Magen maag [maχ]
Magenschmerzen maagpijn ['maχpɛin]
mager mager ['maχər]
Mahlzeit maaltijd ['maltɛit]
Mai mei [mɛi]
Mais maïs [majs]
Majoran majoraan [majo'ran]
Makrele makreel [ma'krel]
Malbuch kleurboek *n* ['klø:rbuk]
Maler/in schilder/schilderes ['sχɪldər/sχɪldə'rɛs]
Malerei schilderkunst ['sχɪldərkœnst]
man men [mɛn]
manchmal soms [sɔms]
Mandarinen mandarijntjes *pl* [manda'rɛintjəs]
Mandeln amandelen *pl* [a'mandələn]
Mann man [man]
Mannschaft team *n* [tim]; *(Fußball)* elftal *n* ['ɛl(ə)ftal]; *(Schiff)* bemanning [bə'manɪŋ]
Mantel overjas ['ovərjas]; *(Reifen)* buitenband ['bœytə(n)bant]
Margarine margarine [marχa'rinə]
Markt markt [markt]
Markthalle markthal ['markthal]
Marmelade jam [ʒɛm]
März maart [ma:rt]
Maschine machine [ma'ʃinə]; *(Flugzeug)* toestel *n* ['tustɛl]
Massage massage [ma'saʒə]
Material materiaal *n* [matəri'jal]
Matratze matras [ma'tras]
Mauer muur [my:r]
Maximalgeschwindigkeit maximum snelheid ['maksimœm 'snɛlhɛit]
Mayonnaise mayonaise [majo'nɛ:zə]
Medikament geneesmiddel *n* [χə'nesmɪdəl]
Meer zee [ze]; *(Innengewässer)* plas [plas], meer *n* [me:r]
Mehl meel *n* [mel]
mehr meer [me:r]; **~ als** meer dan ['me:r dan]
mein mijn [mɛin]
meinen menen ['menən]; *(jdn/etw)* bedoelen [bə'dulən]

meinetwegen voor mijn part [vo:r mɛin pɑrt]
Meinung mening ['menɪŋ]
Meisterschaft kampioenschap *n* [kɑmpi'junsχɑp]
melden melden ['mɛldən]
Melone meloen [mə'lun]
Menge hoeveelheid [hu'velhɛit]; **eine ~** een hoop [ən 'hop]
Mensch mens [mɛns]
Menstruation menstruatie [mɛnstry'wa(t)si]
Menü menu *n* [mə'ny]
merken merken ['mɛrkən]; **s. etw ~** onthouden [ɔnt'hɑudən] ‹onthield, onthouden›
Messe beurs [bø:rs]; *(rel)* mis [mɪs]
Messer mes *n* [mɛs]
Meter meter ['metər]
Metzgerei slagerij [slaχə'rɛi]
mich *(betont)* mij [mɛi]; *(unbetont)* me [mə]
Miesmuscheln mosselen *pl* ['mɔsələn]
Miete huur [hy:r]
mieten huren ['hy:rən]
Mietwagen huurauto ['hy:rɑuto]
Migräne migraine [mi'grɛ:nə]
Mikrowelle magnetron [mɑχne'trɔn]
Milch melk [mɛl(ə)k]
mild mild [mɪlt]
mindestens minstens ['mɪnstəns]
Mineralwasser mineraalwater [minə'ralwatər]; **mit/ohne Kohlensäure** met/zonder koolzuur [mɛt/'zɔndər 'kolzy:r]
Minibar minibar ['minibɑr]
Minigolf midgetgolf *n* ['mɪdʒətχɔl(ə)f]
Minute minuut [mi'nyt]
Minze munt [mœnt]
mir *(betont)* mij [mɛi]; *(unbetont)* me [mə]
misstrauen wantrouwen ['wɑntrɑuwən]
Missverständnis misverstand *n* ['mɪsvərstɑnt]
mit met [mɛt]
mitbringen meebrengen ['mebrɛŋən] ‹bracht mee, meegebracht›
Mitbringsel aardigheidje *n* ['a:rdəχɛitjə]
mitnehmen meenemen ['menemən] ‹nam mee, meegenomen›
Mittag middag ['mɪdɑχ]
Mittagessen lunch [lœnʃ]

mittags tussen de middag ['tœsən də 'mɪdɑχ]
Mitte midden *n* ['mɪdən]
Mitteilung mededeling ['medədelɪŋ]
Mittel middel *n* ['mɪdəl]
Mittelalter middeleeuwen *pl* ['mɪdəlewən]
Mittelohrentzündung middenoorontsteking ['mɪdə(n) oːrɔntstekɪŋ]
Mittwoch woensdag ['wunzdɑχ]
Möbel meubel *n* [møbəl]
Mobiltelefon mobieltje *n* [mo'biltjə]
Mode mode ['modə]
modern modern [mo'dɛr(ə)n]
mögen *(Essen)* lusten ['lœstən]; *(Personen)* mogen ['moχən] ‹mag, mocht›
möglich mogelijk ['moχələk]
Mole pier [piːr]
Monat maand [mant]
monatlich *adj/adv* maandelijks ['mandələks]
Mond maan [man]
Montag maandag ['mandɑχ]
morgen morgen ['mɔr(ə)χə]
morgen früh/morgen Abend morgen vroeg/morgenavond [mɔrχə'vruχ/ mɔrχə'navɔnt]
Morgen ochtend ['ɔχtənt]
morgens 's ochtends ['sɔχ(t)ən(t)s]
Mosaik mozaïek *n* [moza'ik]
Motel motel *n* [mo'tɛl]
Motor motor ['motɔr]
Motorboot motorboot ['motɔrbot]
Motorhaube motorkap ['motɔrkɑp]
Möwe meeuw ['mew]
Mücke mug [mœχ]
müde moe [mu]
Mühe moeite ['mujtə]; **s. ~ geben** zijn/haar best doen [zɛin/haːr bɛst dun] ‹**deed, gedaan**›
Mühle molen ['molɛn]
Müll vuilnis [vœylnɪs]
Mülltonne vuilnisbak ['vœylnɪzbɑk]
Mund mond [mɔnt]
Mündung monding ['mɔndɪŋ]
Münze munt [mœnt]
Muschel *(Essen)* mossel [mɔsəl]; *(am Strand)* schelp [sχɛlp]
Museum museum *n* [my'zejəm]
Musik hören naar muziek luisteren [naːr my'zik 'lœystərən]
Musikfestival muziekfestival *n* [my'zikfɛstivɑl]

musizieren muziek maken [my'zik 'makən]
Muskatnuss nootmuskaat [notmœs'kat]
Muskel spier [spi:r]
Müsli muesli ['mysli]
müssen moeten ['mutən] ‹moest, gemoeten›
Mutter moeder ['mudər]
Mütze muts [mœts], *(mit Klappe)* pet [pɛt]

N

nach *(zeitlich)* na [na]; *(räumlich)* naar [na:r]
Nachbar/in buurman/buurvrouw ['by:rman/'by:rvrau]
Nachmittag middag ['mɪdaχ]
nachmittags 's middags ['smɪdaχs]
Nachricht bericht *n* [bə'rɪχt]; **~en** nieuws *n* [niws]
Nachsaison naseizoen *n* ['nasɛizun]
nachsenden nasturen ['nasty:rən]
nächste(r, -s) volgende ['vɔlχəndə]; *(räumlich)* dichtstbijzijnde [dɪχtsbɛi'zɛində]
nächstes Jahr volgend jaar ['vɔlχənt ja:r]
Nacht nacht [naχt]
Nachtisch nagerecht *n* ['naχərɛχt]
nachts 's nachts [snaχ(t)s]
Nachttisch nachtkastje *n* ['naχ(t)kaʃə]
nackt naakt [nakt]
Nadel naald [nalt]
Nagellack nagellak ['naχəlak]
Nagellackentferner remover [ri'mu:vər]
Nagelschere nagelschaartje *n* ['naχəlsχa:rtjə]
nah dichtbij [dɪχ(t)'bɛi]
nahe dichtbij [dɪχ(t)'bɛi], vlakbij [vlag'bɛi]; **~ bei** nabij [nabɛi]
Name naam [nam]
Nase neus [nøs]
Nasenbluten bloedneus ['blutnøs]
nass nat [nat]
Nationalpark nationaal park *n* [na(t)ʃo'nal par(ə)k]
Natur natuur [na'ty:r]
natürlich *adj/adv* natuurlijk [na'ty:rlək]
Naturschutzgebiet beschermd natuurgebied *n* [bə'sχɛrmt na'ty:rχəbit]
Nebel mist [mɪst]

neben naast [nast]
Nebenkosten extra kosten *pl* ['ɛkstra 'kɔstən]; bijkomende kosten *pl* ['bɛikoməndə 'kɔstən]
negativ negatief [neχa'tif]
nehmen nemen ['nemən] ‹nam, genomen›
Nelken kruidnagels *pl* ['krœytnaχəls]
nennen noemen ['numən]
Nerv zenuw ['zenyw]
nervös zenuwachtig ['zenywɑχtəχ]
nett aardig ['a:rdəχ]
Netz net *n* [nɛt]
neu nieuw [niw]
neugierig nieuwsgierig [niw'sχi:rəχ]
Neujahr nieuwjaarsdag [niwja:rz'dɑχ]
nicht niet [nit]
nichts niets [nits]
nie nooit [noit]
Niederlage nederlaag ['nedərlaχ]
niemand niemand ['nimɑnt]
Niere nier [ni:r]
Nierengurt bekkengordel ['bɛkə(n)χɔrdəl]
niesen niesen ['nisən]
Nippes hebbedingetjes *pl* ['hɛbədɪŋətjəs]
nirgends nergens ['nɛrχəns]
noch nog [noχ]
Norden noorden *n* ['no:rdən]
nördlich von ten noorden van [tɛn 'no:rdən vɑn]
Nordsee Noordzee ['no:rtse]
normal normaal [nɔr'mal]
normalerweise normaal gesproken [nɔr'mal χə'sprokən]
Notausgang nooduitgang ['notœytχɑŋ]
Notbremse noodrem ['notrɛm]
Notlandung noodlanding ['notlɑndɪŋ]
notwendig noodzakelijk [not'sakələk]
November november [no'vɛmbər]
nüchtern nuchter ['nœχtər]
Nudeln noedels *pl* [nudəls]
Nummer nummer *n* ['nœmər]
Nummernschild nummerbord *n* ['nœmərbɔrt]
nur slechts [slɛχ(t)s]
Nüsse noten *pl* ['notən]

O

ob of [ɔf]
oben boven ['bovən]
Ober ober ['obər]
Objektiv objectief *n* [ɔbjɛk'tif]
Obst fruit *n* [frœyt]
obwohl hoewel [hu'wɛl]
oder of [ɔf]
offen open ['opən]
offiziell officieel [ɔfi'ʃel]
öffnen openen ['opənən]
Öffnungszeiten openingstijden *pl* ['opənɪŋstɛiden]
oft vaak [vak]
ohne zonder ['zɔndər]
ohnmächtig werden flauw vallen ['flɑu 'vɑlən] ‹viel, gevallen›
Ohr oor *n* [o:r]
Ohrringe oorbellen *pl* ['ɔ:rbɛlə]
Oktober oktober [ɔk'tobər]
Öl olie ['oli]
Ölfarbe olieverf ['olivɛrf]
Oliven olijven *pl* [o'lɛivən]
Olivenöl olijfolie *n* [o'lɛifoli]
Ölwechsel olie verversen ['oli vər'vɛrsən]
Oper opera ['opəra]
Operation operatie [opə'ratsi]
Operette operette [opə'rɛtə]
Optiker opticien [ɔpti'ʃɛn]
orange oranje [ɔ'rɑnjə]
Orange sinaasappel ['sinɑzɑpəl]
Orchester orkest *n* [ɔr'kɛst]
Original origineel *n* [ɔriʒi'nel]
Originalfassung oorspronkelijke versie [o:r'sprɔŋkələkə 'vɛrzi]
Ort plaats [plats]
Osten oosten *n* ['ostən]
Österreich Oostenrijk ['ostə(n) rɛik]
Österreicher/in Oostenrijker/ Oostenrijkse ['ostə(n)rɛikər/ 'ostə(n)rɛiksə]
östlich von ten oosten van [tɛn ostən vɑn]

P

Paar paar *n* [pa:r]
paar, ein – een paar [ən 'pa:r]
Päckchen pakje *n* ['pɑkjə]
Paddelboot kano ['kano]
paddeln kanovaren ['kanova:rən]
Paket pakket *n* [pɑ'kɛt]
Palast paleis *n* [pa'lɛis]
Panne pech [pɛχ]
Pannendienst wegenwacht ['weχə(n)wɑχt]

Panorama panorama *n* [panɔ'rama]
Papier papier *n* [pa'pi:r]
Papiere papieren *pl* [pa'pi:rən]
Papierservietten papieren servetjes *pl* [pa'pi:rə sɛr'vɛtjəs]
Papiertaschentücher papieren zakdoekjes *pl* [pa'pi:rən 'zɑgdukjəs]
Paprika paprika ['paprika]
Parfüm parfum *n* [pɑrfœm]
Parfümerie parfumerie [pɑrfœmə'ri]
Park park *n* [pɑr(ə)k]
parken; – verboten parkeren [pɑr'ke:rən]; parkeerverbod [pɑr'ke:rvərbɔt]
Parkplatz parkeerplaats [pɑr'ke:rplats]
Passagier passagier [pɑsa'ʒi:r]
passen passen ['pɑsən]
Passkontrolle pascontrole ['pɑskɔntrɔ:lə]
Pauschale vast bedrag *n* [vɑst bə'drɑχ]
Pause pause ['pauzə]
Pedal pedaal *n* [pə'daal]
Pension pension *n* [pɛn'ʃɔn]
Peperoni peperoni [pɛpə'roni]
Person persoon [pɛr'son]
Personal personeel *n* [pɛrso'nel]
Personalausweis legitimatie [leχimi'ta(t)si]
Personalien persoonsgegegevens *pl* [pɛr'sonsχəχevəns]
persönlich persoonlijk [pɛr'sonlək]
Petersilie peterselie [petər'seli]
Petroleumlampe petroleumlamp [pe'trolejəmlɑmp]
Pfad pad *n* [pɑt]
Pfand statiegeld *n* ['statsiχɛlt]
Pfeffer peper ['pepər]
Pfefferminztee pepermuntthee [pepər'mœnte]
Pfeffermühle pepermolen ['pepərmolən]
Pfeife pijp [pɛip]
Pferd paard *n* [pa:rt]
Pferdemarkt paardenmarkt ['pa:rdəmɑr(ə)kt]
Pfingsten Pinksteren ['pɪŋkstərən]
Pfirsiche perziken *pl* ['pɛrzɪkən]
Pflanze plant [plɑnt]
Pflaster pleister ['plɛistər]
Pflaumen pruimen *pl* ['prœymən]
pflücken plukken ['plœkən]
Pfund pond *n* [pɔnt]

Pilz *(im Wald)* paddestoel [ˈpadəstul]; *(am Fuß)* schimmel [ˈsχɪməl]
Pinzette pincet *n* [pɪnˈsɛt]
Plakat affiche *n* [ɑˈfiʃə]
Plan plan *n* [plɑn]; *(Stadt~)* plattegrond [plɑtəˈχrɔnt]
Planschbecken opblaasbadje *n* [ˈɔblazbɑtjə]
Plastikbecher plastic bekertje *n* [ˈplɛstək ˈbekərtjə]
Plastikbeutel plastic zak [plɛstəkˈsɑk]
Platten lekke band [ˈlɛkə ˈbɑnt]
Platz *(in der Stadt)* plein *n* [plɛin]; *(Raum; Sitz)* plaats [plats]
Plombe vulling [ˈvœlɪŋ]
plötzlich *adv* plotseling [ˈplɔtsəlɪŋ]
Polizei politie [poˈlitsi]
Polizeiwagen politieauto [poˈlitsiauto]
Polizist(in) agent(e) [aˈχɛnt(ə)]
Pony pony [ˈpɔni]
Portier portier [pɔrˈtiːr]
Portion portie [ˈpɔrsi]
Porto porto *n* [ˈpɔrto]
Porträt portret *n* [pɔrˈtrɛt]
Porzellan porselein *n* [pɔrsəˈlɛin]
Post postkantoor *n* [ˈpɔs(t) kantoːr]
Postkarte briefkaart [ˈbrifkaːrt]
postlagernd poste restante [ˈpɔst rɛsˈtɑnt]
Postleitzahl postcode [ˈpɔs(t)kodə]
praktisch praktisch [ˈprɑktis]
Pralinen bonbons *pl* [bɔmˈbɔns, bɔ̃ˈbɔ̃]
Preis prijs [prɛis]
Preisliste prijslijst [ˈprɛislɛist]
Prellung kneuzing [ˈknøzɪŋ]
Premiere première [prəmˈjɛːrə]
privat privé [priˈve]
Problem probleem *n* [proˈblem]
Produkt product *n* [proˈdœkt]
Programm programma *n* [proˈχrama]
Programmheft programmaboekje *n* [proˈχramabukjə]
Programmkino filmhuis *n* [ˈfɪlmhœys]
Promillegrenze promillegrens [proˈmiləχrɛns]
Propangas propaangas *n* [proˈpaŋχɑs]
Prospekt folder [fɔldər]
protestieren protesteren [protɛsˈteːrən]
Protokoll *(Polizei)* proces-verbaal *n* [proˈsɛsvərˈbal]

provisorisch provisorisch [provi'zo:ris]
Prozent procent *n* [pro'sɛnt]
Publikum publiek *n* [py'blik]
Puder poeder *n* ['pudər]
Pullover trui [trœy]
Puls pols [pɔls]
pünktlich stipt [stɪpt]
putzen *(Schuhe)* poetsen ['putsən], *(Wohnung)* schoonmaken ['sχomakən], *(Nase)* snuiten ['snœytən] ‹snoot, gesnoten›

Q

Quadratmeter vierkante meter ['vi:rkantə 'metər]
Qualität kwaliteit [kwali'tɛit]
Quark kwark [kwar(ə)k]
quer durch dwars door [dwars do:r]
Quittung kwitantie [kwi'tan(t)si]

R

Rabatt korting ['kɔrtɪŋ]
Rabatttarif gereduceerd tarief *n* [χəredy'se:rt tarif]
Rad fahren fietsen ['fitsən]
Rad wiel *n* [wil]
Radarkontrolle radarcontrole ['radarkɔn'trɔ:lə]
Radierung ets [ɛts]
Radio radio ['radijo]
Radrennen wielerwedstrijd ['wilərwɛtstrɛit]
Radsport wielersport ['wilərspɔrt]
Radtour fietstocht ['fitstɔχt]
Rallye puzzeltocht ['pœzəltɔχt]
Rasierapparat scheerapparaat *n* ['sχe:raparat]
Rasierklingen scheermesjes *pl* ['sχe:rmɛʃəs]
Rasierpinsel scheerkwast ['sχe:rkwast]
Rasierschaum scheerzeep ['sχe:rzep]
Rasierwasser aftershave [aftər'ʃef]
Rastplatz rustplaats ['rœs(t)plats]
Raststätte wegrestaurant *n* ['wɛχrɛstorant]
Rat raad [ra:t]
raten *(Rat erteilen)* adviseren [atfi'ze:rən]; *(er~)* raden ['radən] ‹raadde/ried, geraden›
Rathaus stadhuis *n* ['stathœys]
rauchen roken ['rokən]

Raucher/in roker/rookster ['rokər/'rokstər]
Raum *(Platz)* ruimte ['rœymtə]; *(Zimmer)* kamer ['kamər]
Rauschgift verdovende middelen *pl*, drugs *pl* [vər'dovəndə 'mɪdələn, drœks]
Rechnung rekening ['rekənɪŋ]
Recht recht [rɛχt] *n*; **– haben** gelijk hebben [χə'lɛik 'hɛbən] ‹had, gehad›
rechte(r, -s) rechter ['rɛχtər], *(politisch)* rechts [rɛχ(t)s]
rechts rechts [rɛχ(t)s]
Rechtsanwalt/anwältin advocaat/advocate [ɑtfo'kat(ə)]
rechtzeitig *adv* bijtijds [bɛi'tɛits]
reden praten [pratən]
Reformhaus reformhuis *n* [re'fɔrmhœys]
regelmäßig *adj/adv* regelmatig [reχəl'matəχ]
regeln regelen ['reχələn]
Regen regen ['reχən]
Regenjacke regenjack *n* ['reχə(n)jɛk]
Regenmantel regenjas ['reχə(n)jɑs]
Regenschauer regenbui ['reχə(n)bœy]
Regie regie [rə'ʒi]
Regierung regering [rə'χe:rɪŋ]
Region regio ['reχijo]
Regisseur regisseur ['reχi'sø:r]
regnerisch regenachtig ['reχənɑχtəχ]
reich rijk [rɛik]
reichen *(aus~)* genoeg zijn [χə'nuχ sɛin] ‹was/waren, geweest›
reif rijp [rɛip]
Reifen band [bɑnt]
reinigen schoonmaken ['sχomakən]; *(chemisch)* reinigen ['rɛinəχən]
Reinigung stomerij [stomə'rɛi]
Reis rijst [rɛist]
Reise reis [rɛis]
Reisebüro reisbureau *n* ['rɛizbyro]
Reiseführer reisgids ['rɛisχɪts]
Reisegesellschaft reisgezelschap *n* ['rɛisχəzɛlsχɑp]
reisen reizen ['rɛizən]
Reisende, der/die – reizig(st)er ['rɛizəχ(st)ər]
Reisepass paspoort *n* ['pɑspo:rt]
Reisetasche reistas ['rɛistɑs]
Reisewecker reiswekker ['rɛiswɛkər]
reißen scheuren ['sχø:rən]
Reistafel rijsttafel ['rɛistafəl]

reiten paardrijden ['pa:rtrɛidən]
Reiterferien ruiterkamp *n* ['rœytərkɑmp]
Reitschule manege [ma'neʒə, ma'nɛ:ʒə]
reklamieren reclameren [rekla'me:rən]
Religion godsdienst ['χɔtsdinst]
Rennrad racefiets ['resfits]
reparieren repareren [repa're:rən]
reservieren reserveren [rəsər've:rən]
Reservierung reservering [rezɛr've:rɪŋ]
restaurieren restaureren [rɛsto're:rən]
retten redden ['rɛdən]
Rettungsboot reddingsboot ['rɛdɪŋzbot]
Rettungsring reddingsboei ['rɛdɪŋsbuj]
Rezept recept *n* [rə'sɛpt]
Rezeption receptie [rə'sɛpsi]
R-Gespräch collect-call [kɔ'lɛktkɔl]
Rheuma reuma ['røma]
Richter/in rechter ['rɛχtər]
richtig juist [jœyst]
Richtung richting ['rɪχtɪŋ]
riechen ruiken ['rœykən] ‹rook, geroken›
Rindfleisch rundvlees *n* ['rœntvles]
Ring ring [rɪŋ]
Rippe rib [rɪp]
Rock rok [rɔk]
roh rauw [rɑu]
roher Schinken rauwe ham ['rɑuwə hɑm]
Rollschuh fahren rolschaatsen ['rɔlsχatsən]
Rollschuh rolschaats ['rɔlsχats]
Rollstuhl rolstoel ['rɔlstul]
Rollstuhlfahrer rolstoelgebruiker ['rɔlstulχəbrœykər]
rollstuhlgerecht aangepast voor rolstoelen ['aŋχəpɑst vo:r 'rɔlstulən]
Roman roman [ro'mɑn]
römisch Romeins [ro'mɛins]
röntgen een röntgenfoto maken [ən 'rœntχə(n)foto 'makən]
Röntgenaufnahme röntgenfoto ['rœntχə(n)foto]
Rooibostee rooibosthee ['rojbɔste]
rosa roze ['rɔ:zə]
Rosé rosé [ro'ze]
Rosmarin roosmarijn [rosma'rɛin]
rot rood [rot]

Rotlichtviertel rose buurt ['rɔ:zə by:rt]
Rotwein rode wijn ['rodə wɛin]
Route route ['rutə]
Rücken rug [rœχ]
Rückenschmerzen rugpijn ['rœχpɛin]
Rückfahrkarte retour *n* [rə'tu:r]
Rückfahrt terugreis ['t(ə)rœχrɛis]
Rückholservice terughaal-service ['t(ə)rœχhalsœrvəs]
Rückkehr terugkeer ['trœχke:r]
Rücklicht achterlicht *n* ['ɑχtərlɪχt]
Rucksack rugzak ['rœχsɑk]
Rückspiegel achteruitkijkspiegel [ɑχtər'œytkɛikspiχəl]
rückwärts achteruit [ɑχtə'rœyt]
Rückwärtsgang de achteruit [də ɑχtər'œyt]
Ruder roer *n* [ru:r]
Ruderboot roeiboot ['rujbot]
rudern roeien ['rujən]
rufen roepen ['rupən] ‹riep, geroepen›
Ruhe rust ['rœst]; *(Ausruf)* stilte! ['stɪltə]
ruhig rustig ['rœstəχ]
Ruine ruïne [ry'winə]
rund rond [rɔnt]
Rundfahrt *(Boot)* rondvaart ['rɔntfa:rt]; *(Bus)* rondrit ['rɔntrɪt]

S

Saal zaal [zal]
Safe kluis [klœys]
Safran saffraan [sɑ'fran]
saftig sappig ['sɑpəχ]
sagen zeggen ['zɛχən] ‹zei/zeiden, gezegd›
Sahne room [rom]
Saison seizoen *n* [sɛi'zun]
Salat sla [sla]; *(zubereitet)* salade [sa'ladə]
Salatbüfett saladebuffet *n* [sa'ladəbœ'fɛt]
Salbe zalf [zɑl(ə)f]
Salbei salie ['sali]
Salz zout *n* [zɑut]
Salzstreuer zoutvaatje *n* ['zɑutfatjə]
sammeln *(Briefmarken etc.)* verzamelen [vər'zamələn]; *(auf~)* oprapen ['ɔprapən]
Samstag zaterdag ['zatərdɑχ]
Sandalen sandalen *pl* [sɑn'dalən]
Sandburg zandkasteel *n* ['zɑntkɑstel]

Sandkasten zandbak ['zandbak]
Sänger/in zanger(es) ['zaŋər/zaŋə'rɛs]
Sanitäreinrichtungen sanitaire voorzieningen *pl* [sani'tɛ:rə vo:r'zinɪŋən]
Sardellen ansjovis [an'ʃovɪs]
satt verzadigd [vərzadəχt]
Sattel zadel *n* ['zadəl]
Satz *(Wörter)* zin [zɪn]
sauber schoon [sχon]
sauer zuur [zy:r]
Sauger speen [spen]
Säugling zuigeling ['ʒœyχəlɪŋ]
Säule pilaar [pi'la:r]
Sauna sauna ['sauna]
saure Sahne zure room ['zy:rə rom]
S-Bahn® sneltram ['snɛltrɛm]
schade! jammer! [jamər]
Schaden schade ['sχadə]
schädlich schadelijk ['sχadələk]
Schaffner/in conducteur/conductrice [kɔndək'tø:r/kɔndək'trisə]
Schafskäse schapenkaas ['sχapə(n)kas]
Schal sjaal [ʃal]
Schalter loket *n* [lo'kɛt]
scharf heet [het]
Schatten schaduw ['sχadyw]
schätzen *(gut finden)* waarderen [wa:r'de:rən]; *(taxieren)* schatten ['sχatən]
schauen kijken ['kɛikən] ‹keek, gekeken›
Schaufenster etalage [eta'la:ʒə]
Schauspiel toneelstuk *n* [to'nelstœk]
Schauspieler/in acteur/actrice [ak'tø:r/ak'trisə]
Scheibe *(Brot)* sneetje *n* ['snetjə]; *(Wurst, Käse)* plak [plak]
Scheibenwischer ruitenwisser ['rœytə(n)wɪsər]
Scheinwerfer koplamp ['kɔplamp]
Scheitel scheiding ['sχɛidɪŋ]
schenken schenken ['sχɛŋkən] ‹schonk, geschonken›
Schere schaar [sχa:r]
schicken sturen [sty:rən]
Schiebedach schuifdak *n* [sχœyvdak]
Schiedsrichter scheidsrechter ['sχɛitsrɛχtər]
Schienbein scheenbeen *n* ['sχenben]
Schild *(Hinweis~)* bord *n* [bɔrt]
schimpfen schelden [sχɛldən] ‹schold, gescholden›
Schinken ham [ham]
Schlafanzug pyjama [pi'jama]

Schlafcouch slaapbank ['slabaŋk]
schlafen slapen ['slapən] ‹sliep, geslapen›
Schlaflosigkeit slapeloosheid [slapə'loshεit]
Schlaftabletten slaaptabletten *pl* ['slaptablεtən]
Schlafzimmer slaapkamer ['slapkamər]
schlagen slaan [slan] ‹sloeg, geslagen›
Schläger racket *n* ['rεkət]
Schlagsahne slagroom ['slaχrom]
Schlange rij [rεi]
schlank slank [slaŋk]
schlau slim [slɪm]
Schlauch *(Reifen)* binnenband ['bɪnə(n)bant]
Schlauchboot rubberboot ['rœbərbot]
schlecht *adj/adv* slecht [slεχt]; **mir ist ~** ik ben misselijk [ɪg‿bεm‿mɪsələk]
Schleuse sluis [slœys]
schließen sluiten ['slœytən] ‹sloot, gesloten›
Schließfach bagagekluis [ba'χaʒəklœys]
schlimm erg [εr(ə)χ]
Schlittschuhe schaats ['sχats]
Schlittschuhtour schaatstocht ['sχatstɔχt]
Schloss slot *n* [slɔt]
Schlossgarten kasteeltuin [ka'steltœyn]
Schlüssel sleutel ['sløtəl]
Schlüsselbein sleutelbeen *n* ['sløtəlben]
Schlüsselkarte sleutelkaart ['sløtəlka:rt]
schmal smal [smal]
schmecken smaken ['smakən]
schmerzen pijn doen ['pεin dun] ‹deed; gedaan›
Schmerzen pijn [pεin]
Schmerztabletten pijnstillers *pl* ['pεinstɪlərs]
Schmuck sieraden *pl* ['siradən]
schmuggeln smokkelen [smɔkələn]
Schmutz vuil *n* [vœyl]
schmutzig vies [vis]
Schnappschuss kiekje *n* ['kikjə]
schnarchen snurken ['snœrkən]
Schnee sneeuw [snew]
schneiden snijden ['snεidən] ‹sneed, gesneden›
Schneidezahn snijtand ['snεitant]
schnell *adj/adv* snel [snεl], vlug [vlœχ]
Schnittkäse gesneden kaas [χə'snedə(n) kas]

Schnittlauch bieslook ['bislok]
Schnittwunde snijwond ['snɛiwɔnt]
Schnuller fopspeen ['fɔpspen]
Schnupfen neusverkoudheid ['nøsfər 'kauthɛit]
Schnurrbart snor [snɔr]
Schnürsenkel veters *pl* ['vetərs]
Schokolade chocola [ʃoko'la]
Schokoriegel chocoladereep [ʃoko'ladərep]
Scholle schol [sχɔl]
schon *adv (bereits)* al [al]
schön mooi ['moi]
Schonkost lichte kost ['liχtə kɔst]
Schonzeiten verboden vistijd [vər'bodən 'vɪstɛit]
Schrank kast [kast]
Schraube schroef [sχruf]
schrecklich verschrikkelijk [vər'sχrɪkələk]
schreiben schrijven ['sχrɛivən] ‹schreef, geschreven›
Schreibwaren schrijfwaren *pl* ['sχrɛifwa:rən]
Schreibwarengeschäft kantoorboekhandel [kan'to:rbukhandəl]
schreien schreeuwen ['sχrewən]
schriftlich schriftelijk ['sχrɪftələk]
schüchtern verlegen [vər'leχən]
Schuh schoen ['sχun]
Schuhbürste schoenborstel ['sχunbɔrstəl]
Schuhcreme schoensmeer ['sχunsme:r]
Schuhe schoenen *pl* ['sχunən]
Schuhgeschäft schoenwinkel ['sχunwɪŋkəl]
Schuhmacher schoenmaker ['sχunmakər]
Schuhputzzeug schoenpoetsgerei *n* ['sχunputsχərɛi]
Schuld schuld [sχœlt]
schulden schuldig zijn ['sχœldəχ sɛin] ‹was/waren, geweest›
Schule school [sχol]
Schulkinder schoolkinderen *pl* ['sχolkɪndərən]
Schulter schouder ['sχaudər]
Schuppen roos [ros]
Schüssel sleutel ['sløtəl]
schwach zwak [zwak]
Schwager zwager ['zwaχər]
Schwägerin schoonzus ['sχonzœs]
Schwangerschaft zwangerschap ['zwaŋərsχap]
schwarz zwart [zwart]

Schwarzbrot roggebrood *n* [ˈrɔχəbrot]
Schwarztee zwarte thee [ˈzwartə te]
Schweinefleisch varkensvlees *n* [ˈvarkə(n)sfles]
Schweiz Zwitserland [ˈzwɪtsərlant]
Schweizer/in Zwitser/Zwitserse [ˈzwɪtsər(sə)]
Schwellung zwelling [ˈzwɛlɪŋ]
schwer *(Gewicht)* zwaar [zwaːr]; *(Krankheit)* ernstig [ˈɛrnstəχ]; *(schwierig)* moeilijk [ˈmujlək]
Schwester zus [zœs]
schwierig moeilijk [ˈmujlək]
Schwimmbad zwembad *n* [ˈzwɛmbat]
schwimmen zwemmen [ˈzwɛmən] ‹zwom, gezwommen›
Schwimmer/in zwemmer/zwemster [ˈzwɛm(st)ər]
Schwimmflossen zwemvliezen *pl* [ˈzwɛmvlizən]
Schwimmflügel zwemvleugels *pl* [ˈzwɛmvløχəls]
Schwimmring zwemband [ˈzwɛmbant]
Schwimmweste zwemvest *n* [ˈzwɛmvɛst]
Schwindler bedrieger [bəˈdriχər]
schwindlig duizelig [ˈdœyzələχ]
schwitzen zweten [ˈzwetən]
schwül benauwd [bəˈnaut]
See, der meer *n* [meːr], plas [plas]
See, die zee [ze]
seekrank zeeziek [ˈzezik]
Seezunge tong [tɔŋ]
Segelboot zeilboot [ˈzɛilbot]
Segelfliegen zweefvliegen [ˈzwevliχən]
segeln zeilen [ˈzɛilən]
Segeltörn zeiltocht [ˈzɛiltɔχt]
sehen zien [zin] ‹zag, gezien›
Sehenswürdigkeiten bezienswaardigheden *pl* [bəzinsˈwaːrdəχhedən]
sehr zeer [zeːr], erg [ɛr(ə)χ]
Seide zijde [zɛidə]
Seife zeep [zep]
sein *verb/pron* zijn [zɛin] ‹was/waren, geweest›
seit *prp/conj* sinds [sɪnts], sedert [ˈsedərt]
Seite zijde [ˈzɛidə]; *(zum Lesen)* bladzijde [ˈblatsɛidə]
Seitenstiche pijn in de zij [pɛin ɪn də zɛi]
Sekunde seconde [səˈkɔndə]
selbst zelf [zɛl(ə)f]; *(sogar)* zelfs [zɛl(ə)fs]

selbst, von – vanzelf [vɑnˈzɛl(ə)f]
Selbstauslöser zelfontspanner [ˈzɛl(ə)fɔntspɑnər]
Selbstbedienung zelfbediening [zɛl(ə)fbədinɪŋ]
Selfie-Stick selfiestick [ˈsɛlfistɪk]
Sellerie selderie [ˈsɛldəri]
selten *adj* zeldzaam [ˈzɛltsam]; *adv* zelden [ˈzɛldən]
Sendung *(Radio, Fernsehen)* uitzending [ˈœytsɛndɪŋ]
Senf mosterd [ˈmɔstərt]
September september [sɛpˈtɛmbər]
servieren serveren [sɛrˈveːrən]
Serviette servet *n* [sɛrˈvɛt]
Sessel stoel [stul]
setzen zetten [ˈzɛtən]; **s. –** gaan zitten [χan ˈzɪtən]
Sex seks [sɛks]
sexuelle Belästigung lastig vallen [ˈlɑstəχ ˈvɑlən]
Shampoo shampoo [ˈʃɑmpo]
sicher *(gewiss)* zeker [ˈzekər]; *(ohne Gefahr)* veilig [ˈvɛiləχ]
Sicherheit *(Gewissheit)* zekerheid [ˈzekərhɛit]; *(Schutz)* veiligheid [ˈvɛiləχhɛit]
Sicherheitsgurt veiligheidsriem [ˈvɛiləχhɛitsrim]
Sicherheitsnadel veiligheidsspeld [ˈvɛiləxɛitspɛlt]
Sicherung *(Strom)* stop [stɔp]
Sicht *(Blick)* uitzicht *n* [ˈœytsɪχt]
Sie u [y]
Sieg overwinning [ovərˈwɪnɪŋ]
Silber zilver [ˈzɪlvər]
silbern zilveren [ˈzɪlvərən]
Silvesterabend oudejaarsavond [ɑudəjaːrsˈavɔnt]
singen zingen [ˈzɪŋən] ‹zong, gezongen›
Sinn zin [zɪn]
Sirupwaffeln stroopwafels *pl* [ˈstropwafəls]
Sitz zitplaats [ˈzɪtplats]
sitzen zitten [ˈzɪtən] ‹zat, gezeten›
Slipeinlagen inlegkruisjes *pl* [ˈɪnlɛχkrœyʃes]
Smartphone smartphone [ˈsmɑrtfon]
Smoothie smoothie [ˈsmuː ði]
SMS sms [ɛzəmˈɛs]
so zo [zo]
Socken sokken *pl* [ˈsɔkən]
sofort direct [diˈrɛkt]

Sohle zool [zol]
Sohn zoon [zon]
sollen moeten ['mutən] ‹moest, -›
Sommer zomer ['zomər]
Sonder... bijzonder [bi'zɔndər] *adj*
Sonn- und Feiertage zon- en feestdagen *pl* ['zɔn ɛn 'fesdaχən]
Sonne zon [zɔn]
Sonnenbrand zonnebrand ['zɔnəbrɑnt]
Sonnencreme zonnebrandcrème ['zɔnəbrɑntkrɛ:m]
Sonnenhut zonnehoed ['zɔnəhut]
Sonnenliege zonnebed *n* ['zɔnəbɛt]
Sonnenöl zonnebrandolie ['zɔnəbrɑntoli]
Sonnenschirm parasol [para'sɔl]
Sonnenstich zonnesteek ['zɔnəstek]
sonnig zonnig ['zɔnəχ]
Sonntag zondag ['zɔndɑχ]
sorgen, s. – um zich zorgen maken over [zɪχ 'sɔrχən makən 'ovər]
Sorte soort [so:rt]
Soße saus [sɑus]
Souvenirladen souvenirshop [suvə'nirʃɔp]
Spargel asperge [ɑs'pɛrʒə]
Spaß *(Scherz)* grapje *n* [χrɑpjə]; *(Vergnügen)* plezier *n* [plə'zi:r]
spät laat [lat]
später later ['latər]
spazieren gehen een wandeling maken [ən 'wɑndəlɪŋ 'makən]
Spaziergang wandeling ['wɑndəlɪŋ]
Speiche spaak [spak]
Speicher pakhuis *n* ['pɑkhœys]
Speisekarte kaart [ka:rt]
Speisesaal eetzaal ['etsal]
Speisewagen restauratiewagen [rɛsto'ra(t)siwɑχən]
Spezialität specialiteit [speʃali'tɛit]
speziell speciaal [spe'ʃal]
Spiegel spiegel ['spiχəl]
Spiel wedstrijd ['wɛtstrɛit]
spielen spelen ['spelən]
Spielplatz speelplaats ['spelplats]
Spielsachen speelgoed *n* ['spelχut]
Spielwarengeschäft speelgoedwinkel ['spelχutwɪŋkəl]

Spinat spinazie [spi'nazi]
Spirituosengeschäft slijterij [slɛitə'rɛi]
Spitze punt ['pœnt]; *(Gewebe)* kant [kant]
Sport sport [spɔrt]
Sportartikel sportartikelen *pl* ['spɔrtartikələn]
Sportler/in sportman/ sportvrouw ['spɔrtman/ 'spɔrtfrau]
Sportplatz sportveld *n* ['spɔrtfɛlt]
Sprache taal [tal]
sprechen spreken ['sprekən] ‹sprak/spraken, gesproken›
Sprechstunde spreekuur *n* ['spreky:r]
Springbrunnen fontein [fɔn'tɛin]
springen springen ['sprɪŋən] ‹sprong, gesprongen›
Spritze prik [prɪk]
Spülbürste afwasborstel ['afwazbɔrstəl]
Spülmittel afwasmiddel ['afwasmɪdəl]
Spültuch vaatdoek ['vaduk]
Staatsangehörigkeit nationaliteit [na(t)ʃonali'tɛit]
Stadion stadion *n* ['stadijɔn]
Stadt stad [stat] ‹steden›
Stadtmauern stadsmuren *pl* ['statsmy:rən]
Stadtplan (stads)plattegrond [('stats)platə'χrɔnt]
Stadtteil wijk [wɛik]
Stadttor stadspoort ['statspo:rt]
Stadtzentrum centrum *n* ['sɛntrəm] ‹centra›
stammen (aus) komen (uit) ['komən (œyt)] ‹kwam/ kwamen, gekomen›
Standlicht parkeerlicht *n* [par'ke:rlɪχt]
stark sterk [stɛr(ə)k]
Start start [start]
Starthilfekabel startkabel ['startkabəl]
statt in plaats van [ɪm pats 'fan]
stattfinden plaatsvinden ['platsfɪndən] ‹vond plaats, plaatsgevonden›
Statue standbeeld *n* ['standbelt]
Stau file ['filə]
Staub stof *n* [stɔf]
stechen steken ['stekən] ‹stak/ staken, gestoken›
Steckdose stopcontact *n* ['stɔpkɔntakt]
Stecker stekker ['stɛkər]
Steg steiger ['stɛiχər]

stehen staan [stan] ‹stond, gestaan›
Stehklosett pissoir *n* [pɪ'swa:r]
stehlen stelen ['stelən] ‹stal/stalen, gestolen›
steil steil [stɛil]
Stein steen [sten]
Steinbutt tarbot ['tɑrbɔt]
steinig steenachtig ['stenɑχtəχ]
Stelle *(Ort)* plaats [plats]
stellen neerzetten ['ne:rzɛtən]
Stempel stempel ['stɛmpəl]
sterben sterven ['stɛrvən] ‹stierf, gestorven›
Stern ster [stɛr]
Sternwarte sterrenwacht ['stɛrə(n)wɑχt]
Steward/ess steward/stewardess ['stjuwərt/stjuwɑr'dɛs]
Stiefel laarzen *pl* ['la:rzən]
Stil stijl [stɛil]
still stil [stɪl]
Stillleben stilleven *n* ['stɪlevən]
stimmen *(richtig sein)* kloppen ['klɔpən]
stinken stinken [stɪŋkən] ‹stonk, gestonken›
Stock stok [stɔk]
Stockwerk verdieping [vər'dipɪŋ]
Stoff stof [stɔf]
stören storen ['sto:rən]
stornieren *(Zimmer)* opzeggen ['ɔpsɛχən]; *(Fahr-, Flugkarten)* annuleren [ɑny'le:rən]
stornieren annuleren [ɑny'le:rən]
Stoß stoot [stot]; *(Schlag)* schok [sχɔk]
Stoßdämpfer schokbreker ['sχɔgbrekər]
Stoßstange bumper ['bœmpər]
Strafe straf [strɑf]; *(Geld~)* boete ['butə]
Strand strand *n* [strɑnt]
Strandschuhe strandschoenen *pl* ['strɑntsχunən]
Strandspaziergang strandwandeling ['strɑntswɑndəlɪŋ]
Straße straat [strat]
Straßenbahn tram [trɛm]
Straßenecke hoek [huk]
Straßenkarte wegenkaart ['weχə(n)ka:rt]
Strauß *(Blumen)* bos [bɔs]
Strecke traject *n* [tra'jɛkt]
Streichhölzer lucifers *pl* ['lysifɛrs]
Strickjacke vest *n* [vɛst]
Strohhalm rietje *n* ['ritjə]
Strom stroom [strom]
Stromanschluss stroomaansluiting ['stromansIœytɪŋ]

Strompauschale vaste prijs voor stroom ['vastə prɛis vo:r strom]
Strömung stroming ['stromɪŋ]
Strümpfe kousen *pl* ['kausən]
Strumpfhose panty ['pɛnti]
Stück stuk *n* [stœk]
studieren studeren [sty'de:rən]
Studio appartement *n* [apartə'mɛnt]
Stufe tree [tre]
stufenloser Zugang toegang zonder drempels ['tuχaŋ 'zɔndər drɛmpəls]
Stuhl stoel [stul]
Stuhlgang stoelgang ['stulχaŋ]
Stunde uur [y:r] *n*; *(Unterrichts~)* les [lɛs]
stündlich ieder uur ['idər y:r]
Sturm storm [stɔr(ə)m]
stürzen vallen [valən] ‹viel, gevallen›
Sturzhelm valhelm ['val-hɛl(ə)m]
suchen zoeken ['zukən] ‹zocht, gezocht›
Sucher zoeker ['zukər]
Süden zuiden *n* ['zœydən]
südlich von ten zuiden van [tɛn 'zœydən van]
Summe som [sɔm]
Sumpf moeras *n* [mu'ras]
Supermarkt supermarkt ['sypərmarkt]
Suppe soep [sup]
Suppenteller soepbord ['subɔrt]
Surfbrett surfplank ['sœr(ə)f-plaŋk]
surfen *(auch im Internet)* surfen ['sœrfən]
süß zoet [zut]
Süßigkeiten snoepgoed *n* ['snupχut]
Süßstoff zoetjes *pl* ['zutjəs]
Süßwarengeschäft snoepwinkel ['snupwɪŋkəl]
Swimmingpool zwembad *n* ['zwɛmbat]
sympathisch sympathiek [sɪmpa'tik]
Synagoge synagoge [sina'χoχə]

T

Tabak tabak [ta'bak]
Tabakladen tabakswinkel [ta'bakswɪŋkəl]
Tablette tablet [ta'blɛt]
Tachometer toerenteller ['turə(n)tɛlər]
Tag dag [daχ]

Tag der offenen Türe open dag [opə'daχ]
Tagesausflug dagje er-op-uit *n* ['daχjə ɛrɔp'œyt]
Tagesgericht dagschotel ['daχsχotəl]
Tageskarte dagkaart [daχka:rt]
Tageszeitung krant [krant]
täglich dagelijks ['daχələks]
tagsüber overdag [ovər'daχ]
Tampons tampons *pl* [tam'pɔns]
Tank tank [tɛŋk]
tanken tanken ['tɛŋkən]
Tanz dans [dans]
tanzen dansen ['dansən]
Tanztheater danstheater ['danstejatər]
Tasche *(Hosen~)* zak [zak]; *(Hand~)* tas [tas]
Taschenbuch pocket ['pɔkət]
Taschendieb zakkenroller ['zakə(n)rɔlər]
Taschenmesser zakmes *n* ['zakmɛs]
Taschenrechner zakrekenmachientje ['zakrekəma'ʃintjə]
Tasse kopje *n* ['kɔpjə]
Taststock taststok ['tastst ɔk]
Tatsache feit *n* ['fɛit]
taub doof [dof]
tauchen duiken ['dœykən] ‹dook, gedoken›
Taucherbrille duikbril ['dœygbrɪl]
tauschen ruilen ['rœilən]
täuschen, s. ~ zich vergissen [zɪχ vər'χɪsən]
Taxifahrer/in taxichauffeur ['taksiʃo'fø:r]
Taxistand taxistandplaats [taksi'stantplats]
Tee thee [te]
Teebeutel theezakje *n* ['tezakjə]
Teil deel *n* [del]
teilen delen ['delən]
teilnehmen (an) deelnemen (aan) ['delnemən (an)] ‹nam/namen deel, deelgenomen›
Telefon telefoon [telə'fon]
Telefonbuch telefoonboek *n* [telə'fombuk]
telefonieren bellen ['bɛlən]
Telefonkarte telefoonkaart ['telə'foŋka:rt]
Telefonnummer telefoonnummer *n* [telə'fonœmər]
Telefonzelle telefooncel [telə'fonsɛl]
Teller bord *n* [bɔrt]
Temperatur temperatuur [tɛmpəra'ty:r]

Tennis tennis *n* [ˈtɛnəs]
Tennisschläger tennisracket *n* [ˈtɛnəsrɛkət]
Termin *(Verabredung)* afspraak [ˈafsprak]
Terrasse terras *n* [tɛˈras]
teuer duur [dyːr]
Theater schouwburg [ˈsχaubœr(ə)χ]
Theatergruppe theatergezelschap *n* [teˈjatərχəzɛlsχap]
Theaterstück toneelstuk *n* [toˈnelstœk]
Thermosflasche® thermo(s)-fles [tɛrmo(s)flɛs]
Thymian tijm [tɛim]
tief diep [dip]
Tier dier *n* [diːr]
Tintenfisch inktvis [ˈɪŋktvɪs]
Tipp tip [tɪp]
Tisch tafel [ˈtafəl]
Tischtennis tafeltennis *n* [ˈtafəltɛnəs]
Tischtuch tafellaken *n* [tafəlakən]
Tjalk tjalk [ˈtjal(ə)k]
Toast toast [tost]
Toaster broodrooster *n* [ˈbrotrostər]
Tochter dochter [ˈdɔχtər]
Tod dood [dot]
Toilette toilet *n*, wc [twaˈlɛt, weˈse]
Toilettenpapier toiletpapier *n* [twaˈlɛtpapiːr]
Tomaten tomaten *pl* [toˈmatən]
tot dood [dot]
Tourist/in toerist/toeriste [tuˈrɪst(ə)]
Tracht klederdracht [ˈkledərdraχt]
tragen dragen [ˈdraχən] ‹droeg, gedragen›
trampen liften [ˈlɪftən]
Tramper lifter [ˈlɪftər]
Traubenzucker druivensuiker [ˈdrœyvə(n)sœykər]
Traum droom [drom]
traurig verdrietig [vərˈdritəχ]
treffen treffen [ˈtrɛfən] ‹trof, getroffen›
trennen scheiden [ˈsχɛidən] ‹scheidde, gescheiden›
Treppe trap [trap]
Tretboot waterfiets [ˈwatərfits]
treu trouw [trau]
trinken drinken [ˈdrɪŋkən] ‹dronk, gedronken›
Trinkflasche drinkfles [ˈdrɪŋkflɛs]
Trinkgeld fooi [foj]
Trinkwasser drinkwater *n* [ˈdrɪŋkwatər]
trocken droog [droχ]

trocknen drogen ['droχən]
Tropfen druppels *pl* ['drœpəls]
trotzdem *adv* toch [tɔχ]
trüb *(Wasser)* troebel ['trubəl]
Tuch doek [duk]
tun doen [dun] ‹deed, gedaan›
Tunnel tunnel ['tœnəl]
Tür deur [dø:r]
Türcode deurcode ['dø:rkodə]
türkis turkoois [tyr'kojs]
Turm toren ['to:rən]
Turnschuhe gymschoenen *pl* ['χɪmsχunən]
Türschwelle drempel ['drɛmpəl]
Tüte zak ['zɑk]
typisch (für) typisch (voor) ['tipis vo:r]

U

U-Bahn metro ['metro]
Übelkeit misselijkheid ['mɪsələkhɛit]
üben oefenen ['ufənən]
über *dat* boven ['bovən]; *acc* over ['ovər]
überall overal [ovər'ɑl]
überbacken gegratineerd [χəχrati'ne:rt]
Überfall overval ['ovərvɑl]
Übergang overgang ['ovərχɑŋ]
Übergewicht overgewicht *n* ['ovərχəwɪχt]
überholen *(schneller gehen, fahren)* inhalen ['ɪnhalən]
Überlandbus interliner [ɪntərlɑinər]
übermorgen overmorgen ['ovərmɔrχən]
übernachten overnachten [ovər'nɑχtən]
Übernachtung overnachting [ovər'nɑχtɪŋ]
überqueren oversteken ['ovərstekən] ‹stak over, overgestoken›
überrascht verrast [və'rɑst]
übersetzen vertalen [vər'talən]; *(Fähre)* overzetten ['ovərzɛtən]
Überweisung overboeking ['ovərbukɪŋ]
überzeugen overtuigen [ovər'tœyχən]
üblich gebruikelijk [χə'brœykələk]
übrig bleiben overblijven ['ovərblɛivən] ‹bleef over, overgebleven›
Ufer oever ['uvər]
Uhrmacher horlogemaker [hɔr'loʒəmakər]
Ultraschalluntersuchung echoscopie [ɛχosko'pi]

um *prp (räumlich; zeitlich)* om [ɔm]
umarmen omarmen [ɔm'armən]
umbuchen omboeken ['ɔmbukən]
Umgebung omgeving [ɔm'χevıŋ]
Umgehungsstraße rondweg ['rɔntwɛχ]
umgekehrt *adj/adv* omgekeerd ['ɔmχəke:rt]
Umhängetasche schoudertas ['sχaudərtas]
umkehren omkeren ['ɔmke:rən]
Umleitung wegomlegging ['wɛχɔmlɛχıŋ]
umsonst *(gratis)* gratis [χratıs]; *(vergeblich)* vergeefs [vər'χefs]
umtauschen ruilen ['rœylən]; *(Geld)* wisselen ['wısələn]
Umweg omweg ['ɔmwɛχ]
Umwelt milieu *n* [mil'jø]
umziehen, s. ~ zich verkleden [zıχ vər'kledən]
unangenehm onaangenaam [ɔn'aŋχənam]
unbedingt *adv* zeker ['zekər]
und en [ɛn]
unerträglich onverdragelijk [ɔnvər'draχələk]
Unfall ongeluk *n* ['ɔŋχələk]
ungeeignet ongeschikt [ɔŋχə'sχıkt]
ungefähr ongeveer [ɔŋχə've:r]
ungewöhnlich ongewoon [ɔŋχə'won]
unglaublich ongelooflijk [ɔŋχə'lofłək]
Unglück ongeluk *n* ['ɔŋχələk]
Universität universiteit [yniversi'tɛit]
Unkosten onkosten *pl* ['ɔŋkɔstən]
unmöglich onmogelijk [ɔ'moχələk]
uns ons [ɔns]
unschuldig onschuldig [ɔn'sχœldəχ]
unser(e) onze ['ɔnzə]; *n* ons [ɔns]
unten beneden [bə'nedən]
unter onder ['ɔndər]
unterbrechen onderbreken [ɔndər'brekən] ‹onderbrak/ onderbraken, onderbroken›
Unterführung onderdoorgang [ɔndər'do:rχaŋ]
unterhalten, s. ~ *(sprechen)* praten ['pratən]
Unterhaltung *(Gespräch)* gesprek [χə'sprɛk]; *(Vergnügen)* amusement *n* [amyzə'mɛnt]
Unterhemd hemd *n* [hɛmt]

Unterhose onderbroek [ˈɔndərbruk]
Unterkunft onderdak *n* [ˈɔndərdɑk]
Unterschied verschil *n* [vərˈsχɪl]
unterschreiben ondertekenen [ɔndərˈtekənən]
Unterschrift handtekening [ˈhɑntekənɪŋ]
untersuchen onderzoeken [ɔndərˈzukən] ‹onderzocht, onderzocht›
Untersuchung onderzoek *n* [ˈɔndərzuk]
Untersuchungshaft voorarrest *n* [ˈvo:rarɛst]
Untertasse schoteltje *n* [ˈsχotəltjə]
Untertitel ondertiteling [ɔndərˈtitəlɪŋ]
Unterwäsche ondergoed *n* [ˈɔndərχut]
unterwegs onderweg [ɔndərˈwɛχ]
unverbindlich vrijblijvend [vrɛiˈblɛivənt]
unverschämt onbeschoft [ɔmbəˈsχɔft]
unwahrscheinlich onwaarschijnlijk [ɔnwa:rˈsχɛinlək]
unwichtig onbelangrijk [ɔmbəˈlɑŋrɛik]
Urin urine [yˈrinə]
Urlaub vakantie [vaˈkɑn(t)si]

V

Vanillepudding vla [vla]
Vase vaas [vas]
Vater vader [ˈvadər]
Veganer/in veganist(e) [veχaˈnɪst(ə)]
vegetarisch vegetarisch [veχəˈta:ris]
Vegetarier/in vegetariër [veχəˈta:rijər]
Ventilator ventilator [vɛntiˈlatɔr]
Verabredung afspraak [ˈɑfsprak]
verabschieden, s. – afscheid nemen [ˈɑfsχɛit nemən] ‹nam/namen, genomen›
Veranstaltung evenement *n* [evənəˈmɛnt]
verantwortlich verantwoordelijk [vərɑntˈwo:rdələk]
Verband verband *n* [vərˈbɑnd]
verbessern verbeteren [vərˈbetərən]

verbieten verbieden [vər'bidən] ‹**verbood, verboden**›
verbinden verbinden [vər'bɪndən] ‹**verbond, verbnden**›
Verbindung verbinding [vər'bɪndɪŋ]
Verbot verbod *n* [vər'bɔt]
verboten verboden [vər'bodən]
Verbrauch verbruik *n* [vər'brœyk]
Verbrechen misdaad ['mɪzdat]
verbrennen verbranden [vər'brandən]
Verbrennung verbranding [vər'brandɪŋ]
verbringen *(Zeit)* doorbrengen ['do:rbrɛŋən] ‹**bracht door, doorgebracht**›
Verdauung spijsvertering ['spɛisfərte:rɪŋ]
Verdauungsstörung spijsverteringsstoornis ['spɛisfərte:rɪŋs'sto:rnɪs]
verdorben *(Ware, Urlaub)* bedorven [bə'dɔrvən]
Verein vereniging [vər'enəχɪŋ]
vereinbaren overeenkomen [ovər'enkomən] ‹**kwam/kwamen overeen, overeengekomen**›
Vergangenheit verleden *n* [vər'ledən]
vergehen *(Zeit)* verstrijken [vər'strɛikən] ‹**verstreek, verstreken**›
vergessen vergeten [vər'χetən] ‹**vergat/vergaten, vergeten**›
Vergewaltigung verkrachting [vər'kraχtɪŋ]
Vergiftung vergiftiging [vər'χɪftəχɪŋ]
vergleichen vergelijken [vərχə'lɛikən] ‹**vergeleek, vergeleken**›
Vergnügen genoegen *n* [χə'nuχən]
Vergnügungspark pretpark *n* ['prɛtpark]
verhaften arresteren [arɛ'ste:rən]
verheiratet (mit) getrouwd (met) [χə'trauwt (mɛt)]
verhindern verhinderen [vər'hɪndərən]
Verhütungsmittel voorbehoed(s)middel *n* ['vo:rbəhut(s)mɪdəl]
verirren, s. ~ verdwalen [vər'dwalən]
verkaufen verkopen [vər'kopən] ‹**verkocht, verkocht**›
Verkehr verkeer *n* [vər'ke:r]

Verkehrsamt VVV-kantoor *n* [veve'vekɑnto:r]
verlangen verlangen [vər'lɑŋən]; *(fordern)* eisen ['ɛisən]
verlängern verlengen [vər'lɛŋən]
Verlängerungswoche een week verlenging [ən 'wek vər'lɛŋɪŋ]
verlassen verlaten [vər'latən] ‹verliet, verlaten›
verletzen bezeren [bə'ze:rən]; *(mit Worten)* kwetsen ['kwɛtsən]
Verletzte, der/die ~ gewonde [χə'wɔndə]
Verletzung verwonding [vər'wɔndɪŋ]
verlieren verliezen [vər'lizən] ‹verloor, verloren›
Verlobte, der/die ~ verloofde [vər'lovdə]
Verlust verlies *n* [vər'lis]
vermeiden vermijden [vər'mɛidən] ‹vermeed, vermeden›
vermieten verhuren [vər'hy:r]
Verpackung verpakking [vər'pɑkɪŋ]
verpassen missen [mɪsən]
verrechnen, s. ~ zich verrekenen [zɪχ fə'rekənən]
verreisen op reis gaan [ɔp rɛis χan] ‹ging, gegaan›
verrückt gek [χɛk]
verschieben *(zeitlich)* verzetten [vər'zɛtən]
verschließen op slot doen [ɔp slɔt dun] ‹deed, gedaan›
verschreiben voorschrijven ['vo:rsχrɛivən] ‹schreef voor, voorgeschreven›
verschwinden verdwijnen [vər'dwɛinən] ‹verdween, verdwenen›
Versicherung verzekering [vər'zekərɪŋ]
verspäten, s. ~ te laat komen [tə 'lat komən] ‹kwam, gekomen›
Verspätung vertraging [vər'traχɪŋ]
versprechen beloven [bə'lovən]
verstaucht verstuikt [vər'stœykt]
verstehen verstaan [vər'stan] ‹verstond, verstaan›; *(inhaltlich)* begrijpen [bə'χrɛipən] ‹begreep, begrepen›
Verstopfung verstopping [vər'stɔpɪŋ]
versuchen proberen [pro'be:rən]

Vertrag *(Arbeits-, Miet-)* contract *n* [kɔn'trɑkt]
vertragen verdragen [vərdraχən] ‹verdroeg, verdragen›
Vertrauen vertrouwen *n* [vər'trɑuwən]
verunglücken verongelukken [vər'ɔŋχəlœkən]
verursachen veroorzaken [vər'o:rzakən]
Verwaltung *(Leitung)* bestuur *n* [bə'sty:r]
verwandt verwant [vər'wɑnt]
verwechseln verwisselen [vər'wɪsələn]
verwenden gebruiken [χə'brœykən]
Verzeichnis lijst [lɛist]
verzögern vertragen [vər'traχən]
verzweifelt wanhopig [wɑn'hopəχ]
viel veel [vel]
vielleicht misschien [mɪ'sχin]
Villa villa ['vɪla]
violett violet [vijo'lɛt]
Virus virus *n* [vi:rəs]
Vitamintabletten vitaminepillen *pl* [vita'minəpɪlən]
Vogel vogel ['voχəl]
Vogelschutzgebiet vogelreservaat *n* ['voχəlrəsərvat]
Volk volk *n* [vɔl(ə)k]
voll vol [vɔl]
Vollkasko all-risk [ɑl'rɪsk]
Vollpension volledig pension *n* [vɔ'ledəχ pɛn'ʃɔn]
von *(Herkunft)* van [vɑn]; *(Passiv)* door [do:r]
vor *(räumlich, zeitlich)* voor [vo:r]; *(in der Vergangenheit)* geleden [χə'ledən]
vor zehn Minuten tien minuten geleden ['ti(n) mi'nytə(n) χə'ledə]
Voraus, im – *(Dank)* bij voorbaat [bɛi 'vo:rbat] ; *(Geld)* vooruit [vor'œyt]
vorbereiten voorbereiden ['vo:rbərɛidən]
Vorderlicht koplamp ['kɔplɑmp]
Vordruck formulier *n* [fɔrmy'li:r]
vorgestern eergisteren [e:r'χɪstərən]
vorher van tevoren [vɑn tə'vo:rən]
vorletzte(r, -s) eennalaatst ['enalatst]
Vormittag ochtend ['ɔχtənt], morgen ['mɔrχən]

vormittags 's morgens ['smɔrχəns]
vorn vooraan [vo: ran]
Vorname voornaam ['vo:rnam]
vornehm deftig ['dɛftəχ]
Vorort buitenwijk ['bœytə(n) wɛik]
Vorrat voorraad ['vo:rat]
Vorsaison voorseizoen *n* ['vo:rsɛizun]
Vorschlag voorstel *n* ['vo:rstɛl]
Vorschrift voorschrift *n* ['vo:rsχrɪft]
Vorsicht! pas op! [pas‿ɔp]
vorsichtig voorzichtig [vo:r'zɪχtəχ]
Vorspeise voorgerecht *n* ['vo:rχərɛχt]
vorstellen voorstellen ['vo:rstɛlən]
Vorstellung voorstelling ['vo:rstɛlɪŋ]
Vorteil voordeel *n* ['vo:rdel]
vorüber voorbij [vo:r'bɛi]
Vorverkauf voorverkoop ['vo:rvərkop]
Vorwahlnummer kengetal *n* ['kɛŋχətal]
vorwärts vooruit [vo'rœyt]
vorziehen *(lieber haben)* verkiezen [vər'kizən] ‹verkoos, verkozen›

W

wach wakker ['wakər]
wachsen groeien ['χrujən]
wagen durven ['dœrvən]
Wagenheber krik [krɪk]
Wagennummer wagonnummer *n* [wa'χɔnœmər]
wählen kiezen ['kizən] ‹koos, gekozen›
wahr waar [wa:r]
während *prp* tijdens ['tɛidəns]; *conj* terwijl [tɛr'wɛil]
wahrscheinlich *adj/adv* waarschijnlijk [wa:r'sχɛinlək]
Waisenhaus weeshuis ['weshœys]
Wald bos *n* [bɔs]
Wand wand [want]
Wanderkarte wandelkaart ['wandəlka:rt]
wandern wandelen [wandələn]
Wandertour wandeltocht ['wandəltɔχt]
Wanderweg wandelpad *n* [wandələn]
warm warm [war(ə)m]
warmes Wasser warm water *n* ['war(ə)m 'watər]
Warndreieck gevarendriehoek [χə'va:rə(n)drihuk]

warnen (vor) waarschuwen (voor) ['wa:rsχywən (vo:r)]
warten wachten ['waχtən]
Wartesaal wachtruimte *n* ['waχtrœymtə]
Wartezimmer wachtkamer ['waχtkamər]
was wat [wat]; **~ für ein/eine ... ?** wat voor (een) ... ? ['wat vo:r (ən)]
Waschbecken wastafel ['wastafəl]
Wäsche wasgoed *n* [wasχut]
Wäscheklammern wasknijpers *pl* ['waskneipərs]
Wäscheleine waslijn ['waslein]
waschen wassen ['wasən] ‹waste, gewassen›
Wäscherei wasserij [wasə'rei]
Wäschetrockner droogtrommel ['droχtrɔməl]
Waschlappen washandje *n* ['washantjə]
Waschmaschine wasmachine ['wasmaʃinə]
Waschmittel wasmiddel *n* ['wasmɪdəl]
Waschraum wasruimte ['wasrœymtə]
Waschsalon wasserette [wasə'rɛtə]
Wasser water *n* ['watər]
Wasserglas waterglas *n* ['watərχlas]
Wasserhahn waterkraan ['watərkran]
Wasserkanister jerrycan ['dʒɛrikɛn]
Wasserspülung stortbak ['stɔrdbak]
Wasserverbrauch waterverbruik *n* ['watərvərbrœyk]
Wattenmeer Waddenzee ['wadə(n)ze]
Wattestäbchen wattenstaafjes *pl* ['watəstafjəs]
Wattwandern wadlopen ['watlopən]
Wechselgeld wisselgeld *n* ['wɪsəlχɛlt]
wechselhaft onbestendig [ɔmbə'stɛndəχ]
wecken wekken ['wɛkən]
Wecker wekker ['wɛkər]
Weg weg [wɛχ]
weg weg [wɛχ]
wegen wegens ['weχəns]
weggehen weggaan ['wɛχan] ‹ging weg, weggegaan›
Wegweiser wegwijzer ['wɛχweizər]
Weichkäse zachte kaas ['zaχtə kas]

weigern, s. ~ weigeren ['wɛiχərən]
Weihnachten Kerstmis ['kɛrstmɪs, 'kɛrsməs]
weil omdat [ɔm'dɑt]
Wein wijn [wɛin]
weinen huilen ['hœylən]
Weinglas wijnglas *n* ['wɛiŋχlɑs]
Weinhandlung wijnhandel ['wɛinhɑndəl]
Weisheitszahn verstandskies [vər'stɑntskis]
weiß wit [wɪt]
Weißbrot wittebrood *n* ['wɪtəbrot]
Weißwein witte wijn ['wɪtə wɛin]
weit *(nicht eng)* wijd [wɛit]; *(entfernt)* ver [vɛr]
Wellenbad golfslagbad *n* ['χɔl(ə)fslɑχbɑt]
Welt wereld ['we:rəlt]
wenig weinig ['wɛinəχ]; **ein ~ (von)** een beetje (van) [ən 'betjə (vɑn)]
wenigstens minstens ['mɪnstəns]
wenn als [ɑls]
werden worden ['wɔrdən] ‹werd, geworden›; *(Futur)* zullen ['zœlən] ‹zou/zouden›
werfen gooien ['χojən]
Werkstatt garage [χɑ'rɑʒə]
werktags op werkdagen [ɔp 'wɛrgdɑχən]
Werkzeug gereedschap *n* [χə'retsχɑp]
Wert waarde ['wa:rdə]
Wertsachen waardevolle spullen ['wa:rdəvɔlə 'spœlən] *pl*
Wespe wesp [wɛsp]
Westen westen *n* ['wɛstən]
westlich von ten westen van [tɛn 'wɛstən vɑn]
Wetterbericht weerbericht *n* ['we:rbərɪχt]
Wettervorhersage weersverwachting ['we:rsvərwɑχtɪŋ]
wichtig belangrijk [bə'lɑŋrɛik]
Wickeltisch commode [kɔ'modə]
wie *(Frage)* hoe [hu]; *(Vergleich)* als [ɑls]
wieder weer [we:r]
wiederholen herhalen [hɛr'halən]
wiederkommen terugkomen ['t(ə)rœχkomən] ‹kwam/ kwamen terug, teruggekomen›
wiegen wegen ['weχən] ‹woog, gewogen›
Wiese wei [wɛi]
wild wild [wɪlt]

willkommen! welkom! [ˈwɛlkɔm]
Wind wind [wɪnt]
Windeln luiers *pl* [ˈlœyjərs]
Windrichtung windrichting [ˈwɪntrɪχtɪŋ]
Windschirm windscherm *n* [ˈwɪntsχɛrm]
Windschutzscheibe voorruit [ˈvoːrœyt]
Windstärke windkracht [ˈwɪntkrɑχt]
windsurfen windsurfen [ˈwɪntsœrfən]
winken zwaaien [zwajən]
Winter winter [ˈwɪntər]
Winterreifen winterbanden *pl*
wir *(betont)* wij [wɛi]; *(unbetont)* we [wə]
Wirbelsäule wervelkolom [ˈwɛrvəlkolɔm]
wirklich *adj/adv* werkelijk [ˈwɛrkələk]
Wirt waard [waːrt]
wissen weten [ˈwetən] ‹wist, geweten›
Witz grap [χrɑp]; *(Anekdote)* mop [mɔp]
Woche week [wek]
wochentags door de week [doːr də ˈwek]
wöchentlich wekelijks [ˈwekələks]
wohnen wonen [ˈwonən]
Wohnmobil camper [ˈkɛmpər]
Wohnort woonplaats [ˈwomplats]
Wohnung woning [ˈwonɪŋ]
Wohnwagen caravan [ˈkɛrəvɛn]
Wohnzimmer huiskamer [ˈhœyskamər]
Wolke wolk [wɔlk]
Wolldecke wollen deken [ˈwɔlən ˈdekən]
Wolle wol [wɔl]
wollen willen [ˈwɪlən]
Wort woord *n* [woːrt]
Wunde wond [wɔnt]
wunderbar fantastisch [fɑnˈtɑstis]
wundern, s. ~ (über) zich verbazen (over) [zɪχ fərˈbazən (ovər)]
wünschen wensen [ˈwɛnsən]
Wurm wurm [ˈwœr(ə)m]
Wurst worst [wɔrst]
Würstchen worstje [wɔrʃə]
würzen kruiden [ˈkrœydən]
wütend woedend [ˈwudənt]

Z

zäh taai [taj]
Zahl *(Nummer)* getal *n* [χəˈtɑl]; *(Menge)* aantal *n* [ˈantɑl]

zählen tellen ['tɛlən]
zahlen betalen [bə'talən]
Zahlung betaling [bə'talɪŋ]
Zahn tand [tant]
Zahnbürste tandenborstel ['tandə(n)bɔrstəl]
Zahnfleisch tandvlees *n* ['tantfles]
Zahnpasta tandpasta ['tampasta]
Zahnschmerzen kiespijn ['kispɛin]
'ahnseide tandzijde ['tantsɛidə]
Zahnstocher tandenstoker ['tandə(n)stokər]
Zäpfchen zetpil ['zɛtpɪl]
zart mals [mals]
zärtlich teder ['tedər]
Zehe teen [ten]
Zeichen teken *n* ['tekən]
zeichnen tekenen ['tekənən]
Zeichnung tekening ['tekənɪŋ]
zeigen tonen ['tonən]
Zeit tijd [tɛit]
Zeitschrift tijdschrift *n* ['tɛitsχrɪft]
Zeitung krant [krant]
Zelt tent [tɛnt]
zelten kamperen [kam'pe:rən]
Zeltschnur scheerlijn [sχe:rlɛin]
Zeltstange tentstok ['tɛntstɔk]
Zentimeter centimeter ['sɛntimetər]
zentral centraal [sɛn'tral]
Zentralheizung centrale verwarming [sɛn'tralə vər'warmɪŋ]
Zentrum centrum *n* ['sɛntrəm] ‹centra›
Zerrung verrekking [və'rɛkɪŋ]
zerstören vernielen [vər'nilən]
Zeuge/Zeugin getuige [χə'tœyχə]
Ziegenkäse geitenkaas ['χɛitə(n)kas]
ziehen trekken ['trɛkən] ‹trok, getrokken›
ziemlich tamelijk ['taməlәk]
Zimmer kamer ['kamər]
Zirkus circus *n* ['sɪrkəs]
Zitrone citroen [si'trun]
zögern aarzelen ['a:rzələn]
Zoll douane [du'wanə]
Zoo dierentuin ['di:rə(n)tœyn]
zu [(1)] *(Richtung)* **naar** [na:r]; *(mit adj)* **te** [tə]; **~ sehr al te** [al tə]
zu [(2)] *(geschlossen)* **dicht** [dɪχt]
zubereiten (toe)bereiden [bə'rɛidən/'tubərɛidən]
Zucker suiker ['sœykər]
zuerst eerst [e:rst]
zufällig toevallig [tu'valəχ]

zufrieden tevreden [tə'vredən]
Zug trein [trɛin]
Zugbegleiter/Zugbegleiterin conducteur/conductrice [kɔndək'tø:r/kɔndək'trisə]
zuhören, jdm – luisteren naar ['lœystərən na:r]
Zukunft toekomst ['tukɔmst]
zukünftig toekomstig [tu'kɔmstəχ]
zulässig toegestaan ['tuχəstan]
zuletzt tenslotte [tɛn'slɔtə]
Zündkerze bougie [bu'ʒi]
Zündschlüssel contactsleuteltje *n* [kɔn'taktsløtəltjə]
Zündung ontsteking [ɔnt'stekɪŋ]
Zunge tong [tɔŋ]
zurückbringen terugbrengen ['t(ə)rœχbrɛŋən] ‹bracht terug, teruggebracht›
zurückgeben teruggeven ['t(ə)rœχevən] ‹gaf/gaven terug, teruggegeven›
zurückkehren terugkeren ['t(ə)rœχke:rən]
zusagen *(Einladung)* aannemen ['anemən] ‹nam/namen aan, aangenomen›
zusammen samen ['samən]
zusammenschlagen in elkaar slaan [ɪn ɛl'ka:r slan] ‹sloeg, geslagen›
Zusammenstoß botsing ['bɔtsɪŋ]
zusätzlich extra ['ɛkstra]
zuschauen kijken (naar) ['kɛikən (na:r)] ‹keek, gekeken›
Zuschauer/in toeschouw-(st)er ['tusχauw(st)ər]
Zuschlag toeslag ['tuslaχ]
Zustand toestand ['tustant]
zuständig verantwoordelijk [vərant'wo:rdələk]
zustimmen toestemmen ['tustɛmən]
zuverlässig betrouwbaar [bə'trauba:r]
zweite(r, -s) tweede ['twedə]
zweitens ten tweede [tɛn 'twedə]
Zwiebeln uien *pl* ['œyjən]
zwingen dwingen ['dwɪŋən] ‹dwong, gedwongen›
zwischen tussen ['tœsən]
Zwischenfall incident *n* [ɪnsi'dɛnt]
Zwischenstecker adapter [a'daptər]